名人の授業

今井の英文法教室 上

講師 東進ハイスクール・東進衛星予備校
今井 宏

はじめに

I　この本の目的

●受験勉強は英語から

　本格的に受験勉強を始めようと思ったとき、多くの人は「まず英語から」と考える。現在の大学受験の状況を考えれば「英語から」という選択は、確かに正解である。文系でも理系でも英語から逃れることはできないし、膨大な問題量や質の高さを見ても、英語の負担は他の科目より圧倒的に大きいからである。

(1) 英語の何から始めるか？

　「まず英語から何とかしよう」という決意は正しいとして、次に問題になるのは「英語の中の何から始めるか？」である。まさか英作文や長文読解から始めるという人はいないだろうが、「単語集からやるか」「英文法からやるか」で意見が分かれるだろう。中には「熟語から」という先生もいるし、まず音声面を鍛えなければいけないのだから「リスニングから」などと思い切ったことを言う人もいる。

(2) 単語熟語より、まず英文法から始めるべきだ

　筆者はこの20年近く、いろいろな予備校で教えながら、「受験勉強は、まず英文法から」と一貫して主張してきた。理由は簡単で、英文法ほど楽しくて英語を好きになりやすい分野は、ほかに見当たらないからである。
　「英語の力は、単語の力」といって「まず単語集から」という人も多いが、英単語だけ一覧表のようにズラッと並べて全部丸暗記、というのはいくらなんでもつらすぎる。出発点で単語集を無理矢理やらされて、それで英語がキライになり、受験勉強全体のモチベーションが下がってしまったというケースも非常に多いのである。

(3) いまさら「アメリカの赤ちゃん」にはなれない

　もっと乱暴な議論もあって、そこには「赤ちゃんになれ」と書かれている。

「英文法なんかやるから英語ができるようにならない」「アメリカの赤ちゃんは文法を知らなくても英語が聴き取れ、英語が話せる」「だから英文法なんかやらずに、多聴多読をやるべきだ」というのである。ワケもわからず猛スピードで聴き続ければ「いつかきっと聴き取れるようになる」。ひたすら猛スピードで読むマネをしていれば「いつかきっと読めるようになる」。そういう主張である。

しかし、そんな目的地の見えない努力の継続は、まるで僧侶の厳しい修行のようなものである。「いつかきっと」という夢と希望が遠くで星のように瞬いていても、他の科目も勉強しなければならない受験生には、そんな「キラキラお星さま」に憧れているヒマはないのである。

(4)「英文法はすべての土台」

英文法は、英語学習すべての土台である。英文法を無視して「アメリカの赤ちゃんになる」というヒマのある人はともかく、「早く土台を築き早く基礎を固めて本格的な長文読解対策を始めたい」という受験生には、是非この本で英文法学習を始めてもらいたい。

長く予備校で教えていると「よく笑う生徒、よく反応する生徒ほど成績が早く伸びる」ということに気づく。要するに彼ら彼女らは勉強を大いに楽しんでいるのだ。英文法は、「英語大好き」になる高級なオモチャだと考えるといい。赤ちゃんになるのはイヤでも、ゲームやオモチャ遊びで英語が得意になれるなら、それに越したことはないだろう。

幼い子供が砂場で砂まみれになり、泥んこ遊びで泥まみれになって遊ぶうちに大人になっていくのと同じように、英語という高級オモチャで英語まみれになって真剣に夢中で遊ぶといいのだ。そのオモチャとして、長文読解では苦しすぎるし、英単語集では退屈すぎる。

(5)「英語まみれ」で遊び、健康で力強い英語運用能力を養成する

英文法は、受験生の精神年齢にピッタリの学習オモチャである。これを使って毎日楽しく「英語まみれ」になって遊ぶ。そうして知らず識らずのうちに英語に慣れ、英語に親しみ、英文法しかやっていないのに、単語も覚え長文読解やリスニングも強化されている、これが理想である。予備校で教えていると「英文法の講座しか受講していないのに、読解や作文もできるようになった」

という生徒にたくさん出会う。そういう生徒たちこそ、英語まみれになって楽しく懸命に遊んだ生徒たちだったのである。

つまり「英文法はすべての土台」というのは「英文法のルールを丸暗記して、それを読解や作文に応用していくしかない」という暗い考え方とは少し違うのだ。英文法で英語まみれになって遊ぶうちに、ルールに従って英語を運用する能力も高まり、会話やコミュニケーションの能力もついていく。それがひいては長文読解能力向上にも直結する。そういういかにも骨太な英語運用能力をつける最高のステージが英文法学習なのであり、「英文法はすべての土台」の真の意味はそこにある。

この本の目的は、以上の考えに基づいて、健康で力強い英語運用能力を養成することである。

Ⅱ　この本の使い方

「36日完成コース」か「72日完成コース」かの選択

この本は、短期間で一気に通読して、一気に英文法をマスターしてしまうスタイルの使い方を想定して書かれている。まず、36日で完成するのか、72日じっくり取り組むのかを選択してほしい。

① **「36日完成コース」**：この本は、通読して学習しやすいように全体を同じ構成の6～7ページずつの72講に分けた。1日に2講ずつ進めば、36日で完成する。もし夏休みに本書に取り組めば、次の始業式の日には「英文法がしっかり身についた」「初めて参考書を最後までやりぬいた」という大きな自信をもって登校できるはずである。模擬試験の成績が悪くてショックを受けている人も、今日からこの本に取り組めば、次の模擬試験を受ける朝には「英語は、まあ大丈夫」という自信をいだいているはずである。

勉強は、ゆっくりやればやるほど、その分だけつまらなくなる。どんどん勢いをつけて、どんどん進めばその分だけ楽しくなる。やり始めてみればわかることだが、「どんどん進みすぎると消化不良をおこす」などというのは、怠け者の言い訳に過ぎない。やればやるほど、もっとどんどん進みたくなる。スナック菓子は、食べ始めたらなかなか途中でやめられなくなる。筆者が子供の頃には「やめられない、止まらない」という広告があったぐらいである。ちょう

ど同じように、英文法だって「やめられない」「止まらない」「どうしてももう1ページやりたい」という自分の気持ちを「他の科目も勉強しなければならない」と自分に言い聞かせて鎮めるのに苦労するほどになるのだ。遠慮はいらないから、どんどん進みたまえ。1ヵ月ちょいで読了して、友人たちにもどんどん自慢したまえ。

② **「72日完成コース」**：まだ入試までの時間がたっぷり残されている諸君は、「1日1講」でも構わない。それでも3ヵ月もかからずに英文法をマスターできるのだ。普通の塾や予備校に通ったら、英文法のマスターだけで丸1年かかってしまうことを考えれば「2ヵ月ちょいでマスター」は、交通費がかからないことだけでも、素晴らしい親孝行になるのだ。見事2ヵ月ちょいでマスターして、友人たちばかりでなく、両親や兄弟を驚かせてやりたまえ。

(1) 辞書の使用について

　本書で学習する際には、辞書の使用はできる限り我慢することをオススメする。英文法学習では、辞書を過度に使用することが却って学習の妨げになることが多いからである。

　辞書には、大学入学前の学習者にとっては全く不必要な情報も膨大に掲載されている。「方言」「隠語」「古語」「幼児語」「まれな表現」など、さまざまである。これをいちいち学習していては、成績向上という目標からは、却って遠ざかってしまう。

　「参考書」とは、辞書に書かれている膨大な情報を、学習者のレベルと目標にあわせて取捨選択し、わかりやすく配列しなおし、理解しやすい平易な説明を加えたものである。「辞書に書かれていても参考書に載っていない情報」もたくさんあって当然なのだ。それをいちいち辞書で確認して「これが載っていない」「あれが書かれていない」と言って不満顔をしているのは、明らかに勘違いである。辞書と参考書とを照らし合わせ、参考書をほとんど検閲でもしているかのような態度の者も存在するのであるが、そういう学習者に限って成績はふるわないことが多い。

(2) 繰り返し味読、熟読すること

　1回目の通読が終わったら、本棚の一番左側に、第一志望校の過去問題集な

どと並べて、キチンと飾っておくこと。「模試の成績が悪かった」など、何かイヤなことがあったときに、「読み通した参考書」の姿は何よりも心の慰めになってくれるものである。参考書にはそうした効用もあって、それも「味読」の1つである。

　通読した後、3ヵ月後に1回、6ヵ月後ぐらいにもう1回、通学の電車やバスの中や学校の休み時間に読み直すのもいい。本書は「1回読めばすべてわかる」ように書いてはいるが、「わかってからもう1度読み直す」というのは最も効果の高い学習法である。2度目3度目には、気楽にサッと活字をたどるだけでも、大いに効果が上がるものであるが、基本文の音読なども取り入れるといっそう高い効果が期待できる。

Ⅲ　この本の構成／特色

　何よりも学習者が学びやすいことを第一に、各講は全て6〜7ページで統一した。 基本文 基本文解説 が見開き2ページ、 例題 例題解説 が4〜5ページという構成も、全巻を通じて統一してある。「36日」を目標にする者も「72日」を目標にする者も、安心して日々の学習に取り組むことができる。以下に本書の構成と特色を列挙する。

⑴ 基本文 基本文解説：その講の基礎基本を簡潔にまとめてある。 基本文 はすべて「次の英文を日本語に訳せ」という問題形式をとっているから、学習者はできる限り辞書を引かずに訳文を書いてみてから 基本文解説 で必須の基礎事項を確認すること。

⑵ 例題 例題解説：本書の 例題 は、センター試験や有名大学入試で過去に出題された問題を中心に良問約1000題を精選した。学習に便利なように改題したものも少なくない。学習の際は、できるだけ辞書を引かずに自力で解答し、その上で解説を熟読すること。解答時間は約10分。それ以上かかってもいいが、余りに丁寧にやりすぎると、長続きしないおそれがある。解説はあくまで「親切」「丁寧」を心がけ、ただ単に文法用語を羅列しただけの「ぶっきらぼう」なものにならないように工夫した。

(3) **ESSENTIALS**：本文中、随所に**ESSENTIALS**と名づけたコーナーを挿入した。関連項目をまとめたもの、より深い理解のために必要な予備知識、熟語表現の整理、解説の補足や角度を変えた説明など、豊富な**ESSENTIALS**が並んで、これが本書の特色の1つとなっている。

(4)「板書」：筆者による予備校での「板書」を本文中に多数掲載した。これはこの本の大きな特色のうちの1つであり、言葉や活字だけでは理解しにくい事柄について、いわば直観的に理解する強力な手助けになるであろう。

(5) さくいん：巻末に詳細なさくいんをつけるので、大いに活用してほしい。筆者が意図しているのは、第1講から第72講までを短期間に通読して、一気に英文法をマスターしてしまう読み方であるが、さくいんや目次を頼りに、定期テスト対策や不明なことがらの解決のために使用する方法も、もちろん可能である。その場合、巻末の詳細なさくいんが非常に役立つと確信する。

(6)「親切」「丁寧」な説明の徹底

　本来、英文法の学習書は1巻にまとめて「これ1冊やればOK」と言ってあげたいところなのであるが、無理して1冊にまとめようとすれば説明がぶっきらぼうで舌足らずになり、受験生はよく理解できずに、結局投げ出してしまう。「これ1冊」のはずが、いつのまにか書棚には読みかけの文法書がたくさん積み重ねられる結果になりかねない。

　本書が上下2巻になっている理由はそれである。思い切ってスペースをたくさんとって、あくまで親切丁寧に、必ずわかる説明を心がけたから、この上下2巻を熟読すれば、もうこれ以上英文法に時間やお金を費やす必要はなくなるものと信じる。例えば四者択一の問題では、正解になる選択肢ばかりでなく、できるだけ全ての「間違い選択肢」について、それが何故ダメなのか、出題者はどういう意図でその選択肢を作ったか、そういうことまで説明した。

　生徒は教師が思いつかないような疑問をもつものであるし、教師がまさかと思うようなところでつまずいていることも多い。「関係副詞節は、形容詞節だ」というのは教師から見れば余りにも当たり前なのであるが、生徒の多くは「関係副詞節は、副詞節だ」と思い込み、それがつまずきの原因だったりする。「前置詞の目的語に準動詞が来るときは動名詞」と説明して、生徒全員が理解

したものと教師は思ってしまうが、そんなぶっきらぼうな言い方で理解できるのは上級の生徒だけである。「前置詞の直後に動詞がくるときは、…ing形にする」というような、あくまで生徒の目線に立って説明しなければならないのだ。

Ⅳ　まとめ

　今この本を手にした受験生諸君は、以上に述べてきたことをよく理解して、積極的に英文法学習に励んでほしい。目の前にあるのは英文法だが、それはそのまま英単語学習や長文読解演習でもあって、決して瑣末な「重箱の隅」ではないのである。

　英文法について、また受験勉強全体について、何かズルい特別な勉強法や特殊なテクニックがあるように誤解する者が多い。中には「こういう枝葉末節の知識を勉強しなければならないから、本格的な勉強が出来ない」などと嘆く者もいる。しかし、そんなものは怠惰な夢想・空想に過ぎない。「英語の実力をつける」ということこそ学習の秘訣なのであって、英文法を道具に「英語まみれ」になって本格的な英語学習をすることこそ、合格の王道である。

　本書は、いまはもう「赤ちゃん」に戻れない諸君のために、本格的な英語学習を開始するラストチャンスとして書かれたものである。怠惰な弱音を吐くことなく、「英語まみれ」を大いに楽しみ、36日後または72日後に「英語が好きになった」「もっともっと英語を本格的に勉強していきたい」という人が、たくさん出てくることを願っている。

今井　宏

今井の英文法教室 上

目次

はじめに	2
目次	9

第1章　動詞／助動詞　　11

第1講	現在形と進行形	12
第2講	現在完了形	18
第3講	過去完了形	24
第4講	時制の考え方とその例外	30
第5講	未来完了形／時や条件を表す副詞節	36
第6講	基本動詞の判別1（自動詞と他動詞／活用形など）	42
第7講	基本動詞の判別2（話す／行く／来るなど）	48
第8講	基本動詞の判別3（着る／貸し借り／似合うなど）	54
第9講	いろいろな助動詞	60
第10講	助動詞＋have p.p.など	66

第2章　準動詞　　73

第11講	不定詞の名詞的用法	74
第12講	不定詞の形容詞的用法	80
第13講	不定詞の副詞的用法	86
第14講	独立不定詞句／be to 不定詞／too … to 構文など	92
第15講	代不定詞／完了不定詞（to have p.p.）など	98
第16講	分詞構文1	104
第17講	分詞構文2	110
第18講	現在分詞と過去分詞	116
第19講	SVOC構文と分詞の問題1	122

第20講	SVOC構文と分詞の問題2	**128**
第21講	付帯状況　with X+Y	**134**
第22講	動名詞と慣用表現	**140**
第23講	動名詞の意味上の主語／完了形の動名詞など	**146**
第24講	目的語になる準動詞	**152**

第3章　仮定法　　　　　　　　　　　　　　159

第25講	仮定法「もしいま」「もしあのとき」	**160**
第26講	仮定法の倒置／もしなかったら	**166**
第27講	混合タイプ／仮定法未来	**172**
第28講	I wish … と　as if …	**178**
第29講	仮定法現在など	**184**
第30講	if のない仮定法	**190**

第4章　関係詞　　　　　　　　　　　　　　197

第31講	関係代名詞の基本	**198**
第32講	前置詞＋関係代名詞	**204**
第33講	名詞＋前置詞＋関係代名詞など	**210**
第34講	Ｖ Ｖ'タイプ（連鎖関係代名詞）	**216**
第35講	制限用法と非制限用法	**222**
第36講	関係代名詞と関係副詞	**228**
第37講	関係詞　as／than／but／what	**234**
第38講	関係形容詞／関係詞の省略／二重限定／…ever など	**240**

| ESSENTIALS一覧 | **247** |
| さくいん | **248** |

第1章 動詞／助動詞

- 第1講　現在形と進行形
- 第2講　現在完了形
- 第3講　過去完了形
- 第4講　時制の考え方とその例外
- 第5講　未来完了形／時や条件を表す副詞節
- 第6講　基本動詞の判別1（自動詞と他動詞／活用形など）
- 第7講　基本動詞の判別2（話す／行く／来るなど）
- 第8講　基本動詞の判別3（着る／貸し借り／似合うなど）
- 第9講　いろいろな助動詞
- 第10講　助動詞＋have p.p.など

第 1 講　現在形と進行形

> **基本文**　次の英文を日本語に訳せ。
>
> (1) Patrick leaves for Paris tomorrow afternoon.
> (2) Dorothy was talking with Donna when I saw her yesterday.
> (3) Do you have any idea what Meg will be doing when I call her tomorrow?
> (4) The mother was always scolding her children at the table.

● 基本文解説

(1) **答　パトリックは明日の午後パリに出発する。**

　動詞の現在形で「ハッキリ決まった未来の予定」「すでに計画中・準備中の未来」を表すことができる。未来のことは、もちろん未来形で表すのが普通であるが、その予定が「おそらく変更することはないだろう」と思われる場合には、未来形ではなく現在形で表しても構わない。電車の発車時刻、映画の開演時刻、入試の開始時刻など、あらかじめ印刷物として配布されているようなものや、旅行の予定などなら、現在形が使える。なお、現在進行形でも「ハッキリ決まった未来」を表すことができる。つまり、問題文を

　　Patrick *is leaving* for Paris tomorrow afternoon.
と言い換えても OK である。

(2) **答　昨日見かけたときには、ドロシーはドナとおしゃべりしていた。**

　動詞の進行形で注意すべきなのは以下の2点である。

［1］「短時間の継続」を示す。

　進行形の本来の意味は「躍動感」である。「いま目の前で…している」という「生き生きした感覚」を常に伴うのである。そうした躍動感は、何週間も何ヵ月もといった長時間継続することはできない。せいぜい1～2週間といった「短時間の継続」を示すと考えればいい。この基本文でも「おしゃべり」が継続するのは長くてもせいぜい2～3時間。進行形に躍動感を感じればいい。

[2]「その時点で終了していないこと」などを示す。

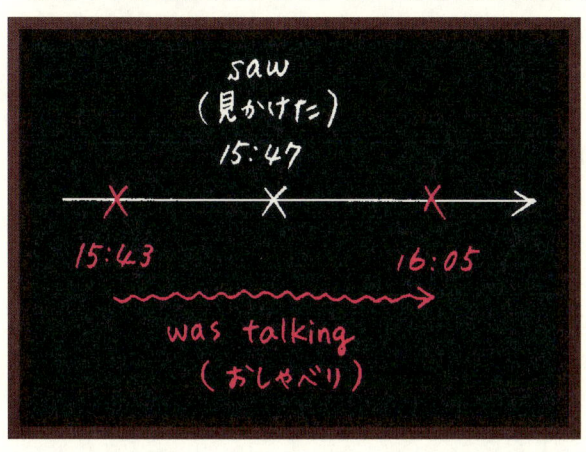

この基本文では、saw her「彼女を見かけた」時点と、was talking「おしゃべりしていた」動作とを、左のように図解して考えると理解しやすい。「彼女を見かけた」のは一瞬のことで、たとえば15時47分。そのとき「おしゃべりしていた」わけだから、ドロシーとドナのおしゃべりは「その時点で終了していない」。おそらく、15時43分に始まったおしゃべりは、16時05分まで継続しただろう。

このケースに進行形を使うことについては、文法問題の頻出事項である。

(3) **答 明日私が電話するとき、メグは何をしていると思いますか？**

これも「短時間の継続」「その時点で終了していないこと」に進行形を使う例である。電話するのが8時46分。そのときメグが何をしているにしても（たとえばハミガキ）ハミガキは電話より3分ぐらい前から開始して、しかも電話の後でも終わらずに、短時間続くのである。しかも、それが明日の朝のことであるから、時制は「未来進行形」＝ will be …ing の形になる。

(4) **答 その母親は、食卓で子供たちを叱ってばかりいた。**

進行形には「非難を表す進行形」「いらだたしさの進行形」とよばれるものがある。always「いつも」とか constantly「たえず」、forever「ひっきりなしに」などの副詞を伴うことが多い。「いつも…してばかりいる。イヤだねえ」「いつだって…してばっかりなんだ。ウンザリするよ」といったニュアンスの非難を、進行形にするのである。賞賛を示す場合「いつも…だ。立派だね」もあるから注意しなければならないが、見分けは文脈に頼るしかない。

例題

A 次の各文の（　）内に、最も適切なものを①〜④の中から1つ選べ。

(1) Esther (　　) other people's names.
　　① is constantly forgetting　② apt to forget
　　③ is used to forget　　　　④ doesn't forget on

(2) Water (　　) at a temperature of 100 degrees centigrade.
　　① boils　② is boiling　③ was boiling　④ used to boil

B 次の英文に誤りがあれば訂正せよ。なければ **NO ERROR** と記せ。

(3) Mrs. Rosenberg took a shower when the phone rang.

(4) Grace is resembling her father in character.

例題解説

A (1) ①

 エスターは他の人たちの名前をいつも忘れてばかりいる。

　正解の選択肢①は現在進行形だが、「現在進行中のこと」ではなくて「いつも…ばかりして困ったものだ」という「非難を表す用法」である。「また？困ったもんだねえ」「なんとかしてもらいたい」という気持ちの表現である。

　その他の選択肢を検討しておこう。まず②は、is を補って is apt to forget にすれば、「エスターは人の名前を忘れる傾向がある」という正しい文になる。

　③は、まず形だけでも is used to *forgetting* に修正しないといけない。

　　 be used to …ing ＝「…するのに慣れている」
　　　　　　　　　　　　≒ be accustomed to …ing
　　　　　　　　　　　　≒ accustom oneself to …ing

　しかし、たとえそう修正したとしても、「エスターは、忘れることに慣れている」というのでは、意味不明である。

　④は、doesn't forget on の on を削除する。そうすれば、文の意味も「彼女は人の名前を忘れない」となって OK になる。

(2) 答 ①
訳 水は100℃で沸騰する。

「一般的な真理」「いつでも言えること」「状況や条件によって変化しないこと」を述べるには、現在形を用いる。現在形は①のみである。

他の選択肢を見ておこう。②は、現在進行形。進行形だと「いま沸騰中だ」というふうに、「いまに限ったこと」になってしまうのでNG。また、いくらなんでも「非難を表す進行形」だということはないだろう。「水のヤツ、沸騰してばかりいる。困ったもんだ」。そりゃ、楽しい水クンだねえ。

③「水は、かつては沸騰中だった」は、さすがに問題外。

④ used to 原形＝「むかしはよく…したものだ」。これを知っていれば、出題者が悪ふざけしているのが、ハッキリわかるはず。「むかしはね、水はよく100℃で沸騰したものだったなあ」。

B (3) 答 took（×）→ was taking（○）
訳 電話がかかったとき、ローゼンバーグさんはシャワー中でした。

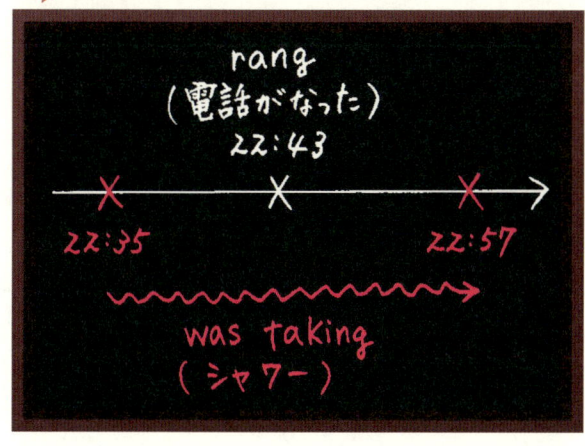

基本文解説で示したとおり、進行形は「短時間の継続」「その時点で終了していないこと」を示す。たとえば、シャワールームに入ったのは22時35分。電話が22時43分に鳴ったけれども、無視してそのままシャワーを続け、シャワールームを出たのは22時57分。図解すれば上のようになる。

つまり、彼女のシャワーは、まあ長くても30分程度の「短時間の継続」であり、しかも電話がかかってきた時点で「終了していない」。これはまさに「進行形の出番」である。

ピンとこない人は「もし進行形に訂正しないで問題文のままにしたらどうなるか？」を考えてみるといい。「電話が鳴ったとき、ローゼンバーグさんはシャワーを浴びました」。つまり、この人は「電話が鳴るとシャワーに入る」という奇妙な習性をもっていることになる。マインドコントロールでもされていなければ、そういう人は存在しないだろう。

(4) **答** is resembling（×）→ resembles（○）
　訳 グレースは、性格的には彼女の父親に似ている。

　動詞 resemble は、「進行形にしない動詞」である。この文では、現在進行形を現在形に直さなければならない。どんな動詞が進行形にならないかについては、以下のように考えればいい。

ESSENTIALS ① 進行形にしない動詞

　「進行形にしない動詞」のうち、記憶しておくべきものは以下のとおり。
　　live／love／like／know／remember／understand
　　belong to（所属する）／believe／contain（含む）
　　possess（所有する）／have（所有する）／own（所有する）
　ただし have は「所有する」以外の意味で使うときは進行形も OK だから、要注意。つまり「食べる」「…させる」などの意味のときは、have は進行形にすることができる。
　高校の授業や学習参考書の中では、「動作動詞は進行形にできるが、状態動詞は進行形にできない」と説明されることが多いが、「動作」と「状態」の区別がわかりにくいし、例外事項もいろいろ出てきて煩雑になる。そこで、もっとわかりやすく説明すれば、次の［1］［2］［3］のようになる。

［1］　俳優が演じることができない動詞は、進行形にならない

　「走る」「眠る」「踊る」「歌う」などなら、俳優どころか高校の演劇部員にでも楽に演じられるだろうが、「愛する」「含む」「記憶する」「知っている」「信じる」「所有する」などになると、どんな名人級の俳優だって、簡単には演じられない。そのような、才能ある俳優でも容易に演じることができない動詞は、進行形にならない。これは「進行形は躍動感を表す」ということと関係がある。「躍動的な動き」でないと、俳優は演じにくいのである。

[2]「長時間続くこと」を示す動詞は進行形にならない

　「長時間」とは初歩の段階では、おおざっぱに「２週間以上」と考えれば大丈夫だろう。例えば love「愛する」なら少なくとも２週間ぐらいは愛し続けるはず。それより短いものは、「愛」とは認めがたい。live についても、東京に「住んだ」なら、最低２週間ぐらいは住み続けるはず。それ以下では stay「滞在」であって「住む」ではない。remember も、「覚え」たらせめて２週間ぐらいは記憶しているはずで、それ以下で忘れるようなのは、「覚えた」ことにならない。バレー部やバスケ部に belong「所属」したら、最低２週間ぐらいは続けるだろう。２日や３日で退部するようなのは「お試し」であって「所属した」ことにはならない。

　こんなふうに「長時間続く動詞は進行形にしない」と考えると、区別がつきやすいだろう。これも「進行形は躍動感を表す」ことと関係がある。「躍動的な動き」は、長時間持続できないのである。

[3]　逆に「ごく一時的なこと」なら、これらの動詞も進行形にできる

　上に列挙した動詞であっても、ごく一時的なこと（２週間程度で終わるようなこと）なら、進行形もありうるということになる。
　　I'*m living* in Tokyo now.（OK）
なら、「いつもは別のところに住んでいるが、今だけごく一時的に東京で生活している」というニュアンスになる。

　以上の **ESSENTIALS** ① を理解していれば、⑷で問題になる動詞 resemble「似ている」について進行形にならないのもハッキリわかってくる。まず、「似ている」は「１人の俳優では演じられない」。さらに「長時間継続する」ことである。「似ている」のは２週間どころか、70年でも80年でも、一生のあいだ延々と続くことである。父親似に生まれてしまったら、よほどのことがない限り、死ぬまでずーっと父親似。「最初は父親に似ていたんだが、やがて近所の清水さんのダンナに似てきた」「イヤ、隣の後藤さんも怪しい」なんてことになったらマズイ。そんなことは決して起こらない。

第2講 現在完了形

基本文 次の英文を日本語に訳せ。

(1) Aaron has finished his homework.
(2) Agnes has been sick in bed for six weeks.
(3) Alonzo has caught a cold.
(4) Janis has never visited that country.

● 基本文解説

　「過去形」と「現在完了形」とがゴチャゴチャになって区別がつかないままでいる人が多い。過去形は「した」、現在完了形は「しちゃった」「してしまった」など、あいまいな訳語を覚えて、それでいいと思い込んでいたりする。もしそうなら、ここでしっかり現在完了形を学びなおしてほしい。

　ポイントは、「現在完了形は必ず現在と強い結びつきをもっている」ことである。過去形が単に「かつて…した」であるのに対し、現在完了形は「かつて…したから、いまこうだ」「むかし…した経験があるから、いまこうだ」というふうに、必ず「いま…だ」の部分を含んでいる。

　中学英語では「ハッキリ過去のことを表すコトバ（yesterday／last year／ago／the other day／just now など）といっしょに現在完了形を使ってはならない」と強調されるが、それもこのことと関係がある。単に「昨日のこと」「去年のこと」なら、過去形でいい。現在完了形なら、必ず「現在との関連を伴っていなければならない」ということである。

　現在完了形には「完了」「継続」「経験」「結果」の４用法があるが、それぞれ、詳しく言えば以下のようなニュアンスになる。

　　「完了」 ＝「…が完了したから、今…だ」
　　「継続」 ＝「ずっと…し続けてきたから、今…だ」
　　「経験」 ＝「…した経験があるから、今…だ」
　　「結果」 ＝「…した結果、今…だ」

(1) 答 アーロンはもう宿題を終えてしまった。

「宿題は終わっちゃった」=「だから、いまはもう遊んでもいい」「いまは何をしようと自由だ」などのニュアンスをもつ。現在完了の4つの主な用法のうち「完了」の用法である。

(2) 答 アグネスは6週間も病気で寝ている。

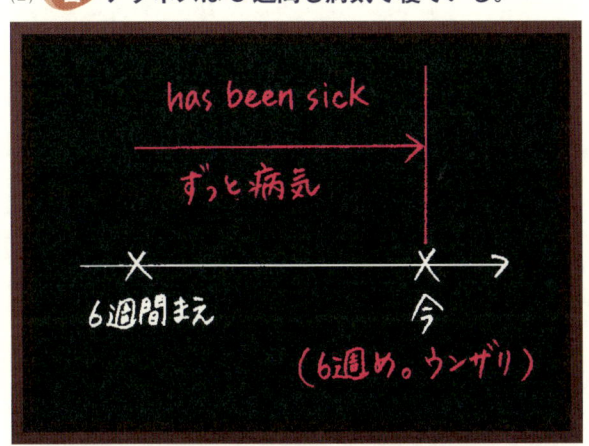

「ずっと寝ている」=「だから現在は6週間めだ」「だから今はもうウンザリしている」「だから家族も友人もみんな心配している」などのニュアンス。現在完了の「継続」の用法である。

(3) 答 アロンゾは風邪を引いてしまった。

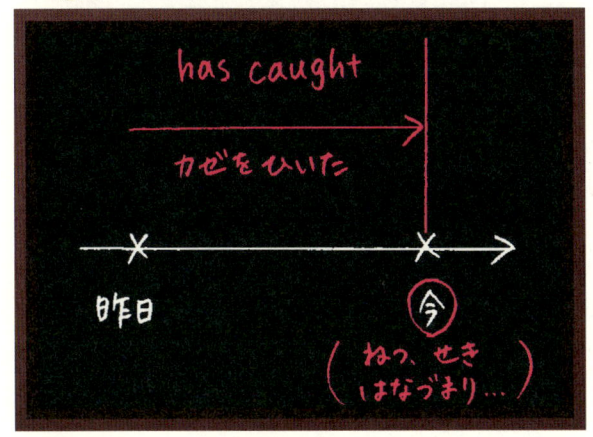

「風邪を引いた」=「だからいま、熱がある／鼻がつまっている etc.」「だからいま、欠席している」などの意味。「結果」を示す用法である。

(4) 答 ジャニスは一度もその国を訪れた経験がない。

「経験がない」=「だからいま、ちょっと心配だ」「だからいま、初めての経験でワクワクしている」などの気持ちを示す。「経験」の用法である。

> 例題

A 次の英文には誤りがある。誤りを修正せよ。
(1) Esther has lived in Philadelphia when she was young.
(2) People have eaten without knives and forks in those days.
(3) When have you read *Macbeth*?
(4) This district has been belonging to Germany before World War Ⅱ.
(5) Sharon has been studying Spanish since she has entered college.

B 次の各文の(　)内に、最も適切なものを①～④の中から1つ選べ。
(6) Tatiana came to New York in 2007 and (　) here ever since.
　① lived　　② has lived　　③ lives　　④ is living
(7) Henry and Diane (　) just now.
　① have come home　　② come home
　③ came home　　　　④ will have come

> 例題解説

A (1) 答 has lived (×) → lived (○)
訳 若いころ、エスターはフィラデルフィアに住んでいた。

　たとえば「いまは53歳でボストンにいるが、19歳から24歳まではフィラデルフィアに住んでいた」という状況を考えてみよう。これは「単なる過去」のことであって、特別に「現在との関係」は考えなくてもいいだろう。それならば、現在完了形 has lived ではなくて、単なる過去形 lived を使うべきである。

　文後半の when she was young にも注目。中学時代に「when の節といっしょに現在完了形を使ってはいけない」と習ったことがあるはずだから、その知識からでもこの問題は解ける。ただし、高校英語ではキチンと「when の節では単なる過去を表しているんだから、現在完了形は使えない」と説明するほうがいいだろう。

(2) 答 have eaten (×) → ate (○)
訳 その当時、人々はナイフとフォークを使わずにものを食べた。

in those days「その当時」とあって、これも「単なる過去」のこと。「今」とのつながりが感じられないから、現在完了形を単なる過去形に直せばいい。

(3) 答 have you read（×）→ did you read（○）
訳 君はいつ『マクベス』を読んだの？

これも「単なる過去」。現在完了形を過去形に修正すればいい。中学英語の「When という疑問詞といっしょに現在完了形は使えない」という知識が使える場面である。

(4) 答 has been belonging（×）→ belonged（○）
訳 この地域は第二次世界大戦の前にはドイツに属していた。

「第二次世界大戦前は」と言っているのだから「現在との関係」は存在しないことになる。したがって「単なる過去形」を使うのが正解。さらに belong は第1講 ESSENTIALS ① P16 で説明した「進行形にしない動詞」だから、過去進行形 was belonging にはならない。そう修正してしまった人は、今後注意すること。

(5) 答 has entered（×）→ entered（○）
訳 大学に入ってから、シャロンはずっとスペイン語を勉強している。

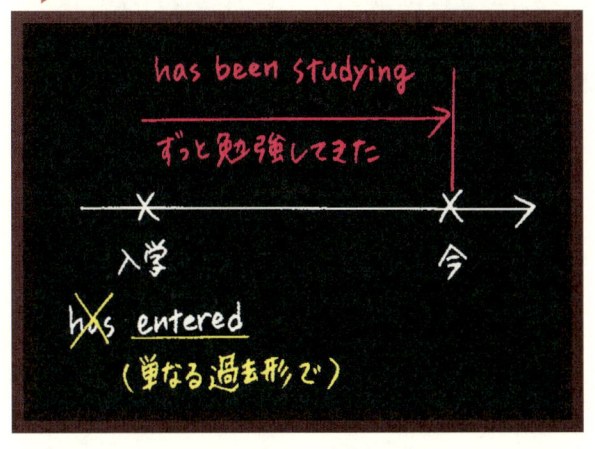

「大学に入学した」のは「単なる過去」のこと。たとえば2週間前の入学式の日のことである。これは過去形で表現すべき内容である。

それに対して「スペイン語を勉強してきた」のほうは、「いまも続けている」

「いまはスペイン語にもいくらか慣れた」などのニュアンスが含まれる。これは、現在完了のうち「継続」の用法を使って表現するのがふさわしいだろう。

両者の関係を図解すると前ページの板書のようになる。

　なお、この文の中で *has been* study*ing*（have been …ing の形）は「現在完了進行形」と呼ばれ、「ずうっと…し続けている」「休みなく…し続けている」というふうに「動作の継続性」を強調する。過去のある一点から始まったことが「休みなしに」「ずうっと続けて」「疲れる様子も見せずに」続けている、というニュアンスを示すのである。もちろん「今もなお続いている」という「現在とのつながり」は、普通の現在完了形と同じである。第1講 **ESSENTIALS** ① P16 で説明した「進行形にしない動詞」以外の動詞の場合は、単なる現在完了形よりも現在完了進行形を用いるほうが普通と考えていい。

B (6) 答 ②
　訳　**タチアナは2007年にニューヨークにやって来て、それ以来ずっとここに住んでいる。**
　「過去の一点から始まって、今も続いていること」だから、まさに「現在完了形の出番」である。他の選択肢を検討してみよう。
　①は、単なる過去形。せっかく ever since「それ以来ずっと」という修飾語で「今も住んでいる」ことを言おうとしているのだから、過去形は NG。
　③の現在形を使うには、「2007年から」という修飾語がジャマだろう。
　④について。まず、「live は進行形にしない」ことを確認してほしい。もちろん第1講 **ESSENTIALS** ① P17 で示したように「ごく一時的なことだ」と強調したいケースなら live を進行形にして使うこともありうるが、この文では ever since という副詞をつけて、むしろ「継続性」「長時間であること」を強調している。この状況では live を進行形にすることはできない。

(7) 答 ③
　訳　**ヘンリーとダイアンはたったいま帰宅した。**
　②を選んでしまった人が多いのではないだろうか。「たったいま」という日本語の「いま」という響きや、just now の now に引きずられて「現在」と勘違いし、現在形を選んでしまう生徒が非常に多い。しかし、落ち着いて考えてほしい。「たったいま」と言うとき、その行為はすでに過去の一点において終

了した行為なのである。「たったいま宿題が終わった」なら、すでに数分前に宿題は仕上がっているのだ。「たったいま東京駅に着いた」と家族にメールするとき、その人はすでに新幹線を降りているのである。「たったいま病院を去った」のは過去のことである。このように just now という副詞は「ハッキリ過去を表す」のであり、現在形とともに使用することはできない。

同様にして、①も NG。「ハッキリ過去を示す副詞」と、現在完了形が同居することができないのは、中学英語でもしっかり習っているはずだ。

ESSENTIALS ❷ 現在完了形と現在形

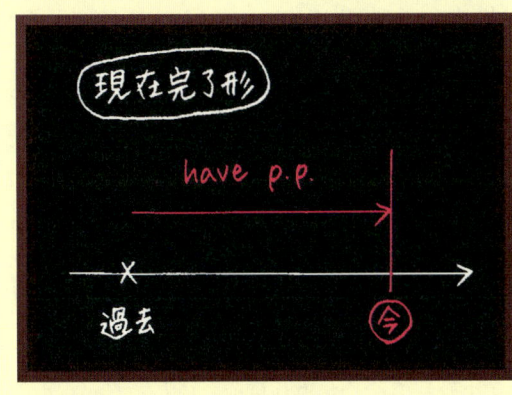

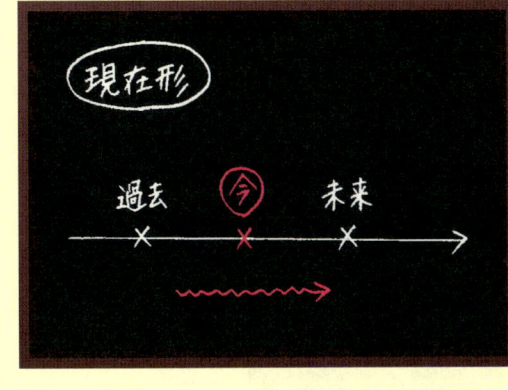

最後に、現在完了形と現在形との違いを明確に図解しておきたい。現在完了形が「過去から現在まで」を示すのに対し、現在形は「現在」をまたいでその前後に広がりをもち「（以前もそうで）いまもそうだが（これからもそうだろう）」ということを意味する。「一般的な真理」「現在の習慣」など、すべてこの感覚である。

第3講 過去完了形

基本文 次の英文を日本語に訳せ。

(1) The bus had already left when Carrie arrived at the bus stop.
(2) Julia lost the ring which Alex had given her the day before.
(3) Claire and Quincy had known each other for six months when they got engaged.
(4) Jessica had seen the lawyer many times before then.
(5) Meg had been ill in bed for three days when she went to the hospital.

● 基本文解説

　過去完了形（had p.p.）は、過去のある時点までの完了、経験、継続などを表す。過去形の動詞などと対比させることによって、過去の2つの事柄の前後関係をハッキリさせるのがその役割である。「ある過去のできごと」と比較して、「さらにそれ以前のできごとである」という前後関係を明らかにするのである。たとえば、室町時代と比較して「それより前」だから平安時代のことを過去完了形で表す。中学時代と比較して「それより以前のこと」だから小学生のころの思い出を過去完了形で述べる。そういう時制である。

(1) **答** キャリーがバス停に着いたとき、もうバスは出てしまっていた。

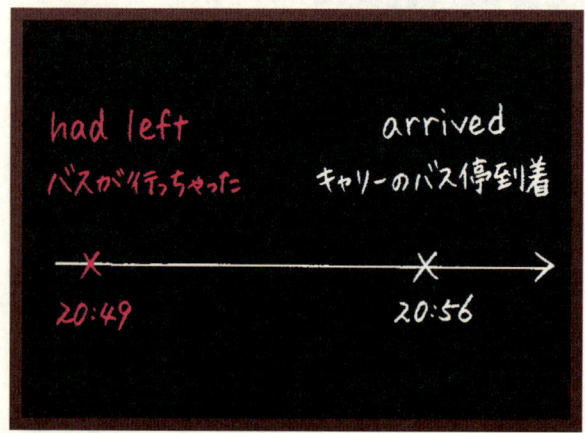

「バスが出た：20時49分」が「キャリーのバス停到着（arrived）：20時56分」よりも以前だったことをハッキリさせるために、過去完了形 had left を使っているのである。

(2) **答 ジュリアは前の日にアレックスがくれたリングをなくした。**

「リングをくれた」のは、ジュリアの誕生日＝たとえば12月18日。すると「なくした（＝lost）」のは12月19日。「くれた」のは「なくした」よりも以前だから、それをハッキリさせるために過去完了形 had given を使う。

(3) **答 ６ヵ月間つきあった後で、クレアとクウィンシーは婚約した。**

「つきあった」のは「婚約した」よりも以前の６ヵ月間である。「婚約（got engaged）」が過去形だから、「知り合っていた」のはそれよりも以前のことだ、とハッキリさせるために過去完了形 had known を使うことになる。

(4) **答 そのときまでに、ジェシカはその弁護士と何度も会っていた。**

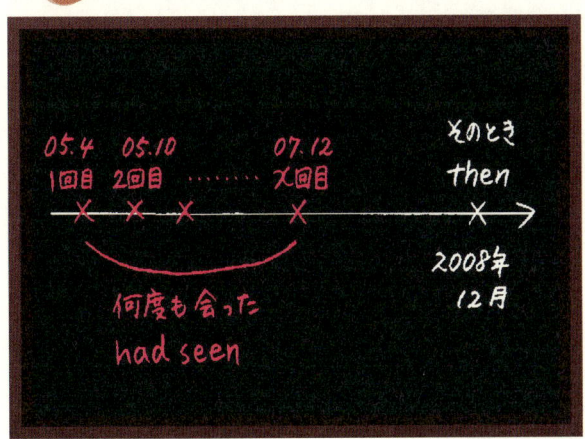

この例文は他の文と少し違って、過去形の動詞と過去完了形を対比しているわけではない。「then（そのとき）」という「過去を表す副詞」があって、その副詞の示している過去の時点よりも以前に、「何度も会ったことがある」という意味である。then が2008年12月として、それ以前に x 回会ったことがあるとすれば、上のように図解できる。

(5) **答 メグが病院へ行ったのは、３日間病気で寝ていた後だった。**

「病院に行った（＝went）」よりも以前の３日間「病気で寝ていた」という前後関係をハッキリさせるために「病気で寝ていた」のを単なる過去形 was ではなく、過去完了形 had been を使って表しているのである。

例題

A 次の英文には誤りがある。誤りを修正せよ。
(1) Geoffrey had lost his cell phone last year.
(2) Chuck had finished his homework at eleven o'clock.
(3) Katie was able to find Nick's office easily because she visited it before.

B 次の各文の(　)内に、最も適切なものを①〜④の中から1つ選べ。
(4) Samantha (　) on the problem for three hours, when she finally solved it.
　① had been working　② has been working
　③ has worked　　　　④ is working
(5) I was tired after the test last Thursday, because I (　) all day long every day for a week.
　① had been working　② have been working
　③ have worked　　　 ④ was working
(6) Jasmine (　) in Paris for five years when she was a child, but she can't speak French at all.
　① has been　　　　　② has once stayed
　③ lived　　　　　　　④ had lived

例題解説

A (1) had lost (×) → lost (○)
　訳 ジェフリーは彼の携帯電話を昨年なくしてしまった。

　この問題文が、英作文の答案に驚くほど頻出する間違いの典型で、過去完了形に関しては、同じ間違いばかりが続出して、呆れるほどである。「よくわかっていない」ではなくて「全然わかっていない」というのがホントのところ。「大過去」という呼び方があるせいかもしれないが、
　「すごい昔のことだから過去完了形（笑）」
とか考えているフシさえなくもない。

　「添削してください」
とか言って、自信満々で英作文をもってくるヤツの答案にこういうのがある

と、「キミね、これじゃ添削どころじゃないだろ？」
ということになる。すると、質問にきたヤツはいかにも不満そうに、
　「だって、辞書をなくしたのは去年ですよね。スンゴイ、ムカシじゃないですかア。だから、大過去を使って…」
と口をとがらせる。
　「ハハン、わかってないね。授業で繰り返したとおり、過去完了形ってのは、何か『過去を表す動詞』があって、その動詞との時間的前後関係をハッキリさせるために使う。キミのこの英文の中には『過去を表す動詞』はなんにもないよね。それなのに、いきなり過去完了形だけがドカンと出てきちゃってる。『スンゴイムカシだから、過去完了形』なんてのじゃ、ダメだろ？」
　「はあ。まあ何となく、わかったような気はします。」
　「まあ何となく、じゃダメだろ。ちゃんと、わかりな。」
　「はあ、まあ、でも…。」
　「はあ、まあ、でも、じゃないって！」
　「はあ、まあ、でも…。」

　予備校の講師室に質問に来る生徒とのやりとりとしては、これは相当多い会話例。1年間に50回はあるかもしれない。もう20年も教えているから、今年までで、のべ1000回も繰り返してしゃべったかも。うーん。まあ、そのぐらい、よくある間違いだということである。
　「すごいむかしだから過去完了形」などということは、決してないのだ。「徳川幕府」でも「紫式部」でも「縄文時代」でも「ブルータス、お前もか（これは、カエサル）」でも「来た、見た、勝った（これもカエサル）」でも、なるほど「スンゴイ、ムカシ」ではあるが、ただそれだけの理由では、過去完了形は使わない。むしろ、そういう「歴史的事実」については「ごく普通の過去形」を使うほうが正しい。このことは第4講（例題解説(6) P34,35）で解説する。

(2) 答 had finished (×) → finished (○)
訳 チャックは11時に宿題を終えた。

　これも同じで、いきなり何の理由もなく過去完了形が出てきているのが間違い。ハッキリさせなければならない時間的前後関係は、ここには存在しないから、単なる過去形に直すことになる。

(3) 答 visited (×) → had visited (○)
訳 ケイティーはニックのオフィスを簡単に見つけることができた。以前訪ねていったことがあったからだ。

　「見つけることができた」よりも「訪ねていったことがある」のほうが以前のはず。そこで「訪ねていった」を過去完了形にして、前後関係をハッキリさせる。過去完了形が使われる典型的な場面である。

B (4) 答 ①
訳 サマンサは3時間もその問題に取り組み、そしてついにそれが解けた。

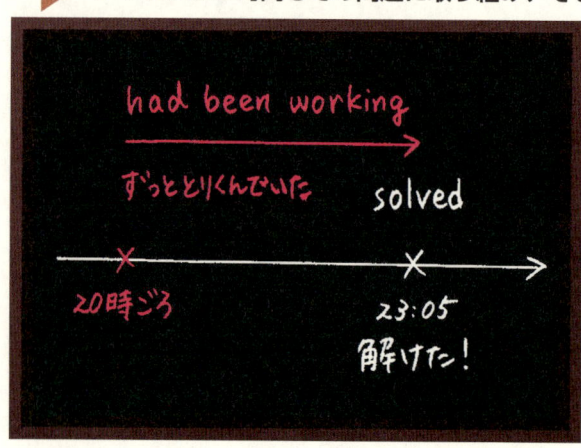

　問題が解けた (solved) のが23時05分だとすれば、問題に取りかかったのはその3時間ぐらい前 (20時ごろ) ということになる。「取り組んでいた」のは、過去形の動詞 solved よりも以前のことだから、過去完了形になる。

　正解の① had been working は、過去完了形と進行形とを組み合わせた「過去完了進行形」。had been …ing の形で、「ずっと…し続けていた」というふうに「継続性」を強調することになる。

　なお、work on …「…に取り組む」という動詞句も重要。脇目もふらず、

何かに「夢中になって取り組む」というニュアンスである。前置詞 on は「密着／接触」を表すことが多く、「ベッタリ、ピッタリくっついて離れない」感覚を付け加える。work on … は「その問題にベッタリ密着して取り組んでいる」密着感をよく伝える動詞句なのである。このことは本書下巻第 7 章「前置詞」第58講 P124 で詳述する。

(5) 答 ①

訳　**先週木曜の試験後は疲れていた。1 週間毎日 1 日中勉強していたのだ。**

　was tired「疲れていた」と、「1 週間勉強していた」との時間関係を図解すれば、「勉強していた」を過去完了形にしなければならないことは明らか。

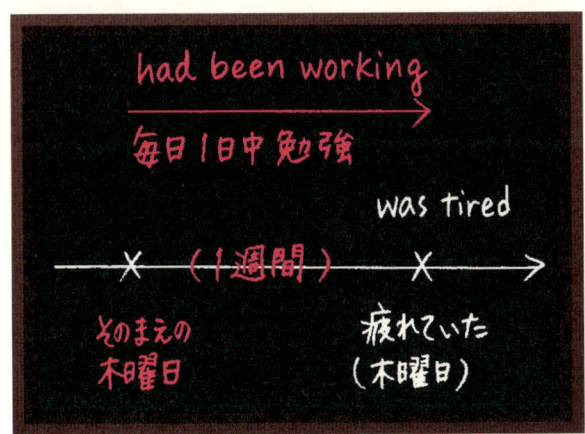

これも(4)の正解と同じように had been working「過去完了進行形」を用いている。「ずっと勉強し続けていた」と継続性を強調するときには、この形を使うのである。

(6) 答 ③

訳　**子供のころジャスミンは 5 年間パリに住んでいたが、フランス語は全くダメだ。**

　過去完了形のページだから、と安易に④を選んだあなたがターゲット。気を抜いて甘く見ていると、ダマされます。she was a child「子供のころ」と Jasmine lived in Paris「パリにいた」のが同時であることがわかる。時間の前後関係はないから「パリにいた」のも過去形でいいことになる。

第4講 時制の考え方とその例外

基本文 次の英文を日本語に訳せ。

(1) It seems that Kelly is a professor.
(2) It seems that Kelly was a professor.
(3) It seemed that Kelly was a professor.
(4) It seemed that Kelly had been a professor.

● 基本文解説

　一つの文の中で、現在形、過去形、過去完了形などの時制をうまく使い分けることによって、時間の前後関係をわかりやすく示すことができる。読むときも書くときも、面倒くさがらずに、1本の数直線のような直線を紙の上に描き、その線上に点を打って時間を書き込んでいけば、発信する側も受信する側も、どちらも混乱を避けられる。

(1) **答** ケリーは、いま教授らしいよ。

　文中の2つの動詞 seems と is に注目する。どちらも現在形だから「教授である」のと「そう見える、そうらしい」のが同時だということがわかる。

(2) **答** ケリーは、かつて教授だったらしい。

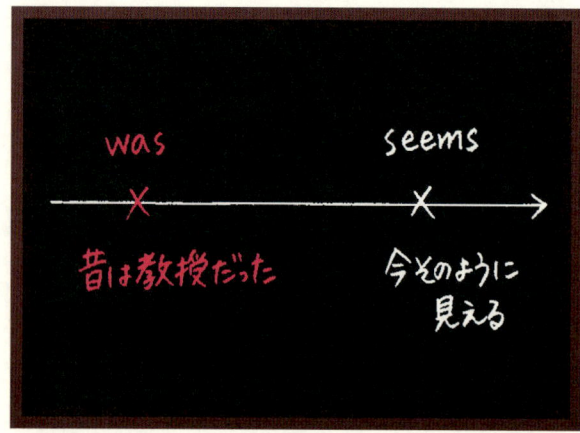

　文中の2つの動詞 seems と was に注目する。主節の動詞 seems が現在形なのに対して、was は過去形である。すると「教授だった」のは過去のこと、「そう見える」のは現在のことになる。「ケリーは、いまで

はすっかり年を取って、やさしそうなおバアちゃんになっている。でも、若いころはとっても頭の切れるシャープな女性で、なんでも大学教授だったらしいよ」という感じである。これを図解すれば、前ページのようになる。

(3) **答 ケリーはそのとき、教授のように見えた。**

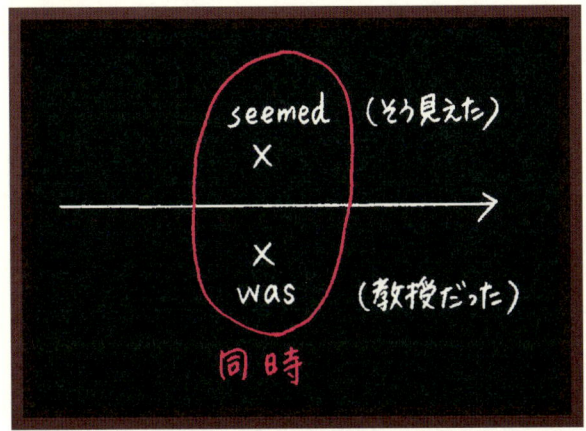

文中の2つの動詞 seemed と was に注目する。seemed も was もともに過去形である。すると「教授だった」のと「そう見えた」のが同時だったことになる。これを図解すれば、左のようになる。

(4) **答 そのときケリーは、それ以前に教授だったように見えた。**

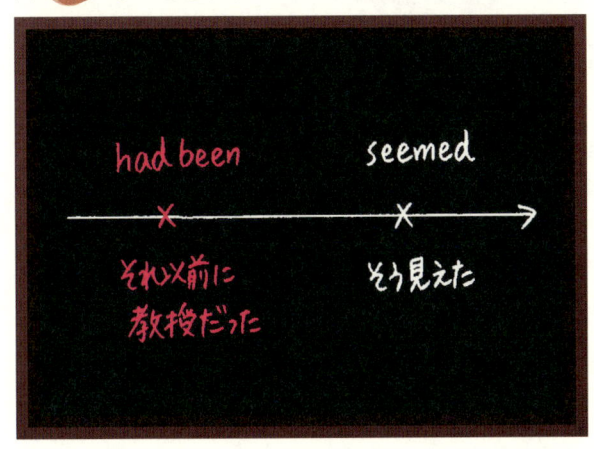

文中の2つの動詞 seemed と had been とに注目する。

seemed が過去形なのに対して、had been a professor は過去完了形である。すると、「教授だった」のは「そう見えた」のよりも以前、という前後関係がハッキリわかる。「2008年の初夏にケリーという女性に会ったんだ。そのときはもう教授じゃなかったんだけど、それよりも以前、大学教授だったらしいんだ」というような話になる。

例題

次の英文に誤りがあれば訂正せよ。なければ NO ERROR と記せ。

(1) ワシントン氏は、若いころはダンサーだったらしい。
　　It seems that Mr. Washington had been a dancer when young.
(2) 「バスケットボールが好きだ」とネイサンは言った。
　　Nathan said that he is fond of basketball.
(3) 「パパはとても速く走れるんです」とシャロンは言った。
　　Sharon said that her father can run very fast.
(4) 「この前の火曜日は忙しかった」とサマンサは言っている。
　　Samantha says she had been very busy last Tuesday.
(5) 「地球は丸い」とコロンブスは信じていた。
　　Columbus believed that the earth is round.
(6) 「ナポレオンは1821年に死んだのだ」とレベッカは習った。
　　Rebecca learned that Napoleon died in 1821.

例題解説

(1) **答** had been (×) → was (○)

現在形の動詞 seems「いま、そう見える」と対照させて「以前、まだ若いころにダンサーだった」というのであるから、過去完了形にはならない。「現在形と比較して、それより以前」ならば、単なる過去形になる。

(2) **答** is (×) → was (○)

「バスケットボールが好き」なのと「そう言った」のは同時のはずである。「言った」が1年前のことなら「バスケットボールが好き」なのも1年前のことであって、いまはどうなっているかわからない。いまはもうバスケには飽きてしまい、フットボールに夢中になっているかもしれない。そこで、「発言した」が過去形ならば、「好きだ」もそれに一致させて過去形にする。

(3) 答 can（×）→ could（○）

　シャロンが発言した（said）のは過去だから、「パパが走るのが速かった」のも過去のこと。例えば said（発言）が 2 年前のことなら、速く走れたのもあくまで 2 年前のこと。その後、たとえば太りすぎて足が遅くなった可能性もある。とにかく、今どうなっているかはわからない。そこで、said に合わせて「走れる」も過去形 could run にする。

(4) 答 had been（×）→ was（○）

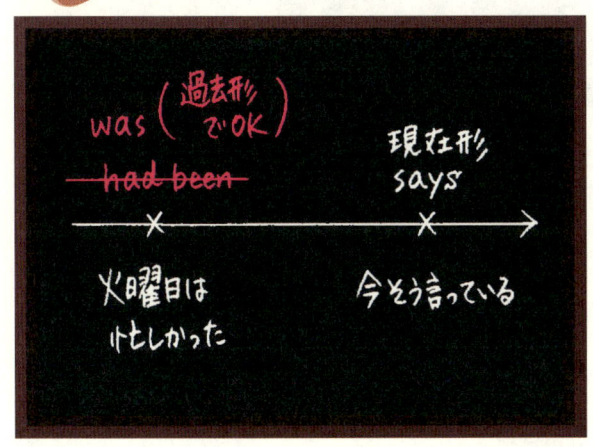

　「忙しかった」のは火曜日のことだから、現在形 says「いまそう言っている」と比較して、それよりも以前のことだとハッキリさせればよい。そのためには過去形を使う。過去形の動詞がないのに、いきなり過去完了形が出てくることはない。何度も繰り返すが、過去完了形とは過去形の動詞があって、「それよりももっと過去のこと」を示すためにあるのである。

(5) 答 NO ERROR

　一見したところ、この文では is が誤りで、is を was に修正しなければならないように思われる。図解すると、次ページのようになる。

　ところが、この文ではこういう考え方をしない。is を was に修正すると、かえって間違いになってしまう。これが「時制の考え方の例外」の 1 つ目、つまり「不変の真理は、常に現在形で表す」というルールである。「不変の真理 ＝ 絶対に変わることのない真実」「条件や状況によって変化することのない真理」と言えるなら、他の動詞との時間関係などを一切考えることなく、常に現在形を使わなければならない。「不変の真理」には、「地球は丸い」「地球は自転している」「水は100℃で沸騰する」「北極星は動かない」などがある。要す

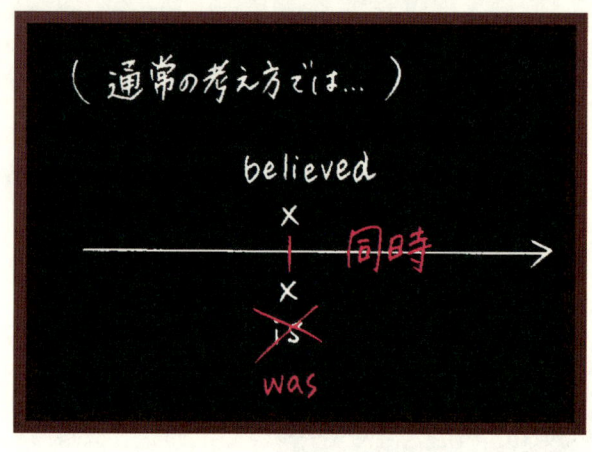

るに、理科の教科書に太字で出てくる事柄のことだと思えばいい。

では、「不変の真理は現在形で表す」理由を考えておこう。いったいどうして the earth *was* round では×なのか。それは「地球は、昔も丸かったが、今も丸くて、これからも丸いだろう」からである。第1講 例題解説 P15 を見直してほしい。「昔もそうだったが、いまもそうでこれからもそうだろう」という事柄には現在形を使うのが原則。コロンブスの時代にも地球は丸かっただろうが、いまもそのことに変化はなくて、地球はやっぱり丸いままである。将来も丸いままであることは間違いなくて、四角くもならないし、星型にもドーナツ型にもならない。それなのにこれを過去形 was で表してしまうと、「今はドーナツ型だし、将来は星型になるけど、コロンブスのころは、何と丸いと信じていたんだ」という意味のように見える危険性さえ出てくるのだ。

他の場合でも、しっかり現在形のままにしておかないと「水はむかしは100度で沸騰した。いまは違うけど」「北極星はむかしは動かなかった。いまはフラフラしているけど」のような、バカバカしいことになりかねないのである。

(6) 答 **NO ERROR**

　この問題も、一見 died が間違いで、これを had died に修正しなければならないように見える。基本どおりに考えると右の図のようになるからである。

　しかし、この問題文でもこういうふうには考えない。died を had died に修正すると誤りになってしまう。これが時制の考え方の例外の2つ目、つまり「歴史上の事実は、過去形で表す」というルールである（第3講 例題解説 P26,27 ）。「歴史上の事実」と言えることなら、いちいち主節の動詞との時間

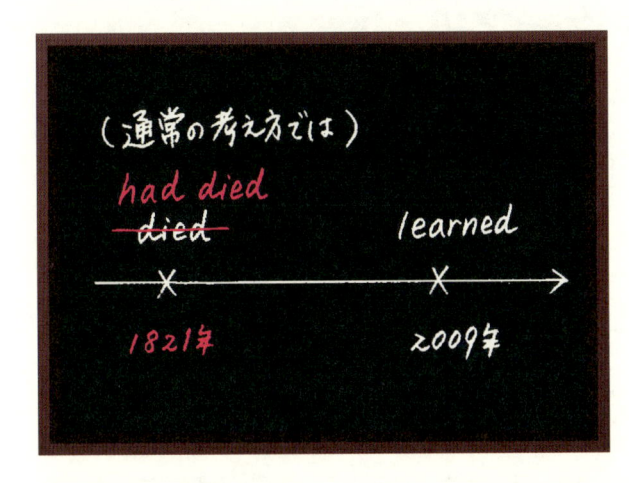

的前後関係を考慮する必要なしに、すべて過去形にする。「シーザーはブルータスらに暗殺された」「豊臣秀吉が検地と刀狩を行った」などが「歴史的事実」。要するに世界史や日本史の教科書に太字で出てくるようなことだと思えばいい。

「伝説か事実か明確でないもの、たとえば『弁慶が牛若丸を五条の橋で襲った』みたいなのはどうしたらいいですか？」とか、鋭い質問をもってくる生徒もいる。もちろん「伝説」なのか「事実」なのかは、その人の主観によって決まるわけで、話す人や書く人がその都度判断することになる。

最後に、なぜ「歴史上の事実は常に過去形」で表し他の動詞との時間関係を考えなくていいのか。その理由を考えておきたい。答えは簡単で、「いちいち他の動詞との関係を考えていたら、煩雑になりすぎるから」である。あなたが歴史教科書の筆者の立場に立ったつもりで考えてほしい。同じページの中に「東京大空襲」「硫黄島決戦」「パールハーバー」「広島・長崎への原爆投下」「ミッドウェー海戦」など、過去の出来事が数かぎりなく登場するのである。これらをお互いどうし、動詞の時制を使って前後関係を明確にしなければならないとしたら、時制がいくらあっても足りないぐらい煩雑になってしまうだろう。この中で一番古い「パールハーバー」なんか「had had had had had p.p.」みたいなことにならざるをえない。過去過去過去過去過去完了形、みたいなものだ。こういうバカバカしいことにならないように、あらかじめ「歴史的事実はすべて過去形で」と決めてしまったわけである。

第5講 未来完了形／時や条件を表す副詞節

基本文 次の英文を日本語に訳せ。

(1) Stanley will have finished reading the report by tomorrow.
(2) Ethan will have lived in Atlanta for ten years by next June.
(3) Mr.Cheswick will not go out for a walk if it rains tomorrow.
(4) Celia will be very happy when she gets married to him.
(5) We don't know if it will be sunny tomorrow.
(6) We don't know when Sylvia will come next Saturday.

基本文解説

(1) **答 スタンリーは明日までにレポートを読み終わっているだろう。**

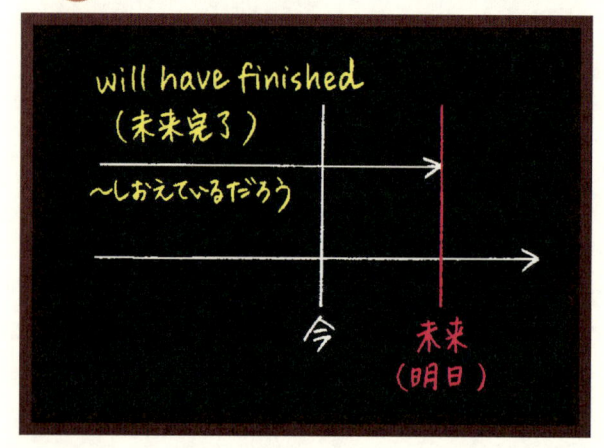

[黒板図: will have finished（未来完了）〜しおえているだろう　今／未来（明日）]

この問題文では、will have p.p. =「未来完了形」がポイント。「いましていることが、未来の一点において完了するだろう」ということを示すのが未来完了形で、「…し終えているだろう」「…してしまっているだろう」「…したことになっているだろう」などの意味になる。

(2) **答 イーサンは来年6月には、アトランタに住んで10年目ということになっているだろう。**

　イーサンはアトランタに住んで、今年6月現在で9年目。だから来年の6月には10年目になる、ということである。来年6月という「未来の1点における完了」を表すから、普通の未来形ではなくて「未来完了形」will have p.p. を使うことになる。

(3) **答** もし明日雨が降ったらチェズウィック氏は散歩に行かないだろう。

(4) **答** 彼と結婚したら、シリアはとても幸せだろう。

　この2問の焦点は「時や条件を表す副詞節では、未来のことを現在形で言う」という重要事項である。when …「…するときに」や if …「もし…したら」、as soon as …「…したらすぐ」、by the time …「…するときまでには」、unless …「…しないかぎり」などが「時や条件を表す副詞節」の代表格。

　(3)の if it *rains* tomorrow と(4)の when she *gets* married to him が「時や条件を表す副詞節では、未来のことを現在形で言う」に該当する。つまり(3)では「明日のこと」なのに will rain ではなくて現在形 rains になっているし、(4)でも「結婚する」のは未来のことなのに will get married ではなくて現在形 gets married にしている。

(5) **答** 明日晴れるかどうか、私たちにはわからない。

(6) **答** 来週の土曜、シルヴィアが何時に来るのか、私たちは知らない。

　要注意なのは、「未来のことを現在形で」はあくまで「副詞節でのみ」ということ。副詞節以外では、当然「未来のことは未来形」である。「未来のことを現在形で」は「副詞節にかぎって発生する異常事態」なのである。

　いま(5)と(6)で構文をとると、

(5) $\underset{S}{\text{We}}\ \underset{V}{\text{don't know}}\ \underset{O}{\text{if it will be sunny tomorrow.}}$

(6) $\underset{S}{\text{We}}\ \underset{V}{\text{don't know}}\ \underset{O}{\text{when Sylvia will come next Saturday.}}$

　(5)の if 節も(6)の when 節も、ともに他動詞 know の目的語になっている。目的語は、すべて名詞節である。名詞節では、「未来のことを現在形で表す」などという異常事態は発生しない。名詞節の中では、当然「未来のことは未来形で」表す。(5)は明日のことなのだから will be sunny、(6)も次の土曜日なのだから will come。ごく普通に、未来形を使うことになる。

例題

A 次の英文に誤りがあれば訂正せよ。なければ **NO ERROR** と記せ。

(1) Mr. McMurphy will call you as soon as he will finish the job.
(2) We wonder when Gwen will arrive.
(3) We don't know if it will snow tomorrow, but if it will snow, we will stay at home and watch television.
(4) If Joanna will lie down on the job, she will regret it.

B 次の各文の（　）内に、最も適切なものを①〜④の中から1つ選べ。

(5) A : "I am sorry, but Diane isn't here yet. Shall I have her call you when she gets in ?"
　　B : "No, I'll call back. If I call again in an hour, do you think she (　) ?"
　　　① had arrived　　　② has arrived
　　　③ will arrive　　　④ will have arrived

(6) Please lend me the book when you (　) reading it.
　　　① will finish　　　② will have finished
　　　③ have finished　　④ finished

(7) The time will come (　) to the Mars.
　　　① when we have gone　　② when we will go
　　　③ when we will have gone　④ when we go

例題解説

A (1) 答 **will finish（×）→ finishes（○）**

訳 マクマーフィー氏は、仕事が終わったらすぐ君に電話するだろう。

　as soon as …「…したらすぐ」は「時を表す副詞節」である。「未来のことは現在形」の原則から、will finish が間違い。finishes に修正しなければならない。三人称単数現在（形）を示す es をつけ忘れる人が多いから、要注意。

(2) 答 **NO ERROR**

訳 グウェンがいつ到着するのか、私たちは知りたい。

　We wonder when Gwen will arrive.
　 S　 V　　　　 O

when 以下は他動詞 wonder の目的語になっている。目的語は名詞節である。副詞節ではないから、未来のことは未来形のままで OK。

(3) **答** but if it will snow（×）→ but if it snows（○）

訳 明日雪が降るかどうかはわからないが、もし雪が降ったら、私たちは家にいてテレビでも見るつもりだ。

まず前半部を検討しよう。

$$\underset{S}{\text{We}}\ \underset{V}{\text{don't know}}\ \underset{O}{\text{if it will snow tomorrow}}$$

この if 節は他動詞 know の目的語になっているから、名詞節である。名詞節なら「未来のことは未来形」だから、このままで OK である。

次に後半部を検討すると、

if it will snow, we will stay at home …

「もし雪だったら」は副詞節である。そこで「副詞節では未来のことは現在形」の原則から、will snow を snows に修正することになる。

(4) **答** will lie（×）→ lies（○）

訳 もし仕事をさぼれば、ジョアンナは後悔することになるだろう。

lie down on … は「…をさぼる」。この文の If 節は「もし…したら」の意味なので、副詞節と判断できる。「副詞節では未来のことは現在形」の原則から、will lie を lies に修正すればいい。

B (5) **答** ④

訳 A：「すみません、ダイアンはまだ出社しておりません。出社しましたら電話させましょうか？」
B：「いいえ、こちらからかけなおします。1時間後に電話すれば、出社なさっていると思いますか？」

in an hour は「1時間後」だから「未来のこと」であり、未来のある時点で「出社が完了している」かどうかを尋ねているのだから、未来完了形 = will have arrived を使うことになる。

(6) **答** ③

訳 あなたがその本を読み終わったら、私に貸してください。

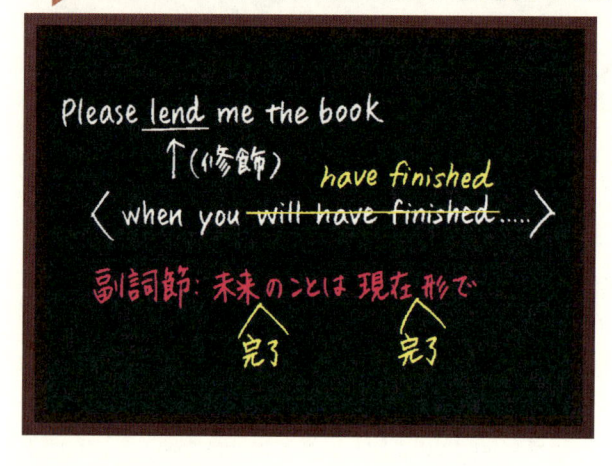

```
Please lend me the book
        ↑(修飾)
                    have finished
  〈when you will have finished …..〉

副詞節：未来のことは 現在形で
              ↑         ↑
             完了       完了
```

　この問題は2段階に分けて考えなければならない。

　まず「本を読み終わる」のは「未来の1点における完了」だから、本来なら未来完了形 will have p.p. を使わなければならない。この段階では②の選択肢がいいように思われる。

　しかし、when you … reading it の部分は「時を表す副詞節」であるから、「未来のことは現在形」の原則が応用され、「未来完了のことは現在完了形で示される」ことになる。正解は③の現在完了形になる。この「副詞節では未来完了のことは現在完了形」のルールは、このところ出題が多くなっているから、要注意。

(7) **答** ②

訳 いつか、私たちが火星に行く日がやってくるだろう。

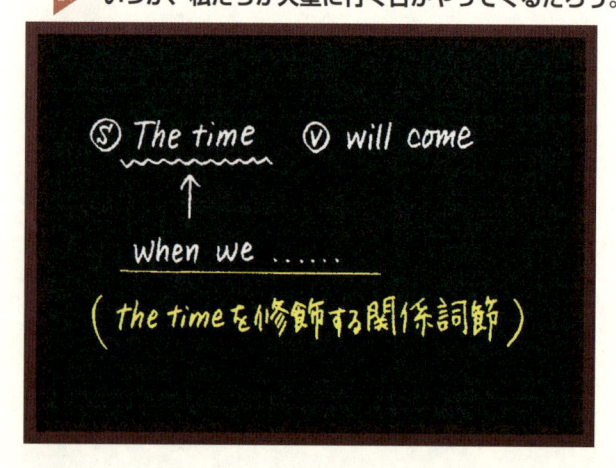

```
ⓢ The time   Ⓥ will come
   ～～～～
      ↑
   when we ……
(the time を修飾する関係詞節)
```

　構文を図解すると、板書のようになる。

　つまり、主語が The time、述語動詞が will come で、「そのときがやってくるだろう」。正解になる when we will go to the Mars は関係副詞節で、主語である The time を修飾している。

ESSENTIALS ③ 関係副詞節は、すべて形容詞節である

(7)の問題では、優秀な生徒でも④ when we go を選んでしまう間違いが非常に多いようである。「なぜ④を選んだの?」と尋ねてみると、ほとんどの生徒が「副詞節だから、未来のことは現在形で言うはずだ、と思った」と答える。「だって、関係副詞節ですよね」と言って、むくれているヤツも少なくない。

いいかね、諸君、when 以下は、副詞節ではないのだよ。これは「形容詞節」。形容詞節では、もちろん名詞節と同じことで「未来のことは未来形」でいいのだ。問題なのは、キミたちは「関係副詞節は、副詞節」だと思い込んでいる点なのだ。

いいかね、諸君、関係副詞節というのは、1つの例外もなく、すべて「形容詞節」なのだ。関係副詞節で、副詞節になるものなんか、1つもない。この世の中に、1つも存在しない。関係副詞節は、ぜんぶ、ぜーんぶ、ゼッタイに、100％「形容詞節」。だって、関係副詞節って、名詞を修飾するだろ。名詞を修飾する節は「形容詞節」だろ。ちょっと確かめてみるか?

[1] the park where we ate lunch （オレたちがランチした公園）
[2] the day when I met her for the first time
　　（オレが彼女に初めて会った日）
[3] the reason why she was absent （彼女が欠席した理由）

だろ? [1]は the park という名詞を修飾、[2]も the day という名詞を修飾、[3]も the reason という名詞を修飾。名詞を修飾する節だから、形容詞節。

「関係副詞節」という文法用語がいけないのかもしれない。正確には「関係副詞で始まる形容詞節」または「最初に関係副詞がある形容詞節」。それを略して「関係副詞節」と短く呼んだりするから、キミたちが間違っちゃうわけだ。今日から、要注意。

第6講 基本動詞の判別1（自動詞と他動詞／活用形など）

基本文 次の英文を日本語に訳せ。

(1) Gwen attended Oxford University.
(2) Anne attended to the patient very well.
(3) Samantha entered the classroom.
(4) They entered into the discussion.

● 基本文解説

自動詞と他動詞には、Ⅰ、Ⅱの重要な違いがある。

Ⅰ. **自動詞** → 「…に」「…を」という目的語がつかない動詞。
   他動詞 → 目的語が1つまたは2つ必要な動詞。

　この区分は日本語にもあって、「走る」「生きる」「寝る」などは自動詞であり、「何を」「誰に」という目的語がなくてもいい。それに対して「食べる」「殺す」「愛する」「与える」などは原則として他動詞であり、「何を」「誰を」「誰に」を意味する目的語をつけないと意味が不完全になる。

Ⅱ. **自動詞** → 直接うしろに目的語をつけない。その動詞で終わっているか、またはうしろに前置詞がつく。
   他動詞 → 直接うしろに目的語がつく。前置詞が直後につくことは原則として間違いである。

　ⅠとⅡの違いは根本的には同じことであるが、「自動詞と他動詞をどう見分けるのか」についての質問は非常に多い。予備校の新学期になると、毎年の風物詩のように「いい見分け方はないんですか？」と、深刻そうな顔をした生徒が質問の長い列を作るのである。

　しかし、残念ながら「お気楽に見分けられる方法」は存在しない。つまり、その動詞をいくら見つめていても、たとえば形やスペルや発音を判断材料にして「他動詞か自動詞か」は判断できないのである。辞書をひけば、他動詞なのか自動詞なのかは必ず書いてあるから、結局は辞書をひいて「1つ1つ確認、1つ1つ記憶」という地道で面倒臭いことをしなければラチがあかない。「えーっ、全部覚えるの？」「1コ1コ、全部ですかァ？」

という絶望的な気分になるのは当然だし、予備校の大教室で「覚えるしかないよ」と言うと、講師に対する非難の悲鳴さえ上がる。

　しかし、まあ、そう嘆かないこと。入試にかぎって言うなら、「どっちなのか紛らわしいもの」だけしか出題されないから、この本の例題に出ているものからゆっくり覚えて、あとはそれをきっかけに、単語集をやるときにジワジワ１コ１コ攻めていけばいい。

(1) 答 **グウェンはオックスフォード大学に通っていた。**

　attend「…に出席する」は原則として他動詞である（もちろん、例外はある）。他動詞だから、うしろに前置詞をつけない。例えば、この文で attended to Oxford University とすれば、間違いになる。「…大学に通う」という日本語から連想して「*to* …」をつけてはいけないのである。

(2) 答 **アンはその患者の世話をとてもよくした。**

　「attend が他動詞」というのは、「出席する」という意味のときだけである。「…の世話をする」という意味のときは一般に自動詞として使われ、自動詞だからうしろに前置詞 to をつける。attend to …「…の世話をする」となる。このように、「他動詞の用法」と「自動詞の用法」の両方をもつ動詞も少なくないから、やはりじっくり腰をすえて１つ１つ記憶していくしかない。

(3) 答 **サマンサは教室に入った。**

　「…の中に入る」の意味の enter は他動詞だから、うしろに前置詞をつけない。「…の中に」という意味から連想して、前置詞 into をつけたりすると誤りになる。

(4) 答 **彼らは議論を始めた。**

　「…を開始する」という意味で enter を使うことがある。このときの enter は自動詞であり、直後に前置詞 into が必要になる。

例題

次の英文に誤りがあれば訂正せよ。なければ **NO ERROR** と記せ。

(1) Nicole and Carrie discussed about their schedule.
(2) Don't mention about his failure today.
(3) Frank reached to New York at 10 o'clock.
(4) As we approached to the town, we saw a beautiful castle.
(5) Jessica resembles to her sister in looks but not in character.
(6) Perhaps nobody will want to marry with Fred.
(7) You had better obey to your teachers.
(8) Janis left from New Orleans for Chicago yesterday.
(9) Jennifer arrived the station at five o'clock.
(10) Julia apologized the teacher for coming late.
(11) Geoffrey finished writing a letter and lay his pen on the tray.
(12) Penelope rose her hand and asked a question.

例題解説

ESSENTIALS ④ 自動詞とまちがえやすい他動詞

「自動詞とまちがえやすい他動詞」をまず、見ていこう。他動詞は、うしろに前置詞はつかない。出題形式としては、直後に前置詞をつけておいて間違いだと指摘させる形式が非常に多い。ありがちな出題形式を示しておく。

accompany with 名詞（×）→ accompany 名詞（○）「…と一緒に行く」
answer to 名詞（×）→ answer 名詞（○）「…に答える」
approach to 名詞（×）→ approach 名詞（○）「…に近づく」
discuss about 名詞（×）→ discuss 名詞（○）「…について話し合う」
marry with 名詞（×）→ marry 名詞（○）「…と結婚する」
mention about 名詞（×）→ mention 名詞（○）「…について言及する」
obey to 名詞（×）→ obey 名詞（○）「…に従う」
resemble to 名詞（×）→ resemble 名詞（○）「…に似ている」
reach to 名詞（×）→ reach 名詞（○）「…に到着する」
leave from 名詞（×）→ leave 名詞（○）「…を出発する」

ESSENTIALS ④を覚えていれば、(1)〜(8)は簡単にわかる。

(1) **答** discussed about their (×) → discussed their (○)
訳 ニコルとキャリーは2人のスケジュールについて話し合った。
discuss は「…について話し合う」の他動詞。うしろの about が不要。

(2) **答** mention about his failure (×) → mention his failure (○)
訳 今日は彼の失敗について言及してはならない。
mention は「…について言及する」の他動詞。うしろの about が不要。

(3) **答** reached to New York (×) → reached New York (○)
訳 フランクは10時にニューヨークに到着した。
reach は「…に到着する」の意味の他動詞。うしろの to が不要。

(4) **答** approached to the town (×) → approached the town (○)
訳 町に近づくにつれて、美しい城が見えた。
approach は「…に近づく」の他動詞。うしろの to が不要。

(5) **答** resembles to her sister (×) → resembles her sister (○)
訳 ジェシカは姉に見かけは似ているが、性格は似ていない。
resemble は「…に似ている」の他動詞。意味上「…に」の前置詞 to や「…と」の前置詞 with を入れたくなるが、他動詞であるからそうした前置詞は一切不要。すぐうしろに目的語がつながらなければならない。なお、この問題文の後半（but not in character）は、もともとの文
　　but *Jessica does* not *resemble her sister* in character
　　「しかしジェシカは性格では姉に似ていない」
から、赤字部分を省略したものである。

(6) **答** marry with Fred (×) → marry Fred (○)
訳 おそらく、フレッドと結婚したいと思う人は誰もいないだろう。
marry も他動詞である。「…と結婚する」の意味だから「…と」の意味の前置詞 with を入れたくなるが、もちろん NG。

(7) **答** obey to your teachers（×）→ obey your teachers（○）
訳 キミは教師たちには従ったほうがいいよ。

　obey は「…に従う」「…に服従する」の他動詞。「…に」という日本語からの連想で前置詞 to を入れてしまうと間違いになる。なお、obey の反対語 disobey「…に反抗する」も頻出の他動詞である。

(8) **答** left from New Orleans（×）→ left New Orleans（○）
訳 ジャニスは昨日ニューオーリンズを出発し、シカゴに向かった。

　leave は「…を出発する」の他動詞。「…から出発する」という日本語の表現につられて leave from … としてしまうと間違いである。ただし「…に向かって出発する」なら、leave for … の形で自動詞として用いる。この問題文でも、left … for Chicago「シカゴに向かって出発する」となっている。

　次の2問は、逆に自動詞なのに他動詞と間違ってしまいやすいもの。自動詞なので、目的語が直接つながることはない。後ろに前置詞が必要になる。

(9) **答** arrived the station（×）→ arrived at the station（○）
訳 ジェニファーは5時に駅に到着した。

　arrive at …「…に到着する」。arrive は自動詞で、うしろに前置詞を伴う。到着地が中小規模の都市やそれ以上に狭く限定される土地ならば at を、大都市やそれ以上の広域にわたる場合は in を伴うのが普通である（詳細は下巻第7章「前置詞」第60講 P136 を参照）。この問題の場合なら at を補わなければならない。

(10) **答** apologized the teacher（×）→ apologized to the teacher（○）
訳 ジュリアは遅れてきたことを教師に謝罪した。

　apologize to …「…に謝る」。apologize は自動詞であるから、うしろに前置詞が必要。apologize は「apologize to 相手 for 理由」という形で、「謝罪の相手」と、「謝罪の理由」をハッキリ示すのが普通であり、出題率も高い。問題文でも to the teacher と「謝罪の相手」を明示し、次に for coming late「遅れてきたことを」と「謝罪の理由」を表している。この to と for の 2つの前置詞をしっかり記憶すること。

⑾ 答 lay（×）→ laid（○）

訳 ジェフリーは手紙を書き終えて、トレーにペンを置いた。

　意味も形も似ているが、用法の全く違う動詞を比較して解く問題である。活用形（原形 – 過去形 – 過去分詞）を確認すると、
　　lie（自動詞「存在する」）– lay – lain
　　lay（他動詞「…を置く」）– laid – laid
「トレーにペンを置いた」という意味だから使う動詞は「…を置く」の lay。問題文は全文が過去形だから、その lay の過去形の laid を使うことになる。

⑿ 答 rose（×）→ raised（○）

訳 ペネロピは手を挙げて質問しました。

　まず、「ペネロピ」にびっくり。Penelope の最後は「ピ」と発音するのだ。さて、⑾と同じように、意味も形も似ているが用法の違う動詞を比較して解く問題。次の2つの動詞の活用形を比較すること。
　　rise（自動詞「上昇する」）– rose – risen
　　raise（他動詞「…をもち上げる」）– raised – raised
　もちろんこの問題では、「手をもち上げた」のだから他動詞 raise の過去形を用いなければならない。

　活用形を注意しておくべき動詞を次に挙げておくから、この機会に確認しておくといいだろう。

ESSENTIALS ⑤ 活用形を確認しておくべき動詞

[1] bind－bound－bound「結ぶ」／bound－bounded－bounded「はずむ」
[2] find－found－found「発見する」／found－founded－founded「設立する」
[3] lie－lay－lain「存在する」／lie－lied－lied「ウソをつく」／
　　lay－laid－laid「…を置く」
[4] hang－hung－hung「吊るす」／hang－hanged－hanged「絞首刑にする」
[5] shine－shone－shone「輝く」／shine－shined－shined「…を磨く」
[6] wind－wound－wound「巻く」／wound－wounded－wounded「傷つける」

第7講 基本動詞の判別2（話す／行く／来るなど）

基本文 次の英文を日本語に訳せ。

(1) Danny said to Amanda over the phone that he would be late in coming home.
(2) I have something to talk over with you.

● **基本文解説**

日本語の「話す」「言う」に該当する動詞の代表格4つ（say／tell／speak／talk）については、特に出題率が高くなっている。以下の **ESSENTIALS** ⑥に詳しい判別の方法を示すので、P.50の 例題 を用いて識別に習熟してほしい。

ESSENTIALS ⑥ 「話す」：say／tell／speak／talk の判別

Ⅰ．say「発言する」
[1] 発言の相手は to … で示す。say to her「彼女に言う」、said to Terry「テリーに向かって言った」など。
[2] 他動詞であり、目的語としては「that …」または人のコトバの引用 "……" をとるのが普通。

Ⅱ．tell「伝える／命令する」
[1] 他動詞であり、目的語を1コもつ文型（SVO）または目的語を2コもつ文型（SV＋O_1＋O_2）をとる。後者の場合、間接目的語 O_1「…に」＋直接目的語 O_2「…を」の順に並ぶのが普通。
[2] 「人間」を目的語にできるのは tell のみである。

Ⅲ．speak「話す／講演する」
[1] 自動詞の用法があり、「しゃべる」「講演する」の意味。
[2] 他動詞の用法があり、目的語として言語名をとる。(speak English／speak Frenchなど)
[3] talk と比較すると、一方向的なニュアンスがある。相手との対話のイメージが薄く、相手との間に心理的な距離を置く感覚があるのでフォーマルな表現になる。

Ⅳ. talk「話しあう／おしゃべりする」

［1］原則として自動詞の用法のみ。（例外は talk O into …「O を説得して…させる」、talk O out of …「O を説得して…をやめさせる」などの定型表現のみ）

［2］「話しあう」「おしゃべりする」という意味で、speak と比較すると双方向的なイメージが強い。相手との間の心理的な距離を置かないので、くだけた関係を連想させる。

> talk　　　　　speak
>
> （双方向的）　（一方向的）

(1) 答 **ダニーはアマンダに電話で、帰宅が遅れるだろうと言った。**

　動詞 say は目的語を1コしかもてない。間接目的語（…に）と直接目的語（…を）の両方をつけられる tell との違いはそこである。この文では that he would be … 以下の部分が said の目的語になっている。said to Amanda の部分は、「動詞 say は、相手を to … で示す」の原則通りである。なお、over the phone は「電話で」の意味の副詞句。on the phone としても OK。

(2) 答 **あなたと話したいことがあります。**

　動詞 talk は自動詞の用法がほとんどで、この問題文でも直後に前置詞 over がついているから自動詞と判断できる。「あなたと話しあう」のだから、相手との双方向のコミュニケーションをイメージしており、一方向的な伝達を示す speak は使えないことがわかるだろう。

例題

次の各文の(　)内に、最も適切なものを①〜④の中から1つ選べ。

(1) Samantha (　) us of the things that had interested her.
　　① said　　② spoke　　③ told　　④ talked

(2) They would often (　) far into the night.
　　① say　　② speak　　③ tell　　④ talk

(3) I must (　) him good night before leaving.
　　① say　　② speak　　③ tell　　④ talk

(4) Matt never fails to (　) to the purpose.
　　① say　　② speak　　③ tell　　④ talk

(5) How do you (　) it in French?
　　① say　　② speak　　③ tell　　④ talk

(6) Please (　) something about the problem.
　　① say　　② speak　　③ tell　　④ talk

(7) "Kirk, dinner is ready!" "I'm (　) soon."
　　① going　　② coming　　③ making　　④ having

(8) Sometimes this engine will (　) wrong without any apparent cause.
　　① go　　② come　　③ make　　④ have

(9) When you come to the party on Sunday, (　) your wife with you.
　　① assist　　② bring　　③ hold　　④ take

例題解説

(1) **答** ③

訳 サマンサは我々に彼女の関心をひいた物事について話した。

(　)の後に代名詞 us が直接続いているから、他動詞を選ぶ。この段階で④ talked が消える。② spoke は、他動詞の用法では「言語名」などを目的語にするはずだから NG。① said は、目的語としては that 節や "…" を用いた引用を取るはずだし、「相手を明示するときは to …」の原則があるから said to us の形にする必要がある。以上から、正解は③の told とわかる。なお、of は「…について」の意味の前置詞である。

(2) **答** ④
訳 彼らはたびたび夜遅くなるまで話しあったものだ。

　一般に、前置詞で始まる語句のグループは名詞的要素にはなれないから、もちろん目的語にもなれない。この問題文でも、（　）のうしろにある into the night「夜遅くなるまで」は前置詞で始まっており、目的語になることはない。その前の far は強調の副詞。うしろに目的語がないから、（　）には自動詞を入れる。自動詞の用法があるのは ② speak と ④ talk だが「話しあったものだ」と、双方向型のコミュニケーションを示しているから、正解は ④ talk。なお would often「よく…したものだ」については第9講「いろいろな助動詞」で扱う P64 。

(3) **答** ③
訳 帰る前に彼におやすみを言わなければならない。

　（　）の後ろに him（彼に）good night（おやすみを）と目的語が2コついている。SV O₁ O₂ の文型で使えるのは、③ tell だけである。

(4) **答** ②
訳 マットは必ず的を射た話し方をする。

　（　）の後ろには to the purpose「的を射て」「的確に」という副詞句がある。「前置詞で始まる語句グループは目的語になれない」ルールにより、（　）には自動詞が入る。② speak か ④ talk だが、この問題文では双方向的なコミュニケーションではなく、マットが一方向的に話すのだから ② speak が適切。なお、never fail to … は「必ず…する」の熟語。

(5) **答** ①
訳 フランス語で、それをどう言いますか？

　（　）の直後に it という代名詞＝目的語があるから、他動詞を選ぶ。②speak を他動詞で使うとき、目的語は「言語名など」が原則だから NG。③tell を目的語1コで用いるときは人物を目的語にするのが普通（Tell me.「教えてください。」など）だから、① say が正解になる。

(6) 答 ①

> 訳 その問題について、何か言ってください。

考え方は (5) の問題とほとんど同じである。（　）の直後に something という名詞（＝目的語）があるから、他動詞が入る。② speak の目的語は「言語名など」だから NG。③ tell を目的語 1 コで用いるときは人物を目的語にするのが普通だから、NG。① say が正解になる。

(7) 答 ②

> 訳 「カーク、ディナーの準備ができました。」「すぐに行くよ。」

「来る」は come で、「行く」は go というのが、中学英語の常識だったが、この常識がこれからは通じなくなるから要注意。つまり、日本語なら「行く」という場面なのに、英語では come を使うことがたくさん出てくるのである。この問題でも「すぐ行くよ」= I'm coming soon であって I'm going soon は間違いになる。同じ「行く」なのに、come と go とで使い分けなければならない。判別の方法は、下記の **ESSENTIALS** ⑦ で詳述する。

ESSENTIALS ⑦ 「行く」：come と go の判別

Ⅰ．come

[1] 相手といっしょに行く

　Are you coming to the farewell party?
　（あなたはそのお別れパーティーに行きますか？）

自分はもうパーティーに行くことは決めていて、相手もいっしょに行くのかどうかを尋ねている。「いっしょに行く」なら come を用いる。

[2] 相手のいるほうへ行く

　I'll come to you and help move the furniture.
　（キミのところに行って、家具を動かすのを手伝ってあげるよ。）

三丁目の自宅から、七丁目のカノジョの家に電話して、カノジョの家に行くと連絡している。「相手のいるほうへ行く」のは come である。

Ⅱ．go

[1] 相手のいないところへ行く（相手のところには行かない）

　Good night. I have to go home.
　（おやすみ。ボクは、家に帰らなきゃ。）

> 何だかアヤシイ感じだが、デート後の悲しい別れの場面。相手といっしょにいたいのに「相手のいないところへ行く」のだから go の出番である。
> **[2] 同じ方向でも相手とは別々に行く（いっしょには行かない）**
>   "I'm going to Italy in May." "I'm going to Italy, too."
>   （「ボクは5月にイタリアに行くんだ。」「私もイタリアに行くわよ。」）
>   目的地は同じイタリアだけれども、「いっしょに行く」のではなくて「別々に行く」シチュエーションであれば動詞は go である。

(8) **答** ①

　訳 このエンジンは時々ハッキリした原因もなく調子が悪くなる。

　空欄のうしろにあるのは形容詞 wrong であり、形容詞は目的語になれないから、選択肢のうち他動詞（③ make と ④ have）は NG。① go と ② come には、ともに「…になる」という用法がある。両者の判別は左の **ESSENTIALS** ⑦ から、さらにワンランク抽象的に発展して考えておけばいい。つまり

　　come　「本来あるべき、好ましい状態になる」
　　　　　（come true「実現する」など）
　　go　　「本来の状態から離れた、好ましくない状態になる」
　　　　　（go mad「正気でなくなる」など）

という判別である。問題文では wrong という「本来と違う、良くない状態」になるのだから①の go が正しいことになる。

(9) **答** ②

　訳 日曜日のパーティーに来るとき、奥様を連れてきてください。

　① assist「手伝う」と ③ hold「抑えておく」は論外（「奥さんを抑えておきなさい」ってどういうシチュエーション？）。② bring「連れてくる」か ④ take「連れていく」か、がポイント。bring と take の判別は、come と go の判別に準じて考えるとわかりやすい。bring は come に対応して「相手のいる所へ運ぶ、相手に近づける」イメージ。一方 take は go に対応して「相手のいない所へ運ぶ、相手から遠ざける」イメージ。問題文では、相手も来ているパーティー会場に妻を連れていくのだから、「相手に近づける」で bring を選ぶ。

第8講 基本動詞の判別3（着る／貸し借り／似合うなど）

基本文 次の英文を日本語に訳せ。

(1) Julia put on her coat and went out.
(2) Nicky was wearing a blue overcoat that evening.
(3) We hired a car when we went to the hospital and visited Brenda.
(4) It occurred to me that it might rain the next day.

● 基本文解説

(1) **答** ジュリアはコートを着て出かけた。

(2) **答** ニッキーはその晩、ブルーの厚手のコートを身につけていた。
　「着る」「身につけている」を示す動詞には dress／have on／put on／wear の4つがある。区別は **ESSENTIALS** ⑧のとおりである。

ESSENTIALS ⑧ 「着る」「身につけている」の判別

[1]　dress　　自動詞の用法では「服を着こなす」「盛装する」。他動詞の用法では「…に服を選んで着せる」。受動態にして be dressed なら「服を着せられる」→「着ている」「着こなす」「盛装する」になる。

[2]　have on　他動詞。一時的な状態として「着ている」「身につけている」

[3]　put on　　他動詞。「着る」という動作を表す。（脱いである衣服や靴に）腕を通して着る、足を滑り込ませる、という動作のことを示す。

[4]　wear　　他動詞。「着ている」「すでに身につけている」という状態、または「いつも着ている」という習慣を示す。状態や習慣を表す動詞は進行形にしないことが多いが、基本文(2)のように進行形にして「一時的な着用の状態」（＝have on）を示すことがある。

なお、[3][4]の区別は、命令文にして比較するとわかりやすい。
　Put on the uniform at once.（いますぐに制服を着なさい。）
　Wear the uniform while you're here.（この場所では常に制服着用のこと。）

(3) **答 病院にブレンダを見舞いに行くとき、私たちはクルマを借りた。**

　hire は「有料で、一時的に借りる」。「借りる」「貸す」には、主なものだけでも下記の **ESSENTIALS** ⑨ に示した 8 種の動詞があり、頻出。しっかり判別をつけるようにしたい。

> **ESSENTIALS ⑨　「貸す」「借りる」の判別**
>
> [1]　lend　「無償で物を貸す」(borrow の反対語)
> 　　　　　「利息なしで金銭を貸す」(利息つきなら lend O on interest)
> 　　　　　lend + O (〜に) + O (〜を) または、
> 　　　　　lend + O (〜を) + to … (…に) の形で。
> [2]　loan　「利息つきで金銭を貸す」
> 　　　　　loan + O (〜に) + O (〜を) または loan + O (〜を) の形で。
> [3]　let　「土地／家屋などを、賃貸する」
> [4]　rent　「賃貸する」「賃借する」
> 　　　　　土地／家屋／アパート／クルマなどを、有料・定額で。
> [5]　borrow　「借りる」
> 　　　　　もち歩けるもの／移動可能なものを、無料・一時的に。
> [6]　use　「使わせてもらう」「借りてその場で使う」
> 　　　　　電話／ケータイ／トイレ／辞書などを、無料・一時的に。
> [7]　owe　「借りる」
> 　　　　　owe + O (〜に) + O (〜を) または、
> 　　　　　owe + O (〜を) + to … (…に) の形で。
> [8]　hire　「一時的・短期的に、有料で借りる」。基本文(3)では「運転手つき」の、いわゆる「ハイヤー」に乗ったので hire が正しい。クルマだけの「レンタカー」なら rent を使うことになる。

(4) **答 翌日は雨かもしれないと、私の頭に浮かんだ。**

　「…の頭に浮かぶ」は occur to … と strike … の 2 つ。occur は自動詞だから to … が必要。一方 strike は他動詞だから、to をつけないよう注意。

例題

次の各文の（　）内に、最も適切なものを①〜④の中から1つ選べ。

(1) When you put money in the bank, you (　) it.
　　① borrow　　② deposit　　③ lend　　④ rent

(2) We (　) an apartment when we lived in Chicago, but it was very expensive.
　　① borrowed　　② hired　　③ rented　　④ searched

(3) Does Aaron still have the book that he (　) from the library?
　　① asked　　② borrowed　　③ lent　　④ rented

(4) We (　) this car for €30 per day.
　　① borrowed　　② lent　　③ rented　　④ acquired

(5) If you stay at an exclusive hotel, you can (　) their swimming pool.
　　① bathe　　② borrow　　③ play　　④ use

(6) Bryan (　) his coat to his friend, and he never saw it again.
　　① borrowed　　② lent　　③ let　　④ rented

(7) The boots don't (　) this red sweater.
　　① become　　② match　　③ suit　　④ fit

(8) I like your dress. I think black (　) you.
　　① fits　　② matches　　③ suits　　④ goes with

(9) Such conduct does not (　) a lady.
　　① go with　　② match　　③ become　　④ suit

(10) It (　) Melvin that he might have misunderstood his wife.
　　① occurred　　② struck　　③ happened　　④ came up with

例題解説

(1) **答** ②

訳 銀行にお金を入れるとは、お金を「預ける」ということである。

　この問題文は、英英辞典などでよく使われる表現で、単語や熟語の意味を解説するのに利用される用法。「銀行にお金を put する」とは、別の動詞を使えばどういうことなのか、という説明のしかたである。センター試験ではこの種

の文の出題が多いから、要注意。「銀行にお金を入れる」ことは、日本語でも「預金」というから、ここでも「預ける」という動詞 deposit を選べばいい。① borrow は「もち歩けるものを無料で借りる」だから NG。③ lend は「貸す」、④ rent は「賃貸する」「賃借する」で、もちろん NG。

(2) **答** ③

訳 シカゴに住んでいたときはアパートを借りていたが、とても高かった。

土地／家屋／アパートなどを、有料・定額で借りるのは rent。同じ rent が逆の立場の「賃貸する」にも使われることにも注意しておこう。① borrowed は「もち歩けるものを無料で借りた」、② hired「一時的・短期的に、有料で借りた」だからともに NG。

④ searched は、他動詞として search + O の形で使うと「O の中を探る・捜索する」「O の中身を検査する」の意味になる。つまり searched an apartment だと、「アパートの中を家捜しした」ことになってしまう。「…を捜す」は search for … だから、もしこの文で「アパートを捜した」という意味にしたければ「searched *for* an apartment」にしなければならない。

(3) **答** ②

訳 図書館から借りた本を、アーロンはまだもっていますか？

図書館から借りたなら「無料」であり、かつ「移動可能なもの」を借りているから borrow が適切。① asked は「頼んだ、尋ねた」、③ lent は「貸した」、④ rented は「賃貸借した」で、いずれも意味の上から NG とわかる。

(4) **答** ③

訳 私たちはこのクルマを 1 日につき30ユーロで借りました。

ハッキリ「1 日30ユーロ」と言っているから、有料・定額を示す rent が適切。要するにレンタカーを借りたのである。① borrowed は「移動可能なもの」の部分はいいが、「無料で」「一時的に」のルールがある。② lent は「無償で貸した」。「無償・無利子」の部分がこの文に合わない。④ acquired は「手に入れた」で get の類義語。「ゲット!!」「ゲェエット!!!」では、所有権がこちらに移転することになってしまう。つまり、「このクルマは、もうオレらのもんだぜェ」ということになり、「1 日30ユーロで」には不適切。

(5) 答 ④

訳 高いホテルにステイすれば、プールが使えるよ。

プールは「使わせてもらう」「借りてその場で使う」ものだから、use が適切。② borrow は「もち歩けるものを無料で借りる」であり、プールには不適切。プールをもち運ぶヤツはいませんな。ベビー用・幼児用のビニールプールというのもあるが、高級ホテルに宿泊して、そんなもの借りるのは変。① bathe「水浴する」、③ play「遊ぶ」ともに、前置詞 in を付け加え、in their swimming pool「プールに入って」としなければ使えない。

(6) 答 ②

訳 ブライアンは友人にコートを貸し、二度とそのコートを目にすることはなかった。

友人になら、普通「無料で貸す」はずだから、lent が適切。③ let、④ rented ともに貸すものは土地／家屋／アパートなどが中心だし、「有料で」だから NG。友人にコート貸すぐらいで、いちいちカネ取って貸すのは、いけませんな。それにしても、この友人も、ひどいヤツだねェ。

ESSENTIALS ⑩ 「似合う」「ふさわしい」の判別

「似合う」「ピッタリだ」「ふさわしい」を表す動詞についても、出題は非常に多い。become／fit／suit／match などがあり、その判別のつけ方は以下に示すとおりである。

[1] become 目的語として「人」をとり、「その人に似合う、ふさわしい」
衣服／髪型／コトバ／態度などについて用いる。

[2] fit 目的語として「人」をとり、「ピッタリあっている」
衣服の大きさや型のほか、容貌や行動にも用いる。

[3] suit 目的語として「人」をとり、「その人に似合う」
または目的語として「物」をとり「それに似合う」
服装／色彩／柄などに用い、大きさには用いない。

[4] match 「調和する、つりあっている、組み合わせやバランスがいい」
服と服、服とバッグや小物、服と靴などの組み合わせとして優れていることをいう動詞。したがって、「人と服のバランス」を言うときには用いない。go with … はほぼ同義語。

(7) 答 ②
訳 そのブーツは、この赤いセーターに似合わない。

「似合う」の判別だが、「服とブーツのバランス、組み合わせがいいかどうか」を論ずるには match か go with を用いる。なお、match／go with とも、この問題文のように、否定文の中で用いるのが普通である。他の選択肢は① become、③ suit、④ fit の 3 つとも、目的語として「人」をとり、「その人に似合う、ふさわしい」だから×。

(8) 答 ③
訳 キミのドレスはいいね。黒はキミに似合うと思うよ。

人を目的語とし、色彩がその人に合うことを言うのだから、suit が適切。① fit は「大きさ、型があっている」だから×。② match、④ go with はほぼ同義語で、身につける物どうしのバランスのよさを述べる動詞。「人と色彩」の組み合わせでは使えない。

(9) 答 ③
訳 そんな行動は、大人の女性にふさわしくありませんよ。

「コトバ、態度がその人にふさわしい」は become を用いる。① go with、② match は「物と物とのバランスがいい」だから、この場合には不適切。④ suit は衣服の色彩や柄などについて用いるので×。

(10) 答 ②
訳 妻を誤解していたのかもしれないとメルビンの頭に浮かんだ。

「…の頭に浮かぶ」は occur to … または strike …。この文後半の might have p.p. は「…だったかもしれない」の意味である（第10講 **ESSENTIALS** ⑫ 参照 P66）。①は to がないから NG。③ It happened that … は「たまたま…した」。come up with … は「…を思いつく、提案する」で、人を主語にして用いるから④も NG。

　　(例) Alvin is always coming up with new ideas.
　　　　（アルヴィンはいつでも新しいアイディアを提案してばかりいる。）

第9講 いろいろな助動詞

基本文 次の英文を日本語に訳せ。

(1) "Can her explanation be true?" "No, it can't be true."
(2) You had better take an umbrella. It may rain before noon.
(3) Albert's mother must be nearly eighty now.
(4) You ought to leave before it rains.
(5) Pamela used to dance very often.
(6) There used to be a beautiful castle on the hill.
(7) Anita did love me once, but she doesn't love me any longer.

● 基本文解説

(1) **答**「彼女の説明が本当でありうるだろうか？」
　　　「いや、本当ではありえない。」

　「可能性の can」とよばれる can がある。can は「…でありうる」、can't は「…ではありえない」「…のはずがない」の意味になる。

(2) **答** 傘をもっていったほうがいい。正午前には雨になるかもしれない。

　第1文中の had better …「…したほうがいい」は2語で1つの助動詞になっていると考える。接着剤でピタッとくっついているから、離れない。離れないから、否定文にするときにも、not は had better のうしろからつけて had better *not* … になる。このことは正誤判定問題で頻出である。

　　　had not better … (NG)
　　　didn't have better … (NG)

などの形には決してならないことを指摘させる出題が多い。

　なお、第2文の may は「…かもしれない」の意味で、「推量の may」とよばれる。

(3) **答** アルバートの母親はもう80歳近いにちがいない。

　must は論理的な必然性を示して「…にちがいない」の意味になる。

(4) 答 **雨が降る前に出発すべきだ。**

　ought to は should と同じで「…すべきだ」の意味。この否定形は ought *not* to … になる。had better のときは not はうしろからくっついていたが、ought to では not が真ん中にはさまってくる。この違いに注意。

(5) 答 **パメラはむかしは非常にしばしばダンスをしたものだ。**

　used to も2語で1つの助動詞である。意味は大きく分けて2つある。
　　ⅰ）過去の習慣「むかしはよく…したものだ」
　　ⅱ）漠然とした過去「（今と違って）むかしは…だった」
この文ではⅰ）「過去の習慣」の意味で用いられている。

(6) 答 **丘の上に、むかしは美しいお城があった。**

　used to の用法のうちⅰ）はよく知っているが、ⅱ）を知らない人が多いようだ。「漠然とした過去」=「いつのことなのかハッキリしない不特定の過去」のことを示す用法である。この例文を誤ってⅰ）「過去の習慣」で読むと、アリエナイ状況になってしまう。つまり「お城が、むかしはよく丘の上に立っていたものだ」と読むと、「でも最近は川べりに立っていたり、部屋の中に立っていたり。こないだなんか、パチンコ屋で立ってたぜ」。これではまさに「オバケ城」。気をつけてほしい。

(7) 答 **アニタは、確かにむかしは愛してくれたが、いまは私を愛していない。**

　do が助動詞だというと驚く人もいるが、これは「強調の do」という立派な助動詞である。時制や人称に合わせて do – does – did と変化し、「まちがいなく」「ウソではなくて」「実際に」「本当に」などの意味を付け加える。この例文では「まちがいなく、むかしは愛していた」と、アニタの私に対する昔の愛情を強調し、「いまは違う」ことと強く対比していることになる。

例題

次の各文の(　)内に、最も適切なものを①～④の中から1つ選べ。

(1) You (　) eat between meals or you will put on weight.
　　① ought to　　　　　② ought not to
　　③ ought to not　　　④ don't ought to

(2) A : "You speak French, don't you?"
　　B : "No, I don't, but I (　) speak German."
　　① do　　　　　② must
　　③ ought to　　④ should have been

(3) (　) you both be happy!
　　① May　　② Must　　③ Can　　④ Should

(4) Agatha (　) swim a lot every Sunday, but she does not these days.
　　① would often　　② used to
　　③ had better　　　④ ought to

(5) How (　) he use my dictionary without even asking?
　　① will　　② should　　③ does　　④ dare

(6) Claudia (　) well complain about her husband.
　　① must　　② may　　③ cannot　　④ should

(7) Dorothy thinks that charities (　) be done too much.
　　① cannot　　② shouldn't　　③ must　　④ would

例題解説

(1) **答 ②**

訳　**キミは間食すべきではない。さもないと太るよ。**

ought not to が ought to の否定形で「…すべきでない」になる。or は「さもないと」の意味。put on weight は「重さを身体につける」＝「太る」の意味。「やせる」のは lose weight または become thin、slim down など。
① ought to だと、意味上おかしくなる。「間食すべきです。さもないと太りますよ」では、だれでも変だとわかるだろう。

③ ought to の否定形「…すべきでない」は、ought と to の間に not をはさむのが正しい形であり、この選択肢のように not がうしろについた ought to not の形はありえない。
④ ought to は助動詞。助動詞の前に don't をつけて否定する形は存在しない。

(2) 答 ①

訳 A：「キミはフランス語が話せたよね？」
B：「いや、話せない。しかしドイツ語なら確かに話せるよ。」

フランス語が話せることについて否定した後で、「でもドイツ語なら」と言っているのだから、ドイツ語に関して強調する助動詞 do を入れて「実際に話せる」「間違いなく話せる」にすればよい。

(3) 答 ①

訳 どうかあなたたちが2人とも幸せになりますように。

いわゆる「祈願文」というもので、May ＋ S V …! で「…しますように」の意味になる。May you succeed！（あなたが成功しますように）などがそれ。文頭に助動詞 may があるから、動詞は必ず原形になる。なお"！"マークは臨機応変に。声高な祈りや強烈な祈りなら"！"つきで、静かな祈りや穏やかな祈りなら"！"なしで。杓子定規になる必要はない。

(4) 答 ②

訳 アガサは、むかしは毎週日曜日にたくさん泳いだものだが、このごろではまったく泳がない。

文後半、does not のうしろに swim が省略されている。does not swim these days「このごろは全然泳がない」のである。したがって「むかしはよく…したものだ」と「過去の習慣」を示す助動詞 used to を選べばいい。この意味の選択肢には、もう一つ① would often があるが、used to と would often の違いは、次の **ESSENTIALS** ⑪ に示した2点がある。

> **ESSENTIALS ⑪ used to と would often の識別**
>
> [1] **used to** →「規則的な習慣」を示す。
> 　　**would often** →「不規則な習慣」を示す。
> 「日曜日にはよくテニスをした」「夕方にはよくピアノを弾いた」なら「規則的な習慣」だから used to。「恥ずかしくなるとよく頭を掻いた」「悔しいときはよく爪を噛んだ」なら「不規則な習慣」だから would often。まさか、規則的習慣として「日曜日には頭を掻いた」「夕方になると爪を噛んだ」などということはないだろうから、この区別は簡単につく。
>
> [2] **used to** →「今ではそんなことはしない」という前提。
> 　　**would often** →「現在どうなのかはわからない」という前提。
> したがって、used to を用いる場合には「現在との違い」をさらに強調するために、but now …「しかしいまでは」とか、but not … any more「しかしもはや…ない」などの言葉がうしろから続くことが多い。

　以上 2 点の区別を知っていれば、この問題で used to なのか would often なのかで迷うことはない。まず every Sunday「毎週日曜日には」とあるから「規則的習慣」であり、[1] の区別から used to が妥当。さらに文の後半に「今は全然泳がない」とあるから [2] の区別からも used to でなければならないことがハッキリする。

(5) **答** ④

　訳　あいつは、聞きもしないでよくも私の辞書が使えたものだ。

　dare は「あえて…する」「勇気をもって…する」など「勇気」や「大胆さ」といった意味。この文の場合「ふつう他人の辞書を使うなら、断って許可を得てから使うだろう。それなのにあいつは大胆にも何の断りもなしにいきなりオレの辞書を使ってるんだぜ」という気分。「勇気」「大胆さ」というより、あまりの「無遠慮」「傍若無人」にあきれかえっているというところ。場合によっては、怒りを表現することにもなる。

(6) **答** ②

訳 クローディアが夫について不平を言うのは当然のことだ。

may well には2つの重要な意味がある。

　[1]「…である可能性が高い」
　[2]「…するのも当然だ」

　[2] は「may（しても許される）＋ well（十分に）」の足し算で、「…しても十分に許される」→「…しても当然だ」になる。この may well と have good reason to … や have every reason to … との書き換えも定番である。

　She may well get angry.（彼女が怒るのも当然だ。）
　＝ She *has good reason to* get angry.
　＝ She *has every reason to* get angry.

この2つについては、「…するための十分な（すべての）理由をもっている」＝「…するのも当然だ」と考えればいい。

(7) **答** ①

訳 慈善活動はいくらしてもしすぎということはないとドロシーは考える。

cannot「ありえない」と too「…すぎる」をセットで使うと、ごく単純な足し算で、「…すぎるということはありえない」

　→「いくら…しても、しすぎということはない」
　→「いくら…しても足りないほどだ」となる。

たとえば、

　You *cannot* be *too* careful about your health.

　健康については、注意しすぎということはありえない。

　→ いくら注意しても、しすぎということはない。
　→ いくら注意しても足りないぐらいだ。

この問題でも、うしろの too much に注目する。オッ、cannot ＋ too が使えるぞ、とピンとくればそれで終わりである。

　② shouldn't だと「行われすぎるべきではない」、③ must だと「行われすぎでなければならない」または「行われすぎにちがいない」、④ would なら「行われすぎるだろう」。訳してみれば NG であることは明らか。

第10講 助動詞＋have p.p. など

基本文　次の英文を日本語に訳せ。

(1) Sharon cannot have stolen the money.
(2) Claire may have missed the train.
(3) Rebecca must have forgot all about the appointment.
(4) You should have seen that movie.
(5) You ought not to have worked so hard.
(6) You need not have taken an umbrella with you.
(7) Who should come in but the teacher whom we were talking of?

● 基本文解説

(1)から(6)の基本文は「助動詞＋have p.p.」の形を使っている。この形は、大学入試における助動詞問題の大きな割合を占めている重要なもの。記憶すべきものは6種類だが、以下のように2つに分けて考える。

ESSENTIALS ⑫ 助動詞＋have p.p. の形式6種

Ⅰ.「過去に関する推量」

[1] cannot have p.p.　→「…したはずがない」「…だったはずはない」
　　　　　　　　　　　過去のことについての可能性を否定する。
　　　　　　　　　　　couldn't have p.p. もほぼ同じ意味になる。

[2] may have p.p.　　→「…だったかもしれない」
　　　　　　　　　　　過去のことについて可能性を指摘する。
　　　　　　　　　　　might have p.p. も同じ意味になる。

[3] must have p.p.　 →「…だったにちがいない」
　　　　　　　　　　　過去のことについて、高い可能性を指摘する。

Ⅱ.「過去に関する後悔／非難」

　次の[4][5][6]ともに主語が一人称なら、自分の行動についての「後悔」、その他の主語なら、その人の過去の行動についての「非難」である。

[4] should have p.p. = ought to have p.p.
　　→「…すべきだった（それなのにしなかった）」

> または「…していて当然だ（それなのにまだだ）」
> [5] shouldn't have p.p. = ought not to have p.p.
> →「…すべきではなかった（それなのにしてしまった）」
> [6] needn't have p.p.
> →「…する必要はなかった（それなのにしてしまった）」

したがって、基本文(1)～(6)の解答は次のようになる。

(1) 答 シャロンがそのお金を盗んだはずはない。→Ⅰ[1]

(2) 答 クレアは電車に乗り遅れたのかもしれない。→Ⅰ[2]

(3) 答 レベッカは約束をすっかり忘れてしまったにちがいない。→Ⅰ[3]

(4) 答 君はその映画を見るべきだった（のに見なかった）。→Ⅱ[4]

(5) 答 君はそんなに懸命に働くべきではなかった（のに働いた）。→Ⅱ[5]

(6) 答 君は傘をもって行く必要はなかった（のにもって行った）。→Ⅱ[6]

(7) 答 我々が噂していた先生以外の、いったい誰が入ってきたと思う？
　　（いや、まさにその先生が入ってきたのだ。）

　but は「…以外の」「…を除いて」。talk of … 「…の噂をする」。この文は「修辞疑問文」。日本語でいう「反語表現」である。放課後の教室に残って、みんなで担任の平田先生のウワサ話をさんざんしまくっていたら、ガラッとドアが開いて、まさにそのウワサの本人、平田先生が入ってきた。「ウワサをすればカゲ」。うぉ、ビックリしたよん。そういうシチュエーションである。

　大切なのは助動詞 should。これは「感情を表す should」。「驚き」「意外」「怒り」などの感情を should で表現する。この should を和訳に直接反映させるのは困難だが、「…するなんてビックリだ（驚き）」「…するなんて予想外だ（意外）」「…するなんて納得いかない、アンマリだ（怒り）」などの感情がこもった表現である。問題文では「うへ、危なかったぁ」という冷や汗と驚きを should が伝えてくれる。

例題

次の各文の（　）内に、最も適切なものを①〜④の中から1つ選べ。

(1) Since the light is on, Nick (　　).
　① must have come home　② can have come home
　③ should have come home　④ would have come home

(2) Lynn (　　) here by now, for she left the house at noon.
　① can have arrived　② must not have arrived
　③ needn't have arrived　④ ought to have arrived

(3) It was only an informal party. You (　　) up.
　① didn't have to dress　② don't have to dress
　③ mustn't dress　④ must have dressed

(4) You might as well expect a river to flow backward (　　) him into resignation.
　① than hope to persuade　② as to hope to persuade
　③ as hoping to persuade　④ as hope to persuade

(5) It is not important. You (　　) forget about it.
　① don't have to　② might as well
　③ must not　④ would often

(6) The door (　　) not open. It must be locked inside.
　① dare　② will　③ had better　④ may

(7) Any book will (　　) so long as it is interesting.
　① do　② go　③ read　④ take

(8) I'll go with you as long as I (　　) have to dance.
　① don't　② didn't　③ won't　④ shouldn't

(9) The pot is used to (　　) potatoes.
　① cook　② cooking　③ be cooked　④ being cooked

例題解説

(1) **答** ①
訳 明かりがついているから、ニックは帰ってきたにちがいない。

「…したにちがいない」だから、must have p.p. の形を選ぶ。②は can have p.p. の形になるが、こういう形は存在しない。③は should have p.p.「…すべきだった」の形。「明かりがついているから、帰るべきだったのに」では、意味不明である。④の would have p.p. は仮定法過去完了になる。仮定法はまだやっていないが、とりあえず和訳すると「いま明かりがついているから、あのとき帰っていただろう」。これもやはり意味不明。

(2) **答** ④

訳 リンはもうここに着いていていいころだ。正午に家を出たんだから。

コンマのあとの for は「なぜなら」の意味の接続詞である。should have p.p. や ought to have p.p. の形には「もう…していてもいいころだ（なのにまだしていない）」という意味もある。「正午には家を出た、だからもう着いていてもいいはずだ、それなのにまだだ」という内容になる。

①の can have p.p. と②の must not have p.p. については、こういう形がもともと存在しないことから NG。③は「着いている必要はなかったのに（それなのに着いていた）」となって、意味不明である。

(3) **答** ①

訳 ただの気軽なパーティーだったんだ。ドレスアップする必要はなかったね。

文全体が過去のことだから、②の don't have to …「…する必要はない」を過去形にした①の didn't have to …「…する必要はなかった」「…しなくてもよかった」が正解。③ mustn't dress は「ドレスアップしてはならない」という強い禁止を表すから NG。④ must have dressed を選ぶと「気軽なパーティーだったんだ。ドレスアップしたにちがいない」。こりゃ、ダメだ。

(4)(5)については、まず次の **ESSENTIALS** ⑬ を熟読してほしい。

ESSENTIALS ⑬ may as well A as B と may as well A

[1] may（または might）as well A as B
「B するぐらいなら A するほうがマシだ」

助動詞 may（または might）の影響で、A と B の動詞はどちらも原形になる。例えば、

You *might as well* throw your money away *as* lend it to Linda.
　　　　　　　　　　　A　　　　　　　　　　　　B

リンダにおカネを貸す（B）ぐらいなら、捨てちゃう（A）ほうがマシだ。

もともとはA・B 2つの行為を as … as の比較表現で結んで「AするのとBするのは同じぐらいのことだ」を意味する。Aの部分にはマトモな人間なら決してしないような、非常識な行為（「おカネをドブに捨ててしまう」とか「月がチーズになるのを祈る」、「河が上流に向かって流れるのを夢見る」など）を入れる。そしてその非常識な行為Aと比べて「同じようなことだ」と言うことによって、行為Bも「行為Aと同じぐらい馬鹿げた、オススメできない行動だ」と強調する。結果として

「AするのとBするのは同じぐらいのことだ」
→「バカげた行為Aと同じぐらいに、行為Bはバカげている」
→「Bするのは、Aするのと同じぐらいにバカげている」
→「Bするぐらいなら、Aするほうがマシなぐらいだ」

ということになる。

[2] may（またはmight）as well A
「Aするほうがマシだ」「Aするほうがいい」

may（またはmight）as well A as B の表現から、うしろの as B「Bするぐらいなら」を省略したものである。たとえば、

　　You may as well go to the movies with them.
　　（アイツらと映画に行くほうがいいよ。）

注意すべきなのは「やりなよ、やりなよ、楽しいよ」と積極的に勧めているのではないという点。「しないよりは、したほうがましだ」「他にもっとマシな選択肢はないから、したほうがいい」という、どちらかといえば消極的なニュアンスの勧め方なのである。

(4) **答** ④

　訳　辞任するように彼を説得することを期待するぐらいなら、河が逆に流れるのを期待するほうがマシだ。

expect O to …「Oが…するのを期待する」。persuade X into Y「YするようにXを説得する」。

might as well A as B「BするぐらいならAするほうがマシだ」の形を確認しよう。

　　You *might as well* expect … backward *as* hope to … resignation.
　　　　　　　　　　　　　A　　　　　　　　　　B

第1章　動詞／助動詞

　助動詞 might があるから、A と B の動詞はどちらも原形でなければならない。①は than が NG。②は as のうしろの to が不要。③は as のうしろの hoping を原形にしなければならない。

(5)　**答** ②

訳　**それは大切なことではない。あなたは忘れてしまうほうがいい。**

　「might as well 原形」の形を選んで「…するほうがマシだ」にする。

　他の選択肢は、意味を考えればすぐにダメとわかる。①「大切ではない。忘れてしまう必要はない」、③「大切ではない。忘れてしまってはならない」、④「大切ではない。よく忘れたものだった」。うーん。

(6)　**答** ②

訳　**ドアがどうしても開かない。内側でロックされているにちがいない。**

　②の will が正解になる。この will は「意志を表す will」。「…する意志がある」「…するつもりでいる」の意味である。たとえば、

　　I will wait here for you.

　　（私はここでキミを待つつもりだ。）

　　Why will you go out without an overcoat?

　　（なぜあなたはコートを着ないで外出するつもりなのか？）

というふうに使う。「待つだろう」「外出するだろう」というボンヤリした未来ではなくて「心にいだいている強い意志」を示し、さらには、それ以上に強固な「固執」＝「どうしても…しようと思う」を示すこともできる。

　この問題文では、なかなか開こうとしないドアについて、擬人的に「どうしても開いてやらんぞ」という「固執」を感じ、そのイジワルまたはイケズな感じを will not で表すのである。will not …「どうしても…してあげない」を「拒絶の意志」ともいう。

　他の選択肢について考えておく。① dare「あえて…する」は、事物を主語にして用いることはないから、NG。③「開かないほうがいいよ」と④「開かないかもしれない」がダメなのは、訳してみれば明らかだ。

(7) **答** ①
> 訳 **面白ければ、どんな本でもOKです。**

　will do は「OKだ」「役に立つ」「大丈夫だ」などの慣用表現である。any や either とともに使われることが多く、Either will do.（どっちでもOKだ。）のように使う。なお、so long as …（＝as long as …）は「…であるという条件で」の意味で、3語まとまって接続詞として機能する。

(8) **答** ①
> 訳 **ダンスしなくてもいい、という条件で、一緒に出かけましょう。**

　as long as … は上の例題と同じで「…という条件で」。「条件を表す副詞節」だから、「未来のことは現在形で」のルールに従って、現在形を選ぶと①が正解。このヒトはダンスがイヤなのだ。「…する必要がない」「…しなくてかまわない」なら don't have to … である。

(9) **答** ①
> 訳 **そのポットは、ジャガイモを茹でるのに使われる。**

　used to 原形「よく…したものだ」と混同しないように注意。be 動詞が前にあるのだから、それを見落とすのは軽率。第一「そのポットは、昔はよくジャガイモを茹でたものだ」では余りにも恐ろしい、お化けポットだ。

　②を選んでしまった人は、be used to …ing「…するのに慣れている」との区別も重要。まさか「そのポットは、ジャガイモを茹でるのに慣れている」はないだろう。そりゃまた変なポットだねえ。④を選んだ人も、反省すべし。be used to being cooked って「料理されるのに慣れている」だぜ。ますます変なヤツだ。

　ここは is used「使われる」to cook potatoes「イモを茹でるのに」という、ごく平凡な使い方の組み合わせなのだ。

第2章 準動詞

第11講	不定詞の名詞的用法
第12講	不定詞の形容詞的用法
第13講	不定詞の副詞的用法
第14講	独立不定詞句／be to 不定詞／too … to 構文など
第15講	代不定詞／完了不定詞(to have p.p.)など
第16講	分詞構文 1
第17講	分詞構文 2
第18講	現在分詞と過去分詞
第19講	SVOC構文と分詞の問題 1
第20講	SVOC構文と分詞の問題 2
第21講	付帯状況　with X+Y
第22講	動名詞と慣用表現
第23講	動名詞の意味上の主語／完了形の動名詞など
第24講	目的語になる準動詞

第11講 不定詞の名詞的用法

> **基本文** 次の英文を日本語に訳せ。
>
> (1) To climb steep mountains requires slow pace at first.
> (2) Diane and Kirk waited for the train to arrive at the station.
> (3) For you to learn to speak English is important.
> (4) It is impossible for us to master English in a year or so.
> (5) It was stupid of Terry to say such a thing to his girlfriend.
> (6) The important thing is for Quincy to decide what to do next.

● 基本文解説

(1) **答** 険しい山を登るには、最初はゆっくりしたペースが必要だ。

構文を大きくとると、次のような構造になっている。

<u>To climb steep mountains</u> <u>requires</u> <u>slow pace</u> …
　　　　　S　　　　　　　　　　V　　　　　O

不定詞 To climb は「名詞的用法」で「登ること」。名詞要素だから、主語にも目的語にも補語にもなることができる。ここでは主語になっている。

(2) **答** 列車が駅に到着するのを、ダイアンとカークは待った。

for ○○ to … の読み方は、非常に重要である。中学英語では「for ○○」を「○○にとって」と訳すようだが、次のように直ちに修正すべきである。

　　for ○○ to …　→　「○○が…すること」

つまり、○○と…の間には「主語 → 述語の結合関係」が存在するのである。主語 → 述語の関係は、NEXUS（ネクサス）とよばれる P122 。この問題文では、

　　for the train　　　　to arrive at the station
　　　（主）　　→　　　　　（述）
　　「列車が」　　　　　　「駅に到着すること」

(3) **答** キミたちが英語を話せるようになることは重要である。

問題文の構文をおおまかにとると以下のようになる。

$\underline{\text{For you to learn to speak English}}_{\text{S}}\ \underline{\text{is}}_{\text{V}}\ \underline{\text{important}}_{\text{C}}.$

　For you to learn … の部分が文の主語になることがポイント。しかも For ○○ to … には NEXUS があるから、For you は「キミたちにとって」ではなく、「キミたちが英語を話せるようになること」と読まないといけない。

(4) **答** 私たちが 1 年かそこらで英語をマスターするのは不可能だ。

　いわゆる「It ～ for ○○ to …」の構文。冒頭の It が形式主語、まず「それは不可能」と言っておいて、その It の中身を for ○○ to … でうしろから説明する構文である。

(5) **答** カノジョにそんなことを言うなんて、テリーはマヌケだった。

　いわゆる「It ～ of ○○ to …」の構文。冒頭の It が形式主語、まず「それはマヌケだった」と言っておいて、その It の中身を of ○○ to … でうしろから説明する構文である。It ～ for ○○ to … と It ～ of ○○ to … の区別については、キチンとした区別のしかたを **ESSENTIALS**⑭ に詳述する **P77**　。

(6) **答** 重要なのはクウィンシーが次に何をすべきかを決めることだ。

　構文を大きくとると

$\underline{\text{The important thing}}_{\text{S}}\ \underline{\text{is}}_{\text{V}}\ \underline{\text{for Quincy to decide what to do next}}_{\text{C}}.$

for Quincy to decide … を「クウィンシーにとって…」は NG。必ず NEXUS（主述関係）に従って「クウィンシーが決めること」と読む。

「疑問詞＋to 不定詞」の形も重要。「…すべきか」の意味になる。

　　　what to eat 「何を食べるべきか」（＝what we should eat）
　　　where to get water 「どこで水を手に入れるべきか」
　　　　　　　　　　　（＝where we should get water）
　　　which book to choose 「どちらの本を選ぶべきか」
　　　　　　　　　　　（＝which book we should choose）

例題

A 上下の文が同じ意味になるように、( )内に最も適切な1語を補え。

(1) Sydney cannot finish the task by tomorrow.
 = ( ) is impossible ( ) ( ) ( ) finish the task by tomorrow.

(2) Marcie had no difficulty in passing the exam.
 = It was quite ( ) ( ) ( ) ( ) pass the exam.

(3) We have not decided what we should do during the vacation.
 = ( ) ( ) ( ) during the vacation has not been decided.

B 次の各文の( )内に、最も適切な1語を補え。

(4) It is foolish ( ) Frank to do such a thing.
(5) It is cruel ( ) Fred to say such a thing to Rose.
(6) It was sensible ( ) Cindy to divorce that drunkard.
(7) It is natural ( ) Walter to refuse the offer.
(8) How careless it was ( ) Sylvia to leave the light on!

例題解説

A (1) 答 **(It) is impossible (for) (Sydney) (to) finish the task by tomorrow.**

訳 シドニーが明日までに仕事を終えるのは不可能だ。

　上の文は「シドニーは明日までに仕事を終えられない」。「It 〜 for ○○ to …」の構文で「シドニーが明日までに仕事を終えるのは不可能だ」とすればよい。

(2) 答 **It was quite (easy) (for) (Marcie) (to) pass the exam.**

訳 マーシーが試験にパスするのはとても簡単だった。

　上の文のhave difficulty (in) …ing は「…するのに苦労する」だから、和訳すると「マーシーは試験合格に何の苦労もしなかった」。そこで「It 〜 for ○○ to …」の構文を使って書き換え「マーシーが試験にパスするのはとても簡単だった」にする。

(3) **答** (What)(to)(do) during the vacation has not been decided.
訳 休暇中に何をすべきか、まだ決められていない。

　上の文は「私たちは、休暇中に何をすべきかをまだ決めていない」。下の文はその受動態である。「(休暇中に) 何をすべきか」を主語にし、現在完了の受動態 has not been decided (まだ決められていない) を述語動詞にすればよい。What to do (＝What we should do) と「疑問詞＋to 不定詞」の形を使えば正解が出る。

次の4問については、下の **ESSENTIALS** ⑭ を熟読すること。
B (4) **答** of 　　**訳** そんなことをするなんて、フランクはバカだ。
(5) **答** of 　　**訳** ローズにそんなことを言うなんて、フレッドは残酷だ。
(6) **答** of 　　**訳** あの酔っ払いと離婚するとは、シンディは賢明だった。
(7) **答** for 　　**訳** ウォルターがその申し出を拒絶するのは、当然だ。

ESSENTIALS ⑭ It ~ for ○○ to … か、It ~ of ○○ to … か

　「どんなときに for で、どんなときに of なのか？」について、正確に理解している人は非常に少ない。高校生の多くが「It is … の後の形容詞が《人間の性質》を示すもののときは of を使う」と説明されたうえで、kind「親切な」、foolish「愚かな」、stupid「マヌケな」、cruel「残酷な」、thoughtless「思慮の足りない」、clever「抜け目のない」などを《人間の性質》の具体例として記憶するようである。初心者のうちはこの理解で十分かもしれない。しかし、学習が進んで難関大学を目指すようになると、この理解では解けない難問が多発するので要注意である。
　まず、「マヌケ」「愚か」「残酷」などを《人間の性質》として断定してしまう事にはムリがある。「マヌケ」なのは人間、「愚か」なのも人間、と言われて、疑問に思わないだろうか。「マヌケな」猫も「愚かな」犬もいる。「マヌケな」政策や「思慮の足りない」決意もある。「親切な」参考書もあるし、「残酷な」運命も存在する。これらを《人間の性質》と断定するのは明らかにおかしい。
　では、どうすれば正しく判別できるのか。ポイントは以下の3つである。
[1] of を使うときは、その直前直後に「意味上の述語 ← 主語」の関係が隠

れている。
[2] of を使うときは、うしろの to 不定詞に「理由」を示す機能がある。
[3] of を使うときは、その直前の形容詞が「人物についての評価」を表す形容詞である。「評価」とは「ほめたり、けなしたり」ということである。

(4) It is foolish of Frank to do such a thing.
　　　　 （述'） ←　（主'）　　そんなことするなんて（理由）
　　　　　バカだ　　フランクは

まず of の直前直後に、意味上「述語（バカだ）← 主語（フランクは）」の関係が隠れている [1]。しかも、うしろの to 不定詞には「そんなことをするなんて」と言って「バカだと判断した理由」を示す機能がある [2]。さらに、foolish という形容詞は、Frank という人物についてマイナスの評価をしている [3]。つまり、けなしているのである。

(5) It is cruel of Fred to say such a thing to Rose.
　　　　 （述'） ←　（主'）　　そんなこと言うなんて（理由）
　　　　　残酷だ　　フレッドは

これも of の直前直後に、意味上「述語（残酷だ）← 主語（フレッドは）」の関係が隠れている [1]。しかも、うしろの to 不定詞には「ローズにそんなことを言うなんて」と言って「残酷だと判断した理由」を示す機能がある [2]。さらに、cruel という形容詞は、Fred という人物についてのマイナスの評価である [3]。この場合もけなしているのである。

(6) It was sensible of Cindy to divorce that drunkard.
　　　　 （述'） ←　（主'）　　離婚するなんて（理由）
　　　　　賢明だ　　シンディは

やはり of の直前直後に、意味上「述語（賢明だ）← 主語（シンディは）」の関係が隠れている [1]。しかもうしろの to 不定詞には「あんな酔っ払いと離婚するなんて」と言って「賢明だと判断した理由」を示す機能がある [2]。さらに sensible という形容詞は、Cindy という人物についてのプラスの評価である [3]。この場合は、「賢明だ」とほめているのである。

for を用いるケースでは、このような要素はない。of を用いた(4)(5)(6)のケースと、for を用いる(7)のケースをよく対比して検討してほしい。

(7) It is <u>natural</u>　　<u>for Walter to refuse the offer</u>.
　　　　（述'）　←　　　（主'）
　　　当然だ　　　ウォルターが申し出を拒絶するのは

「述語 ← 主語」の関係が、of を使うケースとは全く違っていることを確認してほしい。for の直前直後には「述語（当然だ）← 主語（ウォルターが）」の関係はない。「ウォルターは、当然だ」では意味を成さない、というよりバカげている。（[1]との違い）。しかも後ろの to 不定詞に「理由」を示す機能がない。試しに of を使うケースのように訳してみると、「その申し出を断るなんて、ウォルターは当然なヤツだ(!?)」（[2]との違い）。これが変なことはすぐに分かるはずだ。さらに、natural という形容詞は、Walter という「人物についての評価」ではなく、「彼が申し出を拒絶すること」という「１つの行動についての評価」である（[3]との違い）。

(8) **答** of

　訳 **ライトをつけっぱなしにするなんて、シルヴィアは何と不注意だったのだろう。**（leave O on → O をつけっぱなしにする）
　　問題文は感嘆文だが、もともとの文は以下の通り。

　　　It was <u>very careless</u>　of　<u>Sylvia</u>　　*to leave the light on*.
　　　　　　　（述'）　　　←　（主'）　　　　つけっぱなしなんて（理由）
　　　　　　とても不注意　　　シルヴィアは

この文でも、of の直前直後に「述語（とても不注意）← 主語（シルヴィアは）」の関係が隠れている [1]。しかも、うしろの to 不定詞に「明かりをつけっぱなしにするなんて」と言って「不注意だと判断する理由」を示す機能がある [2]。さらに careless という形容詞は「不注意なやつだ」と言って、Sylvia という人物についてマイナスの評価を下している。つまり、けなしているのである。以上のことから、for ではなく of を使うケースであることがハッキリする。後は、この文の very careless を How careless にかえて文頭に出せば感嘆文になる。

第12講 不定詞の形容詞的用法

基本文 次の英文を日本語に訳せ。

(1) I have a book for you to read.
(2) Matt has no friend to talk with about the matter.

● 基本文解説

(1) **答** あなたが読むべき本を私は1冊もっている。

　不定詞が名詞をうしろから修飾する用法を「不定詞の形容詞的用法」という。次のような形を中学英語で学習したはずである。

　　　a book to read　　　「読むための本」
　　　the air to breathe　　「呼吸するための空気」
　　　the water to drink　　「飲むための水」
　　　a friend to help me　「私を手伝ってくれる友人」

というふうに、基本的には「…するための○○」または「…すべき○○」という日本語と結びつけて記憶していればいい。

　高校英語では、これに「意味上の主語」を付け加えた用法も学習する。名詞的用法と同じように、意味上の主語は to 不定詞の前に「for …」の形を置いて示すことができる。

　　　a book for Amanda to read　「アマンダが読むための本」
　　　the air for the astronauts to breathe　「宇宙飛行士が呼吸するための空気」
　　　the water for them to drink　「彼らが飲むための水」

問題文では、a book をうしろから for you to read が修飾して「あなたが読むための本」という意味になっていることを確認すればいい。

(2) **答** その問題について語りあえる友人が、マットにはいない。

　この問題文では、friend to talk with「語りあうための友人」の部分がポイントになる。特に初心者が理解できないのが最後の前置詞 with の存在であり、「この with はいらないんじゃないですか？」という質問が非常に多い。

　　　the bed to sleep in　　「眠るためのベッド」
　　　the desk to write on　「書くためのデスク」

the room to study in 「勉強するための部屋」
the pen to write with 「書くためのペン」

以上の例で、「なぜうしろに in とか on とか with とか、ウザイ前置詞がくっついているのか？」をキチンと説明できるようにしてほしい。「形容詞的用法」でつまずいてしまう人が意外なほど多いのは「何で最後に前置詞がくっついているの？」という疑問を、アイマイなままにゴマかしてしまうからである。

I talked with him. という文から考えよう。talk with … がひとかたまりになって「…と話しあう」という意味になっている。with も平等の仲間になって、はじめてその意味をもつことができる。何かのハズミでくっついたゴミかホコリではないのである。だから、いつでも離れずにくっついて回ることになる。しつこい、しつこい。決して離れてはくれないのだ。

I *talked with* him.　→　a friend to *talk with*
（…と語りあう）　　　　「語りあうための友人」

同じようにして、他の例についても理解できるはずである。

参考　I *sleep in* the bed.　→　the bed to *sleep in*
（…に入って眠る）　　　「入って眠るためのベッド」
I *write on* the desk.　→　the desk to *write on*
（…の上で書く）　　　　「上で書くためのデスク」
I *study in* the room.　→　the room to *study in*
（…の中で勉強する）　　「中で勉強するための部屋」
I *write with* a pen.　→　a pen to *write with*
（…を使って書く）　　　「書くためのペン」

これに、不定詞の意味上の主語 for … をつけることもできる。

She *cuts with* a knife.　→　a knife *for her* to *cut with*
（…を使って切る）　　　「彼女が切るために使うナイフ」
Jason *sits on* a chair.　→　a chair *for Jason* to *sit on*
（…の上に座る）　　　　「ジェイスンが座るためのイス」

例題

A 上下の文が同じ意味になるように、(　)内に最も適切な1語を補え。

(1) シルヴィアには訪れるべき場所が1つもなかった。
　　＝There was no place (　) (　) to visit.

(2) 何か私の娘が読むものをください。
　　＝Give me something (　) (　) (　) to read.

(3) サリーは切るナイフをもっていなかった。
　　＝Sally didn't have a knife (　) (　) (　).

(4) スタンリーには若いころ読書する部屋もなかった。
　　＝Stanley had no room to read (　) when young.

(5) この箱をあける道具を何かもってきてくれ。
　　＝Bring me something (　) (　) this box (　).

B 次の各文の(　)内に、最も適切なものを①〜④の中から1つ選べ。

(6) The boys and girls had no tools (　).
　　① to play　　② to play with
　　③ to be played　　④ play with them

(7) There are a lot of things (　).
　　① me to do　② for me to do　③ of me to do　④ for me to

C 次の(　)内の語句を並べ替えて、日本語に合う英文を作れ。

(8) 私には、あなたをダマすつもりはない。
　　(to deceive／I／you／have／no intention).

(9) 何か新しいものを発明しようとする彼の努力が、私たちの生活の向上につながった。
　　(an improvement of our life／his efforts／to invent something new／led to).

例題解説

A (1) **答 There was no place (for) (Sylvia) to visit.**

「to visit」が形容詞的用法の不定詞で、前のplaceにかかる。とすれば、その前の2つの(　)は意味上の主語を表すはずだから、「シルヴィアが訪れる」＝for Sylvia to visit は簡単にわかるだろう。

(2) **答** Give me something (for)(my)(daughter) to read.

　最後の to read が something にかかる「不定詞の形容詞的用法」で「読むための何か」。したがって、その意味上の主語「私の娘が」＝ for my daughter をその前に加えれば OK である。

　(3)～(5)では、とにかく「最後の前置詞」を落とさないように注意。この「最後の前置詞」に関わる問題は正誤判定問題の定番になっているし、英作文の答案を採点していて目につく「NG トップ10」に確実にランクインする項目である。

(3) **答** Sally didn't have a knife (to)(cut)(with).

　knife にかかる不定詞を考えればいい。She cuts with a knife. という文から考えて、cut with …「…を使って切る」の2語は切り離せない仲間どうしである。不定詞になっても離れずに、一体になって前の名詞を修飾する。

(4) **答** Stanley had no room to read (in) when young.

　問題の焦点は、

　　Stanley *read in* the room when young.
　　（スタンリーは若いころその部屋で読書した。）

という文を思い浮かべられたかどうか。read in … は「…の中で読書する」のセットで、切り離すことはできない。そこで

　　「中で読書する部屋」→ a room to *read in*

と考えれば、答えは in になることがわかる。

　ところが、空欄に books と入れた人がたくさんいることを著者は知っている。キミたちは、あまりにも簡単にワナにひっかかったことを、おおいに反省してほしい。第一、この空欄に books を入れるような問題なら、それこそ「中2並み」。大学入試の出題者がそんな問題を出題するはずはないし、参考書の著者が練習問題に採用することもないはずだ。read は1語だけで立派に「読書する」という意味を表す自動詞であり、books という目的語は不要である。

　しかし、この問題をさらにイジワルにした、次のような恐るべき入試問題も出題されている。

Stanley had no room to read (　　) in his youth.

　答えは in。「Stanley had no room to read in in his youth.」という文になるのだ。もとの問題文の「若いころ」＝ when young の部分を in his youth に換えただけだから、慌てる必要はないのに、「in in …」の部分をめぐって授業はパニックになり、授業後にはズラーっと質問の生徒が並ぶことになる。

「せんせー、前置詞が２つ並んでいますが、いいんですか？」
「せんせー、変ですよ。in in … だなんて…」

　ケシからんクラスだと、いつの間にか「教師が間違った」「あの教師はバカだ」「やっぱり正解は books だ」なんてことになっていたりする。わざわざ他の先生に質問に行って、怒鳴られて、それでもまだむくれてチョー、ムカツイていたりする。これではもう救いようがない。もともと「前置詞が２つ連続したらゼッタイ、ダメ」などというルールはないのである。しかたがないからチョー親切に説明すれば、

　　ⅰ) room *to read in*　　中で読書するための部屋
　　ⅱ) in his youth　　　　若いころ

という２つの要素が偶然つながってしまっただけで、read in と in his youth という２つの in には何のつながりもないのである。

(5) 答 **Bring me something (to)(open) this box (with).**

　something にかかる不定詞を考えればいい。そこで、まず

　　I *open* the box *with* something.

という文を考える。「open ○○ with …」がセットで「…を使って○○を空ける」の意味になることがわかれば、文末の（　　）に with を入れられるだろう。この場合の with は「道具を表す前置詞」である。

B　(6) 答 ②

　訳　**子供たちには遊ぶ道具がなかった。**

　４者択一問題になっても、問題の焦点は同じで、

　　The boys and girls *play with* the tools.（子供たちはその道具で遊ぶ。）

という文を思い浮かべられたかどうかである。ここから、名詞を修飾する用法の不定詞になっても「遊ぶ道具にするための」＝ to play with だとわかる。

この with も「道具を表す前置詞」である。

(7) **答** ②
訳 **私にはすることがたくさんある。**
　a lot of things に形容詞的用法の不定詞をつける問題。4つの選択肢から考えて「意味上の主語」を添えることになるが、「意味上の主語」は原則として「for ～ to …」の形で示すから、すぐに②が正解とわかる。

C　(8) **答** **I have no intention to deceive you.**
　「つもりはない」=I have no intention。あとは intention「つもり」「意図」の後ろから形容詞的用法の不定詞をつけて、どんなつもりなのか説明すればいい。intention to deceive you「あなたをダマすつもり」である。このように「…するつもり」「…する努力 = effort to … 」「…する権利 = right to … 」「…するチャンス=chance to …, opportunity to … 」などを、不定詞をつかって表すことができる。

(9) **答** **His efforts to invent something new led to an improvement of our life.**
　問題のポイントは「…しようとする彼の努力」= His efforts to … 。ここから、文の主語「何か新しいものを発明しようとする彼の努力」はHis efforts to invent something newになる。述語動詞は「…につながる」= lead to … の過去形 led to を使えばいい。

第13講 不定詞の副詞的用法

基本文 次の英文を日本語に訳せ。

(1) Janis went to the airport to see her husband off.
(2) Jasmine must be crazy to say such a thing to him.
(3) Ralph was surprised to see her there at midnight.
(4) To hear Stella speak English, you will take her for an American.
(5) One morning he awoke to find himself famous.
(6) The house is comfortable to live in.

● 基本文解説

「不定詞の副詞的用法」の主なものには、次のⅠ～Ⅵの6種類がある。

Ⅰ．目的：「…するために」

(1) **答** 夫を見送るために、ジャニスは空港に行きました。

「…するために」。中学英語の「不定詞」では定番だった用法である。

Ⅱ．判断の理由：「…するだなんて」「…するとは」

(2) **答** 彼にそんなことを言うとはジャスミンは正気でないに違いない。

<u>Jasmine must be crazy</u>　<u>to say such a thing to him.</u>
判断（きっとcrazyだ）　その理由（…するだなんて）

まず判断を示し、不定詞でその判断の理由を述べる用法である。もう1つ実例を挙げておく。

<u>She is rude</u>　<u>to enter the room without knocking on the door.</u>
判断（無礼だ）　その理由（ノックせずに部屋に入るだなんて）

Ⅲ．感情の原因：「…して、こんな気持ちになった」

(3) **答** 真夜中にそこで彼女に会って、ラルフは驚いた。

<u>Ralph was surprised</u>　<u>to see her there at midnight.</u>
感情（ビックリ）　その原因（夜中に彼女に出会って）

どんな感情をいだいたかを示し、その感情が生まれた原因を不定詞を使って述べる用法である。もう1つ具体例を挙げておく。

She was sorry	to hear about his death.
感情（ガッカリした）	その原因（彼の死を耳にして）

Ⅳ．条件：「もし…したら」

(4) 答 もしもステラが英語を話すのを聞いたら、キミは彼女がアメリカ人だと思うだろう。

　不定詞で「もし…したら」という条件を述べることがある。たとえば to meet her「もし彼女に会ったら」、to see her play tennis「もし彼女がテニスをするのを見たら」などである。この場合、主節は仮定法になることが多いので、この用法については第3章「仮定法」P160 で詳しく述べることにする。

Ⅴ．結果：「そしてその結果…」

(5) 答 ある朝目覚めると、彼は自分が有名になっていることを知った。

　この問題文の不定詞を「有名になっていることを知るために」と読めば、不自然になる。ある男が眠っていて、目覚める直前に「自分が目覚める目的は有名になっていることを知ることだ。その目的で目覚めるのだ！」ということはありえない。「目覚めて、その結果、気づく」のである。このように不定詞によって結果を示す用法がある。同様に、

　　She lived to be ninety years old.（彼女は長生きして90歳になった。）

も、結果の不定詞。「目覚める」「長生きする」「成長する」など、本来自分の意志ではできないことを示す動詞の後に続く不定詞は、この用法が多い。

Ⅵ．形容詞を修飾する用法

(6) 答 その家は、生活するのに快適だ。

　comfortable という形容詞を、うしろから to live in が修飾して「何をするのに快適なのか」を明示するのである。この場合、第12講「不定詞の形容詞的用法」P80 で詳しく考えたように、「最後の前置詞」の存在に注意。live in が「中で生活する」のセットで、切り離すことはできない。

例題

A　次の英文を日本語に訳せ。

(1) Gloria tried again only to fail.
(2) Chris set out on the adventure never to return.
(3) Pamela raised her hand for the taxi to stop.
(4) Violet got up early so as to catch the first train.

B　次の各文の（　）内に、最も適切なものを①～④の中から1つ選べ。

(5) Tess awoke one morning (　) that the power had gone out for several hours that night.
　　① being discovered　　② to be discovered
　　③ to be discovering　　④ to discover

(6) I went all the way to see my doctor, (　) find him absent.
　　① about to　② only to　③ enough to　④ as to

C　次の日本語を英文に訳せ。

(7) そのベッドは、私が眠るのには快適だった。
(8) 彼女は成長して、チャーミングな女性になった。
(9) 彼女は目が覚めると、自分のベッドの上にいるのに気づいた。
(10) 彼女は心から彼を愛したが、結局裏切られただけだった。
　　（心から → from the bottom of her heart、裏切る → betray）
(11) キミにウソをつくなんて、オレはなんてバカだったんだ！

例題解説

A (1) **答　グローリアはもう一度やってみたが、失敗しただけだった。**

only to …「結局…しただけだった」。これは不定詞の「結果」の用法で、熟語的なものの一つ。「目的」の用法で訳してみると「失敗するためだけにもう一度やってみた」となり、不自然なのがわかるはずである。

(2) **答　クリスは冒険に出発し、二度と戻ってくることはなかった。**

never to …「二度と…することはない」。これも不定詞の「結果」の用法。set out on …「…に出発する」。無理に「目的」の用法で訳してみると「二度と戻ってこないために出発した」となり、不自然である。もちろん、「自殺」や「蒸発」といったシチュエーションとしてはありえるが、そんな特殊な状況

なら、前後の文脈から読みとれるから心配はいらない。

　否定語の位置にも注意。この例にかぎらず、不定詞に否定語をつけるときは一般に「否定語＋to 不定詞」の語順になる。

　　Sasha told me *not to go* there alone.
　　（サーシャは一人でそこへ行ってはダメだと私に言った。）
　　Ben was told *never to read* comics in the classroom.
　　（教室では決してマンガを読まないようにベンは言われた。）

(3) 答 **パメラはタクシーが止まるようにと片手をあげた。**

　副詞的用法でも、不定詞の意味上の主語は「for ○○ to …」の形で示す。for the taxi to stop「タクシーが止まるように」、for her to pass the exam「彼女が試験にパスするように」など。

(4) 答 **ヴァイオレットは始発電車に乗るために早く起きた。**

　「目的」を表す不定詞には、記憶すべきいくつかの慣用表現が存在する。

　　　「…できるように」（＝to …）　　＝ in order to …
　　　　　　　　　　　　　　　　　　　＝ so as to …
　　　「…しないように」（＝not to …）＝ in order *not* to …
　　　　　　　　　　　　　　　　　　　＝ so as *not* to …

　問題文では so as to catch …（in order to catch …）「…に間にあうように」の意味になる。

　なお、so as to … と in order to … は、以下の２点が異なっている。

[1] in order to … は文頭にも使えるが、so as to … は文頭では NG。
　　In order to catch the first train, …（OK）
　　So as to catch the first train, …（NG）

[2] in order to … は意味上の主語を示せるが、so as to … では NG。
　　He spoke loudly *in order* for everyone *to* hear him.（OK）
　　He spoke loudly *so as* for everyone *to* hear him.（NG）
　　（彼は、みんなが聞くことができるように大きな声で話した。）

B (5) **答** ④

> **訳** ある朝テスは目が覚めて、その夜数時間停電していたことに気づいた。

　④の不定詞をつければ「結果」の用法になる。目が覚めて、その結果気がついたということである。無理やり「目的」で訳してみると「停電していたことに気がつくために目覚めた」という、極めて異常な目覚め方になってしまう。①は不定詞を使っていないから NG。②は受身の形の不定詞だから「気づかれた」になって NG。③は進行形の不定詞だから「気づきつつあった」で NG である。

(6) **答** ②

> **訳** 私はわざわざ医師の所に行き、結局彼が不在だと知っただけだった。

　only to … 「結局…しただけだった」という「不定詞の結果の用法」を選ぶ。all the way は「はるばる、わざわざ」の意味の強調語句である。

C (7) **答** The bed was comfortable for me to sleep in.

　ポイントは2つある。
　1つめは for me の形で不定詞の意味上の主語を示せるかどうか。
　もう1つのポイントは、「前置詞 in を文末につけられたかどうか」。
　第12講「不定詞の形容詞的用法」 P80 で何度も考えてきたように、
　　I *sleep in* the bed → the bed to *sleep in*
　　（ベッドに入って眠る）「入って眠るためのベッド」
というふうに、sleep in がセット。in を切り離すことはできない。

(8) **答** She grew up to be a charming woman.

　to be … は「結果を示す不定詞」で、「結果として…になった」の意味になる。be の代わりに become を用いても OK である。
　なお、grow up「成長する」の後の不定詞は、一般に「結果」の用法と考えていい。grow up「成長」するときに、いちいち目的を定めて「…するために成長する」というのは不自然だからである。目的をもってももたなくても、成長は否応なし、自分の意志によってコントロールすることはできない。「自分の意志でコントロールできない動詞」のうしろの不定詞は「結果」の用法の不定詞である可能性が高いのである。

(9) 答 **She awoke to find herself on her bed.**

　動詞 awake も同じように、うしろに不定詞がついていたら「結果」の用法と考えていい。「…するために目覚める」というのは、いくら何でも無理があるのはわかるだろう。眠っている最中に「よおし。いまこれから目覚めるけれども、目覚める目的はコレとコレだ…」などと考えているヤツがいたら、そりゃ不気味だろう。少なくとも筆者はそんな人物に会った経験は皆無であり、これからも絶対に会いたいとは思えない。そうじゃないかね？

(10) 答 **She loved him from the bottom of her heart, only to be betrayed.**

　ちょっと難しいが、love も「結果」の用法を伴いやすい動詞。「愛する」とき、しかも「心の底から愛する」場合に「…するために」などという「目的」があるはずはない。いちいち目的があるような愛は、ありえないのだ。

　ま、それはさておき、(8)(9)(10)を通して、「結果の用法かどうかはその前の動詞で決まっている」ことに気づいたと思う。「成長する」「目が覚める」「愛する」など「目的」と関係のない動詞があれば、それが「結果」の用法の目印（マーカー）になっているのである。

　また、この問題の解答では only to … の前にコンマがついている。このコンマは必須のものではないが、「心の底から愛した」という事実と、「裏切られた」という結果との間に一拍を置くことによって、聞き手や読み手の注意をぐっとひきつける効果を狙うもの。話のうまいニュースキャスターや上級の語り手なら、巧みに一瞬の間を置くところである。

(11) 答 **What a fool I was to tell a lie to you!**

　判断（なんてバカなんだ）を感嘆文で示し、その理由（キミにウソをつくなんて）をそのうしろから不定詞でつけた文である。

第14講 独立不定詞句／be to 不定詞／too … to 構文など

基本文 次の英文を日本語に訳せ。

(1) Stephanie was to start the job next spring.
(2) To do him justice, he was beside himself with grief.

● 基本文解説

(1) **答** ステファニーは翌年の春にはその仕事を始める予定だった。

「be to 不定詞」と言われている形で、この文では「予定」を表している。この形は重要。次の **ESSENTIALS** ⑮ を熟読すること。

ESSENTIALS ⑮ be to 不定詞

「be to 不定詞」の形式は、基本的には次の5つの意味を表すが、形の上からその5つのうちどれなのかを区別することはできない。前後の文脈をよく考えて判断することになる。

[1]「予定」：…する予定でいる。
　　Meg *is to get* married in June.
　　メグは6月に結婚する予定になっている。
[2]「義務」：…すべきだ。…しなければならない。
　　You *are to start* as soon as possible.
　　あなたは可能なかぎり早く出発すべきだ。
[3]「意図」：…するつもりだ。…したいと思う。
　　If you *are to pass* the exam, you must start now.
　　試験に合格したいと思うなら、いま始めなくちゃ。
[4]「可能」：…できる。
　　The key *was* not *to be found* in the safe.
　　そのキーは金庫の中には発見できなかった。
[5]「運命」：…するように運命づけられている。
　　He *was* never *to see* the girl again.
　　彼はその女の子に二度と会わない運命だった。
　それぞれの「意味のカブリ」に注意してほしい。たとえば[1]の例文は「予

定」の例文だが、「義務」＝「結婚しなければならない」でも読めるし、「意図」＝「結婚するつもりだ」でも読める。「運命」＝「結婚する運命だ」で読むことさえ可能だ。[5]の例文も「運命」の例文であるが、「意図」＝「会うつもりはなかった」でも「予定」＝「会わない予定だった」でも読める。1文だけから判断するのはムリで、あくまで文脈判断が重要なのである。

　なお、[3]「意図」は、if 節など条件節で用いられることが多く、通例「もし…したいなら」→「…するためには」の意味になる。また [4]「可能」は、否定文で用いられ、不定詞部分が be p.p. になることが多い。つまり、be to be p.p.「…されることができる」になる。

(2)　**答　彼について公平に言えば、彼は悲しみで我を忘れていたんだ。**

　独立不定詞句 to do O justice「…について公平に言えば」を使った文である。「独立不定詞句」とは、不定詞の熟語表現で、文頭や文末に置かれたり、文中に挿入されたりして、文全体を修飾するものである。次の **ESSENTIALS⑯** に示したものは、ぜひ記憶してほしい。なお、beside oneself with … は「…のせいで我を忘れている」の熟語である。

ESSENTIALS ⑯　記憶すべき独立不定詞句

[1]　needless to say「言うまでもなく」
[2]　to make matters worse「さらに悪いことに」
[3]　not to say …「…とは言わないまでも」
[4]　to tell the truth「本当のことを言えば」
[5]　to begin with「第一に」
[6]　so to speak「言わば」
[7]　to be sure「確かに」
[8]　to be frank with you「率直に言って」
[9]　to say nothing of … ＝ not to mention …
　　「…については言うまでもなく」
[10]　to do O justice「…について公平に言えば」

> 例題

A　上下の文が同じ意味になるように、(　)内に最も適切な1語を補え。

(1)　I could not see anyone in the street.
　　= No one (　) (　) be seen in the street.

(2)　We can't have wine like this outside of Italy.
　　= Wine like this (　) not (　) be had outside of Italy.

(3)　The problem was too difficult for Jerome to solve.
　　= The problem was so difficult that Jerome (　) (　) (　).

(4)　This book was so easy that my daughter could read it.
　　= This book was (　) (　) (　) my daughter to read.

(5)　Rachel was kind enough to help them.
　　= Rachel was (　) kind (　) (　) help them.

B　次の各文の(　)内に、最も適切なものを①〜④の中から1つ選べ。

(6)　The wind was not (　) to prevent us from skydiving.
　　① as strong　　　② as strong as
　　③ so strong　　　④ so strong as

(7)　It would be foolish, (　) mad, to sell your house.
　　① despite　　　② though
　　③ not to say　　④ not to mention

> 例題解説

A　(1)　答　No one (was) (to) be seen in the street.
　訳　街には誰ひとり姿を見ることができなかった。

　no one を主語にして書き換えるなら「誰ひとり見られることができなかった」とすればいい。「可能」を表す be to 不定詞を使うことになる。

(2)　答　Wine like this (is) not (to) be had outside of Italy.
　訳　イタリア以外では、こんな(おいしい)ワインは飲めない。

　ワインを主語にして書き換えれば「こんなワインは飲まれることは不可能」とすればいい。(1)と同じで、やはり「可能」を表す「be to 不定詞」を使う。なお、例題(1)(2)のように、「be to 不定詞」のうち、不定詞の部分が受身形 (be p.p.) になっているものは、「可能」を表すことが多い。つまり「be to +

be p.p.」の形なら、まずは「可能」の意味で考えてみると当たっていることが多い。

(3) **答** The problem was so difficult that Jerome (couldn't)(solve)(it).

訳 問題が難しすぎて、ジェロームには解けなかった。

上の文は「too 〜 to …」の構文で、これは中学英語でおなじみ。ここでは「to 不定詞」に意味上の主語がついた形を確認する。

　　too 〜 for ○○ to …　→　直訳なら「○○が…するには〜すぎる」
　　　　　　　　　　　　　　　意訳なら「〜すぎて○○は…できない」

この例題は too 〜 to … 構文から so 〜 that … 構文の典型的な書き換え問題であるが、次の **ESSENTIALS** ⑰ で述べる文末の違いが焦点になる。この例題で（　）の中に could not solve と入れてしまった人がターゲット。次の **ESSENTIALS** ⑰ を熟読してほしい。

ESSENTIALS ⑰　so 〜 that … 構文 ⇔ too 〜 to … 構文の書き換え

　この書き換えは高校入試の定番で、おなじみの人が多いだろう。しかし、特に留意すべきなのは、文末の違いである。以下の２つの例で検討しよう。

[1] This tea is so hot that I cannot drink *it*.
　⇔ This tea is too hot for me to drink.
　（このお茶は熱すぎて飲めない。）

[2] This book is so difficult that he can't understand *it*.
　⇔ This book is too difficult for him to understand.
　（この本は難しすぎて彼には理解できない。）

　文末の違いに注目。so 〜 that … 構文を用いた時には[1][2]どちらの文でも文末についている it が、下の too 〜 to … 構文ではついていない。
　so 〜 that … 構文で文末に it がつくのは、that が接続詞だからである。接続詞のうしろは「完全な文」の形でなければならない。drink や understand は他動詞であり、他動詞には目的語がないと「完全な文」の形とは言えない。つまり、it がないと「何を飲むのか」「何を理解するのか」が、形式上不明ということになる。だから目的語 it は決して省略できない。
　一方 too 〜 to … 構文で it がついていないのは「to 不定詞の目的語と、文全

体の主語とが一致している時、不定詞の目的語は省略する」という原則によるもの。[1]の文で to drink の目的語は tea であり、文全体の主語と一致している。だから省略しなければならない。[2]の文でも to understand の目的語は book であり、文全体の主語と一致している。だから省略するのである。

　　例題(3)に戻ると、上の文は too ～ to … 構文。不定詞 to solve の目的語は problem で、文の主語と一致しているから、省略される。一方、下の文は so ～ that … 構文。接続詞 that の後ろは「完全な文」にする必要がある。solve は他動詞だから、完全な文にするためには目的語 it（＝the problem）が必要、ということになる。

(4) **答 This book was (easy)(enough)(for) my daughter to read.**
　　訳 この本はとてもやさしかったから私の娘にも読めました。

　「～ enough for ○○ to …」の構文を使う。直訳なら「○○が…するために十分に～」。意訳なら「十分に～だから○○は…できる」。

　「形容詞＋enough」の語順にも注意。形容詞や副詞は enough の前に置くので「十分カンタン」なら easy enough であって enough easy は NG。「十分カワイイ」なら pretty enough であって enough pretty は×。「十分カネモチ」なら rich enough であって enough rich はダメ。この語順の原則も頻出である。

(5) **答 Rachel was (so) kind (as)(to) help them.**
　　訳 レイチェルは彼らを手伝ってあげるほどに親切な人だった。

　「so … as to ～」＝「～するほどに…」「～するぐらいに…」の構文に注意。
　　Donna was *so* stupid *as to* believe him.
　　（ドナは彼を信じてしまうほどに愚かだった。）
　　≒Donna was stupid enough to believe him.

B (6) **答 ④**
　　訳 風は私たちがスカイダイビングをするのをジャマするほど強くはなかった。

　まず、「so … as to ～」＝「～するほどに…」を確認する。④を選べば、*so*

strong *as to* prevent … となって「ジャマするほどに強い」になる。その前に not がついているから「ジャマするほど強くなかった」となる。
　なお、prevent O from …ing ＝ keep O from …ing
　　　　　　　　　　　　　　＝ stop O from …ing
　　　　　　　　　　　　　　＝ hinder O from …ing
は「O が…するのをジャマする」の重要な熟語である。

(7)　**答** ③

　訳 あなたの家を売ってしまうとしたら、正気ではないとは言わないまでも、バカげたことだろう。

　独立不定詞句 not to say …「…とは言わないまでも」を使う問題である。「家を売ってしまうこと」は mad という極端なコトバは使わないにしても、少なくとも foolish ではある、という意味になる。

　全体としては It … to 構文で、まず「それはバカげたことだろう」と言ったうえで、形式主語 It の内容を to 不定詞で説明する形になっている。to sell 以下に「もし売ってしまうとしたら」という仮定の意味が隠れているから、主節部分は would be foolish と仮定法になっている。このことについては第3章「仮定法」 P160 で詳述する。① despite「…にもかかわらず」は前置詞である。前置詞の直後に形容詞が続くことはない。② though「…だが」を入れると、「正気ではないが、バカげている」となって、意味上で不自然になる。

　④ not to mention … は重要な独立不定詞句で「…は言うまでもなく」「…は当たり前のこととして」。訳してみると「mad であることは言うまでもなく、foolish である」の意味になって不自然である。なぜなら、「…は言うまでもなく～」という表現では、たとえば「お菓子は言うまでもなく、パンも食べられない」というように、「…」の部分に「より軽い表現」を入れ「～」の部分により重みのある表現を入れなければならないからだ。この文でも、「foolish であることは言うまでもなく、mad である」の順番にしなければならない。

第15講 代不定詞／完了不定詞（to have p.p.）など

基本文 次の英文を日本語に訳せ。

(1) The actress is reported to be ill.
(2) The actress was reported to be ill.
(3) The actress is reported to have been ill.
(4) The actress was reported to have been ill.
(5) A : "Will you help me ?"　　B : "Yes, I will be glad to."

● 基本文解説

(1) **答** その女優は、病気だとリポートされている。

　これは簡単で、= It *is* reported that the actress *is* ill.
「リポートされている」のと「病気である」のが、どちらも現在だということを示している。

(2) **答** その女優は、病気だとリポートされた。

　これも簡単で、= It *was* reported that the actress *was* ill.
「リポートされた」のが過去のこと、「病気だった」のもそれと同時であることを示している。

(3) **答** その女優は、病気だったとリポートされている。

　完了不定詞 to have been が登場する。完了不定詞（to have p.p.）とは、ごく単純に言えば「…だったこと」をいう意味の不定詞で、述語動詞よりも1つ前の時制を示している。この文では「リポートされている」のは現在だが、「病気」については以下の2つのケースが考えられる。
[1]「過去に病気だった」のケース。
　　= It *is* reported that the actress *was* ill.
[2]「過去から現在までずっと病気」のケース。
　　= It *is* reported that the actress *has been* ill.

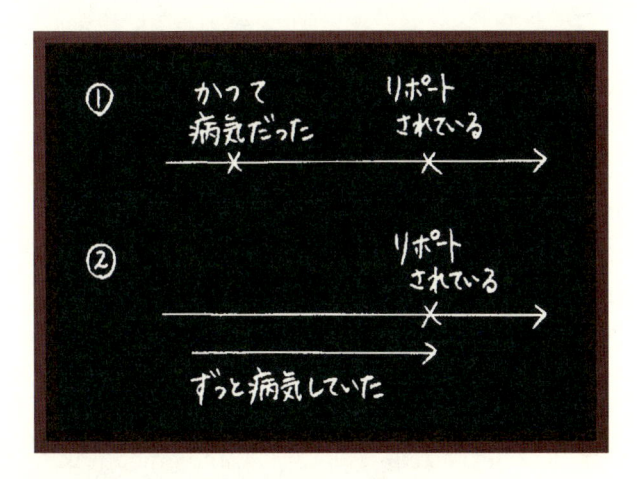

(4) **答** その女優は、病気をしていたとリポートされた。

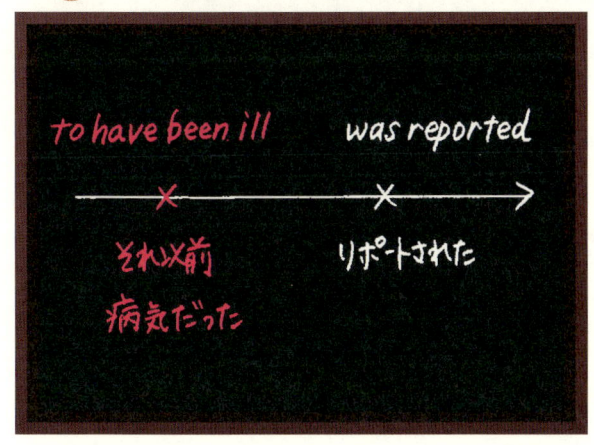

　この文でも、完了不定詞 to have been が登場する。この文は「リポートされた」こと自体が過去のことであるが、「病気」については「それよりも、もっと以前に病気だった」ことを示している。

= It *was* reported that the actress *had been* ill.

(5) **答** A：「手伝ってくれる？」　B：「オッケー、よろこんで。」

　この会話で、Bさんのセリフのうち help you の部分はわかりきっていて、省略してもお互いに困ることはない。そこで、わかりきっている部分を省略して、Yes, I will be glad *to*. と答えるのが普通である。つまり、to help you の3語を to の1語で代表させてしまうのだ。このように不定詞本体を省略して to だけを残す形を「代不定詞」という。to の部分に必ずアクセントが来ることが特徴で、文強勢の問題などに頻出である。

例題

A 上の文を、下の文の書き出しに合わせて書き換えよ。

(1) Bridget hopes to pass the exam next spring.
= Bridget hopes that _____.

(2) Avner seems to have been an actor when young.
= It seems that Avner _____.

(3) Avner seemed to have been an actor when young.
= It seemed that Avner _____.

B 上下の文が同じ意味になるように、(　　)内に最も適切な1語を補え。

(4) Ethan never expected that he would win the grand prix.
= Ethan never expected (　　) (　　) the grand prix.

(5) Esther intended to visit Milwaukee last summer, but she couldn't.
= Esther intended to (　　) (　　) Milwaukee last summer.

(6) Jonathan meant to get up at five, but he couldn't.
= Jonathan (　　) (　　) (　　) got up at five.

(7) サンフォードさんはその女の子が通れるようにと脇によった。
= Mr. Sanford stepped aside (　　) the girl (　　) pass.

(8) 彼はその電車に乗り遅れないように、早めに家を出た。
= He left his house early so (　　) (　　) to miss the train.

(9) 生徒たちが自由に話し合えるように、オドネル先生は部屋を離れた。
= Mr. O'Donnell left the room (　　) (　　) (　　) the students (　　) talk freely.

C 次の各文の(　　)内に、最も適切なものを①〜④の中から1つ選べ。

(10) Daniel opened the window, although his father told him (　　).
　① don't do　② not do it　③ not to　④ to not

(11) A: "Did you rent an apartment?"
　　B: "No. We (　　) one, but the plan fell through."
　① were to have rented　② are to have rented
　③ are to rent　④ should rent

第2章　準動詞

例題解説

A (1) 【答】 Bridget hopes that she will pass the exam next spring.

上の文は「ブリジットは来年の春に試験に合格することを期待している」で、期待の内容は明らかに未来のことである。that 節で言うなら、「合格する」は未来形になる。

(2) 【答】 It seems that Avner was an actor when young.

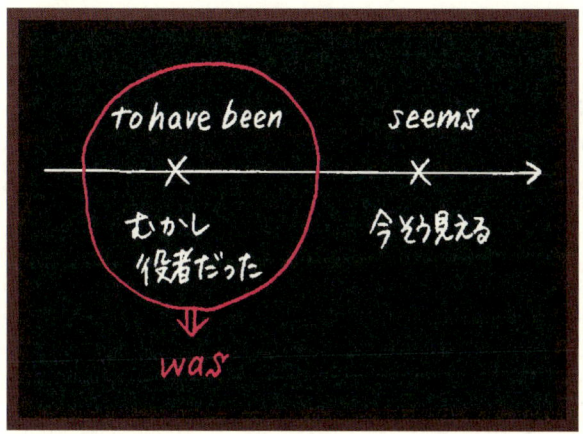

上の文は「若いころ、アブナーは役者だったらしい」。主節の動詞 seems に対して、不定詞は to have been（完了不定詞）になっているから、時制の関係を図示すると板書のようになる。It seems that … に続けて that 節で言うなら、「役者だった」は現在形 seems に対して、過去形になる。

(3) 【答】 It seemed that Avner had been an actor when young.

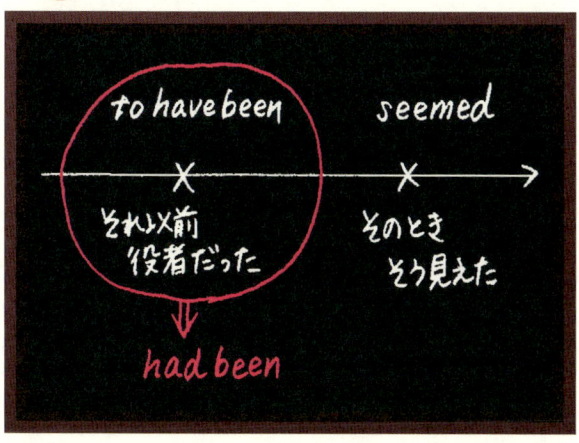

上の文は「若い頃は、アブナーは役者だったらしかった」。主節の動詞 seemed に対して、不定詞は to have been（完了不定詞）になっているから、時制の関係を図示すると板書のようになる。It seemed that …

第15講　代不定詞／完了不定詞（to have p.p.）など

に続けて that 節で言うなら、「役者だった」は過去形 seemed に対して、過去完了形になる。

B (4) 答 Ethan never expected (to) (win) the grand prix.
訳 イーサンは自分がグランプリをとるとは全く予想していなかった。

expect は、目的語として to 不定詞をとる動詞の代表例である。「目的語として to 不定詞をとるか …ing 形をとるか」は頻出のテーマであるから、第2章の第24講 P152 で改めて詳述する。

(5) 答 Esther intended to (have) (visited) Milwaukee last summer.
訳 昨夏エスターはミルウォーキーを訪れようと考えたがダメだった。

「…するつもりだったのに、ダメだった」= intended to have p.p. という問題である。この表現については、以下の **ESSENTIALS** ⑱ を参照のこと。

> **ESSENTIALS** ⑱ 「…しようと思ったが、ダメだった」の表現
>
> hope／want／expect／wish／mean／intend など「未来の希望や意図を表す動詞」の過去形のうしろに、完了不定詞（to have p.p.）をつけると、「…しようと思っていたのに、ダメだった」という意味になる。「ダメだった」というふうに、結果までハッキリ明らかになる点が特徴である。動詞は必ず過去形を使う点がポイント。分類すれば、以下のようになる。
>
> wanted（または wished／hoped）＋to have p.p.
> 　　　　　　　　　　「…したいと思ったのに、ダメだった」
> intended（または expected／meant）＋to have p.p.
> 　　　　　　　　　　「…するつもりだったのに、ダメだった」
> promised to have p.p.　「…すると約束したのに、ダメだった」
> was（were）＋to have p.p.　「…しようとしていたが、ダメだった」

(6) 答 Jonathan (meant) (to) (have) got up at five.
訳 ジョナサンは5時に起きるつもりだったが、ダメだった。

例題(5)と同じ内容の問題である。meant to have p.p. =「…するつもりだったが、ダメだった」を使えば、すぐにできる。

(7) **答** Mr. Sanford stepped aside (for) the girl (to) pass.

　step aside「脇に寄る」。「for ～ to …」＝「～が…できるように」の基本形にすればOKである。

(8) **答** He left his house early so (as) (not) to miss the train.

　「…しないように」は so as not to … と in order not to … の２つ。またはもっと単純に not to … でもいい。

(9) **答** Mr. O'Donnell left the room (in) (order) (for) the students (to) talk freely.

　「…できるように」は in order to … または so as to … で表現する。この問題では「生徒たちが」という意味上の主語を付け加えなければならないので、so as to … は使えない（第13講 例題解説 (4) P89 ）。

C　(10) **答** ③

　訳 父親が開けるなと言ったのに、ダニエルはその窓を開けた。

　although 以下の節は、もともと

　　… , although his father told him not to open the window.

となっていたはずである。否定語 not は to 不定詞の前につけて、*not to* open the window の語順になることにまず注意が必要。そのうちわかりきっている open the window の部分を省略し、not to で止めてしまう「代不定詞」の形が正解になる。最後の to にアクセントが置かれることに注意。

(11) **答** ①

　訳 A：「アパートは借りたんですか？」
　　　B：「いえ、借りようと思ってたんですが、計画がダメになりました。」

　fall through は「（計画などが）ダメになる、失敗に終わる」。アパートを借りようと思っていたのにうまくいかなかったことがわかるから、**ESSENTIALS** ⑱ で紹介した were to have p.p.「…しようとしていたが、ダメだった」の形を選べばいい。

第16講 分詞構文1

> **基本文** 次の英文を日本語に訳せ。
> (1) Walking in the street, I met a friend of mine.
> (2) Living in the country, he had few visitors.
> (3) We started at three o'clock, arriving at the airport at five.

基本文解説

ESSENTIALS ⑲ 分詞構文の作り方

分詞構文を作る基本的な作業は、次の7段階である。
- [1] 接続詞を省略する。
- [2] 主語を省略する。
- [2'] 省略するとわからなくなる場合（特に、主節の主語と異なる場合）は、主語を省略しない。
- [3] 動詞を …ing 形にする。
- [4] 否定語は分詞の前に置く。
- [5] being は省略するのが普通。having been も省略が多い。
- [5'] 主語を省略しないときは、being も省略しないことが多い。

昔の高校英語では、分詞構文を「時」「理由」「条件」「付帯状況」などに分類して厳密に考えたりしたものだが、あまりに硬くなって厳密になりすぎると、分詞構文はかえって理解しにくくなる。分詞構文の特徴は、むしろそうした厳密さを避け、前後の文脈から相手に柔軟に判断させる点にあるのだ。

(1) **答** 街を歩いていたら、1人の友人に会った。

まずは基本として、分詞構文を作る練習をしよう。もともとの文は、
　　When I walked in the street, I met a friend of mine.
ここから分詞構文を作るには、上の **ESSENTIALS** ⑲ に示したうち、
- [1] 接続詞（＝ When）省略
- [2] 主語（＝ I）省略
- [3] 動詞（＝ walked）を …ing 形に

の3段階で、簡単に完成する。

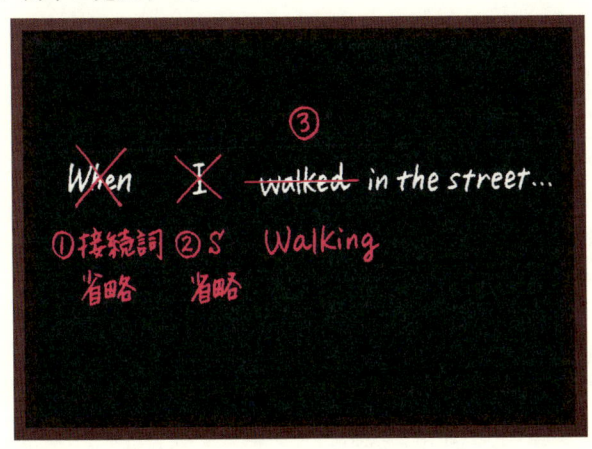

```
③
When  I̶  w̶a̶l̶k̶e̶d̶ in the street...
①接続詞 ②S'  Walking
  省略   省略
```

(2) **答** 田舎に住んでいるので、彼にはほとんど来客がなかった。

もとの文は、As he lived in the country, he had few visitors.
この文から、**ESSENTIALS**⑲ のとおりに、
[1] 接続詞（＝As）省略
[2] 主語（＝he）省略
[3] 動詞（＝lived）を…ing形に
の3段階で分詞構文が完成する。

(3) **答** 3時に出発して、空港には5時に到着した。

この文では、コンマのうしろが分詞構文になっている。もとの文は
We started at three o'clock, and we arrived at the airport at five.
分詞構文は、その第1段階が「接続詞を省略」なのだから、接続詞がついている部分しか分詞構文にできない。そこで、コンマのうしろで
[1] 接続詞（＝and）省略
[2] 主語（＝we）省略
[3] 動詞（＝arrived）を…ing形に
の3段階で分詞構文が完成する。

例題

上下の文が同じ意味になるように、（　）内に最も適切な1語を補え。

(1) When he saw me, he waved a greeting to me.
　＝（　）（　）, he waved a greeting to me.

(2) If you start at once, you will be in time for the train.
　＝（　）at once, you will be in time for the train.

(3) I started early in the morning, and I reached here at noon.
　＝I started early in the morning,（　）here at noon.

(4) As I had not seen her for years, I didn't recognize her.
　＝（　）（　）（　）her for years, I didn't recognize her.

(5) If the island is seen from a helicopter, it will look pretty.
　＝（　）（　）a helicopter,（　）（　）will look pretty.

(6) After his work had been done, he called his girlfriend.
　＝（　）（　）（　）, he called his girlfriend.

(7) Since there were no taxis, Albert had to walk to her house.
　＝（　）（　）no taxis, Albert had to walk to her house.

例題解説

(1) **答** **(Seeing) (me), he waved a greeting to me.**
　訳 彼は私を見た時、手を振ってあいさつをした。

上の文から、[1] 接続詞（＝When）省略、[2] 主語（＝he）省略、[3] 動詞（＝saw）を…ing形に、の3段階で分詞構文にすればいい。

(2) **答** **(Starting) at once, you will be in time for the train.**
　訳 すぐに出発すれば、電車に間にあうだろう。

上の文から、[1] 接続詞（＝If）省略、[2] 主語（＝you）省略、[3] 動詞（＝start）を…ing形に、の3段階で分詞構文を作れば、答えが出る。

(3) **答** I started early in the morning, (reaching) here at noon.
訳 朝早く出発して、正午にここに到着した。

この問題は、コンマのうしろ側を分詞構文にすれば正解が出る。

上の文から、[1] 接続詞（＝and）省略、[2] 主語（＝I）省略、[3] 動詞（＝reached）を …ing 形に。

(4) **答** (Not)(having)(seen) her for years, I didn't recognize her.
訳 彼女には何年も会っていなかったから、だれだかわからなかった。

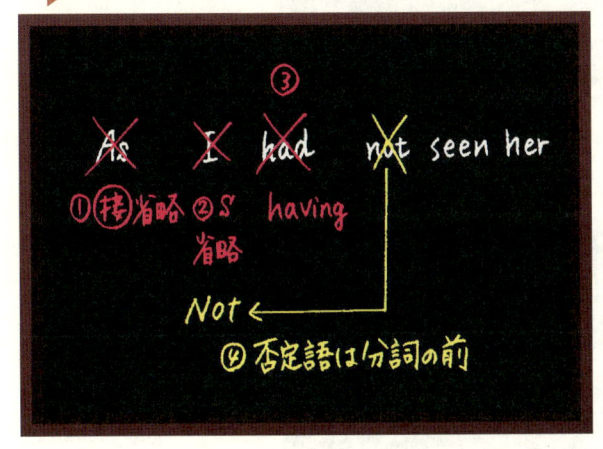

この問題から、**ESSENTIALS** ⑲ で示した分詞構文の原則をフル活用する。まず問題文から原則どおり、

　[1] 接続詞（＝As）省略、
　[2] 主語（＝I）省略、
　[3] 動詞（＝had）を …ing 形に

の 3 段階で、Having not seen her for years, … の形になるが、[4] 否定語は分詞の前に置くから、not を前に出せば正解が得られる。

(5) **答** (Seen)(from) a helicopter,(the)(island) will look pretty.
訳 ヘリコプターから見たら、その島はかわいらしく見えるだろう。

まず原則どおり、分詞構文を作っていく。

　[1] 接続詞（＝If）省略
　[2] 主語（＝the island）省略
　[3] 動詞（＝is）を …ing 形に

の 3 段階で、Being seen from a helicopter, … の形になるが、

　[5] being は省略が普通から、Seen from … の形になる。

コンマのうしろの主語を it から the island にかえることに注意。コンマの前の部分で the island を省略したので、後半の it をそのままにすると、it が

107

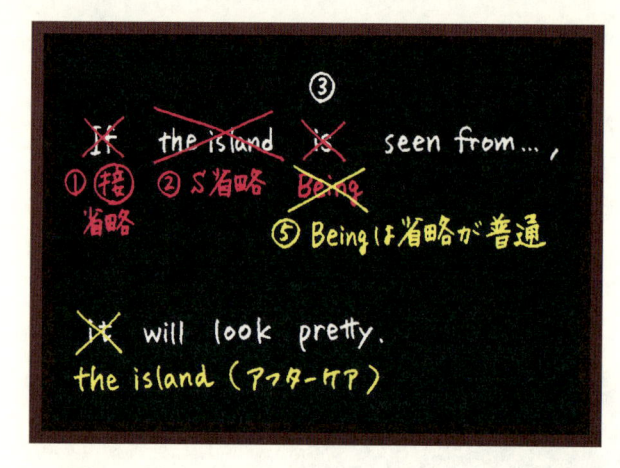

何を指すのか分からなくなってしまう。ま、アフターケアという意味ですな。

[黒板図]
③
~~If~~ the island ~~is~~ seen from ...,
①接 ②S省略 Being
　省略　　　⑤Beingは省略が普通

~~It~~ will look pretty.
the island (アフターケア)

(6) 答 **(His) (work) (done), he called his girlfriend.**
訳 仕事が終わって、彼はガールフレンドに電話した。

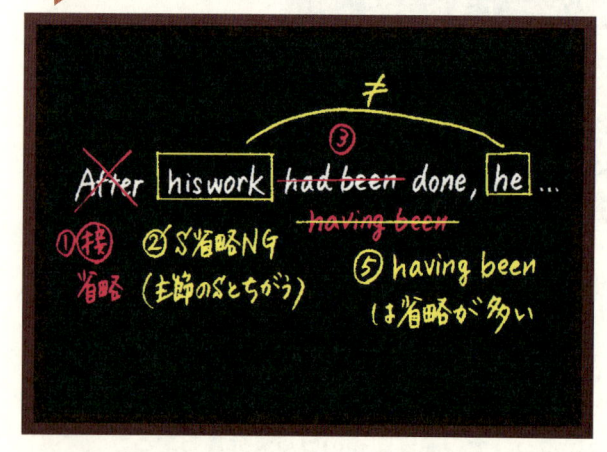

[黒板図]
　　　　　　≠
　　　　　③
~~After~~ |his work| had been done, |he| ...
①接　②S省略NG　~~having been~~
省略　(主節のSとちがう)　⑤having been
　　　　　　　　　は省略が多い

まず、分詞構文の原則どおりに
　[1] 接続詞（＝After）省略
　[2] 主語（＝his work）省略
　[3] 動詞を…ing形にといきたいところだが、[2]の「主語を省略」は、この問題ではできない。つまり **ESSENTIALS**⑲ [2']のケース。After節の主語（＝his work）と主節の主語（＝he）とが異なっているため、省略できないのである。

さらに、[3]で動詞はhaving beenになるが、[5]「beingは省略が普通」「having beenも省略が多い」により、これを省略すると正解ができる。

(7) 答 **(There) (being) no taxis, Albert had to walk to her house.**
訳 タクシーが1台もいなかったから、アルバートは彼女の家まで歩かなければならなかった。

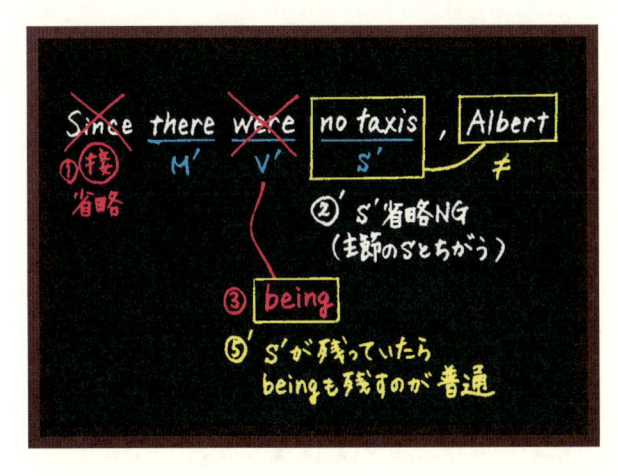

分詞構文の原則どおり、まず

[1] 接続詞（＝Since）を省略。

[2] の「主語を省略」は、Since 節の主語（＝no taxis）と主節の主語（＝Albert）が異なっているので、省略できない（ルール[2']）。

[3] 動詞 were を being にかえ、[5]「being は省略が普通」で省略したくなるが、[5']「主語が残っていたら being も残すのが普通」のルールがあるから、省略しないでそのままにすると正解になる。

ESSENTIALS ⑳ 分詞構文についてのもう1つの考え方

　このページでは、**ESSENTIALS** ⑲ も含めて、一般に日本の高校や予備校で教えられている教え方で分詞構文の基礎を確認してきた。外国人として分詞構文を学習するには、従来どおりのこういう理解でかまわないと思う。

　ただ、それではネイティブスピーカーがいちいちもとの文を思い浮かべた上で、[1] 接続詞省略、[2] 主語省略、[3] 動詞を…ing 形に、などという面倒なプロセスで分詞構文を作っているかというと、もちろん彼らはこんなことはしていない。彼らの頭の中のプロセスを説明すると、次のようになる。

[1] 接続詞なしで、分詞構文を利用して文と文をつなごう、と決意。

[2] まず、主語を言う。主語が主節と同じなら省略しちゃお。

[3] 次に動詞。主節と同じ時制なら、…ing で。主節より以前なら having p.p. の形で。受身の意味なら p.p. で。

[4] 否定形なら、分詞の前に否定語を入れちゃお。

[5] よし、できあがり。

第17講 分詞構文2

基本文 次の英文を日本語に訳せ。

(1) Not knowing what to say, Sarah remained silent.
(2) Printed in small type, the report is hard to read.
(3) The matter having been settled, they went away.
(4) Living as I do so remote from town, I rarely meet people.

● 基本文解説

このページでは、複雑な分詞構文の作り方を復習しよう。解説中で使う［1］～［5'］の番号は、すべて第16講 **ESSENTIALS** ⑲ P104 と一致する。

(1) **答** 何と言うべきかわからなかったので、サラは黙ったままでいた。

もとの文は

　As she did not know what to say, …

この文から、次の［1］～［4］を経て問題文が完成する。基本どおりに、

　［1］接続詞 As 省略
　［2］主語 she 省略
　［3］動詞を…ing 形にするが、動詞は did know の2語とみなすことに注意。否定文だから did know の2語に分かれているが、もしも肯定文だったら、過去形 knew だったはずである。その過去形 knew を…ing 形に換えればいいのだから、knowing にかわることになる。
　［4］重要なのは否定語 not の位置である。「否定語は分詞の前」が原則だから、Not knowing … となる。

(2) **答** 小さな字で印刷されているから、このレポートは読みにくい。

もとの文は、

　As the report is printed in small type, …

ここから、分詞構文の原則どおりに

　［1］接続詞 As 省略
　［2］主語 the report 省略

110

[3] 動詞 is を…ing 形にして、being に
　　[5] being は省略するのが普通。だから省略
の順番で、問題文が完成する。

(3) **答** 問題が解決されたので、彼らは立ち去った。
　もとの文は
　　　As（または When）the matter had been settled, they went away.
　ここから、分詞構文の原則どおりに、
　　[1] 接続詞 As（または When）を省略
　　[2] the matter（主語）を省略したいところだが、
　　[2'] 主語を省略すると、何が解決されたのかわからなくなってしまう
　　　　（主節の主語 ≠ theyと違う）から、主語の省略はできない
　　[3] 動詞 had been を…ing 形（＝having been）にかえる
　以上の手続きを経て、問題文が完成する。

(4) **答** こんなふうに、町からこんなに離れて生活しているので、私はめった
　　に人と会いません。
　この文の as I do は、「分詞構文の強調」と呼ばれる部分である。この部分を省略しても、文法的には全く問題は生じない。つまり、省略して
　　　Living so remote from town, …
とした場合、これは副詞節 As I live so remote from town から作った正確な分詞構文である。
　しかし、そこへ強調語句 as I do を挿入することによって、劇的な臨場感を高めることができるのだ。「こんなふうに」「ごらんのように」「皆さんもご存知のように」と、ニヤリと笑って家を指差したり、茶目っけタップリに聴衆を見回したり、苦笑いしながら肩をすくめて見せたり、そうした欧米人独特の仕草が、as I do という文字の上からありありと連想されるのである。主語と時制によって as I did／as she does など、動詞 do をいろいろに変化させることができる。

例題

次の各文の（　）内に、最も適切なものを①〜④の中から1つ選べ。

(1) (　) with the life in Paris, the life here is quiet and comfortable.
　　① Comparing　　　　② It compared
　　③ Having compared　　④ Compared

(2) All things (　), Joanna is a fairly good wife.
　　① considering　　　② consider
　　③ considered　　　 ④ are considered

(3) The air conditioner (　), we had to take out our old fan from the closet.
　　① was broken down　　② broke down
　　③ being breaking down　④ having broken down

(4) (　), we started to discuss the details of the plan.
　　① This agreed　　　　② Being agreed with this
　　③ This was agreed　　 ④ This had been agreed

(5) Living as he (　) in the remote country, he seldom came up to town.
　　① did　　② do　　③ is doing　　④ was doing

例題解説

(1) 答 ④

訳 パリでの生活に比較すれば、ここの生活はゆったりと快適だ。

もとの形は、If the life here is compared with the life in Paris, …
これを出発点にルールどおりに考えていくと、
　［1］接続詞 If 省略
　［2］主語 the life here 省略
　［3］動詞 is を being にかえ、［5］ being は省略して、分詞構文が完成する。正解は④ Compared になる。

選択肢①がポイント。特に「比較すると」という和訳が添えられていると、受身にする必要性に気づかずにひっかかってしまうが、正確には「ここの生活がパリの生活に比較されると」なのだから、もとの文は受動態なのである。

選択肢②は It が残っているのが×。③は完了形になっているのが NG である。

(2) **答** ③

　訳 **全てが考慮されるなら、ジョアンナはかなり優れた妻だ。**

もとの形は、 If all things are considered, Joanna is a …
ここから、原則どおりに

　［1］接続詞 If 省略
　［2］主語 all things を省略したいところだが、
　［2'］主語を省略すると、何が考慮されるのかわからなくなってしまう（主節の主語 ＝ Joanna と違う）から、主語の省略はできない
　［3］動詞 are を …ing 形（＝being）にかえる
　［5］being は省略が普通なので、省略してしまう

ただし、［5'］主語が残っているときは being も残すのが普通、の原則があるから、being は残してもいい。ルールはあくまで「省略しないのが普通」というだけだから、省略しても省略しなくても、どちらでも OK なのである。

(3) **答** ④

　訳 **エアコンがこわれてしまったので、クローゼットから古い扇風機を出してこなければならなかった。**

分詞構文になる前の文を考えると、
　　As the air conditioner had broken down, we had to take out …
break down は自動詞で「故障する」だから、①のように受動態にすることはない。この文から分詞構文を作っていくと、

　［1］接続詞 As 省略
　［2］主語 the air conditioner を省略したいところだが
　［2'］省略すると、何が故障したのかわからなくなってしまう（主節の主語 ＝we と違っている）から、主語の省略はできない
　［3］動詞 had broken down を…ing 形 → having broken down にする

以上の手続きを経て、The air conditioner having broken down … になる。
　なお、②を選んだ場合、The air conditioner broke down, *and* （または *so*） we had to … というふうに、前半後半の間に接続詞を入れなければならなくなる。

(4) **答** ①

▶訳 **このことでは意見が一致していたので、私たちは計画の詳細についての議論を開始した。**

分詞構文になる前の文は、As this was agreed, we started to … 「このことが賛成されていたから」→「このことでは意見が一致していたから」の意味になる。

この段階で、ありがちな疑問が1つある。つまり

　　As this *had been* agreed, we started to … (△)

とするのが正しいのではないか、という疑問であるが、これについては下の板書に示したとおりである。

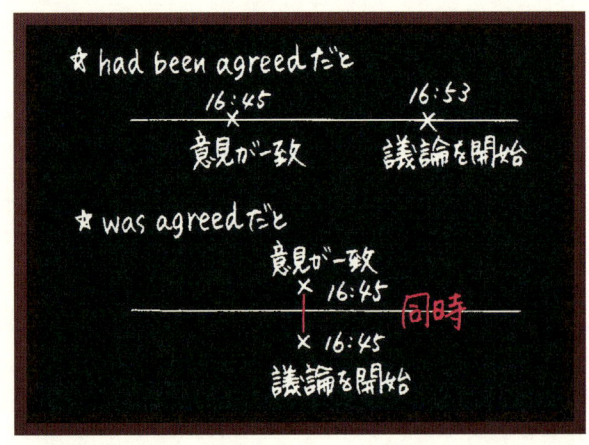

過去完了形 had been を使うと、16時45分ごろに「意見が一致」し、一拍置いて16時53分ごろに「議論を開始」した感覚。一方、過去形 was なら16時45分に「意見が一致している」から同時に「議論を開始」したことになる。議論の開始に、わざわざいちいち一拍おく必要はない。後者のほうが適切だとわかるだろう。

さて、ここから分詞構文を作ると

　[1] 接続詞 As を省略
　[2] 主語 this を省略したくなるところだが
　[2'] 省略すると、何が賛成されていたのかわからなくなってしまう（主節の主語 = we と違う）から、主語の省略はできない
　[3] 動詞 was を …ing 形 → being にする
　[5] being は省略が普通なので、省略してしまう
　[5'] 主語が残っているときは being も残すのが普通、の原則から、being は残してもいい。しかしルールはあくまで「省略しないのが普通」だから、省略しても省略しなくても、どちらでも OK。

以上の考察を経て、This agreed, we started … という正解が導かれる。
　他の選択肢についても見ていこう。
　まず②だが「このことに私たちは賛成だったから」をキチンと書くと
　　As we agreed with this, …
となる。ここから分詞構文を作れば、Agreeing with this, … となり、②のように Being がつくことはありえない。
　③④は、ともに接続詞が必要で、以下のように補わなければならない。
　　This was agreed, *and*（または *so*）we started to discuss …

(5) 答 ①

訳 **こんなふうに、彼は遠い田舎に住んでいたから、めったに町に出てくることはなかった。**

基本文(4)で説明した「分詞構文の強調」P111 である。文の後半が過去形 (came) になっているから強調部分も過去形にして、as he did が正解。

ESSENTIALS 21 慣用的に使う「独立分詞構文」について

　以下に示すものは熟語的表現であり、分詞構文のルール（特に主語の省略に関わるルール）には当てはまらないことが多い。あくまで定型表現として記憶し、そのままの形で利用する。
 ⅰ) **generally speaking**「一般的に言って」
 ⅱ) **frankly speaking**「率直に言って」
 ⅲ) **strictly speaking**「厳密に言って」
 ⅳ) **talking of …**「…の話のついでだが」「…の話ならば」
 ⅴ) **judging from …**「…から判断して」
 ⅵ) **considering (that) …**「…を考慮すると」「…のわりには」
 ⅶ) **taking O into consideration**「O を考慮に入れると」
 ⅷ) **seeing (that) …**「…を考えれば」「…であるから」
 ⅸ) **given (that) …**「もし…なら」「…を前提にすれば」
 ⅸ) は If we are given that … 「もし私たちが…（という条件）を与えられれば」が元になった分詞構文 (If 省略、we 省略、are が being になって省略 → Given that …) が熟語化したもの。「もし…が与えられれば」なのだから「もし…なら」「…という前提なら」という意味になる。

第18講 現在分詞と過去分詞

基本文 次の英文を日本語に訳せ。

(1) Look at that flying plane.
(2) Some people stood waiting for the train.
(3) English is a language spoken all over the world.
(4) That was a watch given her by her grandfather.
(5) The young actress sat surrounded by her fans.
(6) Nick looked at the fallen leaves.

● 基本文解説

分詞には現在分詞（…ing 形）と過去分詞（略して p.p. と書く）とがある。一般に、以下のような意味になる。

　現在分詞 → Ⅰ.「…している」「…しつつある」「…しながら」
　　　　　　Ⅱ.「…するような」
　過去分詞 → Ⅰ.他動詞の p.p.：「…された」「…されている」（受身）
　　　　　　Ⅱ.自動詞の p.p.：「…してしまった」（完了）

(1) **答 あの飛んでいる飛行機を見なさい。**

　flying は…ing 形（現在分詞）だから「飛んでいる」の意味。これがうしろの plane を修飾して「飛んでいる飛行機」になる。

(2) **答 列車を立って待っている人たちもいた。**

　stood waiting の部分がポイント。「動詞＋…ing 形」の場合の…ing 形は「…しながら」の意味をもつ。come singing「歌いながらやってくる」、go dancing「踊りながら行ってしまう」など。stood waiting なら、「待ちながら立っていた」だから、意訳すれば解答のようになる。

(3) **答 英語は世界中で話されているコトバです。**

　他動詞 speak「話す」の過去分詞だから spoken は「話される」という受身の意味になる。これがうしろから language を修飾して「世界中で話されるコ

トバ」になる。

(4) **答** あれはおじいちゃんから彼女に与えられた時計だった。

　他動詞 give「与える」の過去分詞だから given は受身の意味になり「与えられた」。これがうしろから前の名詞 watch を修飾するから「おじいちゃんによって彼女に与えられた時計」となる。

(5) **答** 若い女優は、ファンに囲まれて座っていた。

　sat surrounded の部分がポイント。「動詞＋過去分詞」の場合の過去分詞は「…されながら」「…された状態で」の意味。「囲まれながら座っていた」「囲まれた状態で座っていた」だから、意訳して解答例のようになる。

(6) **答** ニックは落ち葉に目をやった。

　自動詞 fall「落ちる」の過去分詞だから、fallen は「落ちてしまった」（完了）の意味。受験生には何とも縁起の悪いハナシだが、「落ちてしまった葉っぱ」→「落ち葉」と意訳すればいい。

> ■ **ESSENTIALS ㉒**「前から修飾」か「後ろから修飾」か ■
>
> 分詞や形容詞が名詞を修飾するとき、
> 　[1] 　１語で単独に修飾するなら名詞の前から
> 　[2] 　２語以上のグループになって修飾するなら名詞のうしろから
> のルールに従う。ただし、最近の英語では「１語でも、名詞のうしろから修飾するケース」が増えており、「そのときに限定される、一時的な状態」を示すときは、１語でもうしろから修飾することが多い。たとえば、a plan available というとき、available は「利用できる」の意味の形容詞であるが「現時点で利用できるプラン」というふうに「一時的な状態」を指すから、たった１語でも、うしろからの修飾になる。

例題

次の各文の(　)内に、最も適切なものを①〜④の中から1つ選べ。

(1) The language (　) in Mexico is Spanish.
　　① speaking　② people speaks　③ using　④ spoken

(2) Nicholas has a very tiring job and always looks very (　).
　　① tiring　② tired　③ excited　④ exciting

(3) Katie and Alonzo sat (　) for a while.
　　① telling　② was told　③ talking　④ talked

(4) Joanna read a very confusing story and looked (　).
　　① confused　② interested　③ amused　④ excited

(5) It was (　) that so few people showed up.
　　① disappointed　　② disappointing
　　③ disappointment　④ to disappoint

(6) We feel (　) and sleepy in Mr. Ryan's lessons, since he is always using the same materials.
　　① bored　② boring　③ interested　④ interesting

(7) The man (　) in the accident was brought to the hospital at once.
　　① injured　② injuring　③ wounded　④ hurting

(8) That shop sells a lot of (　) goods.
　　① interested　② excited　③ bored　④ imported

例題解説

(1) 答 ④

訳　**メキシコで話されている言語は、スペイン語である。**

「メキシコで話されている」という修飾語が、うしろから前の language を修飾するのである。「話されている」は受身だから、speak の p.p. である spoken が適切。② people speaks は、関係詞節から which を省略したものと考えられるが、people は複数扱いだから speaks (×) → speak (○) に書きかえる必要がある。③ using は「メキシコで使われる言語」だから used にかえなければならない。

ESSENTIALS 23 混乱しがちな分詞の意味

現在分詞は、もともとの動詞の意味に「…ような」を付け加えたもの。
過去分詞は、もともとの動詞の意味に「…られた」を付け加えたもの。
という単純な理解が最も重要であるが、以下の[1]～[11]は注意しないと混乱しがち。妙に意訳すると、かえって混乱してわからなくなる。少なくとも、文法問題を考えるときには「ぎこちないなぁ」と感じても、すなおに直訳から考えたほうが間違えにくい。

[1]	excite（興奮させる）	→	exciting 興奮させるような excited 興奮させられた
[2]	amaze（ビックリさせる）	→	amazing ビックリさせるような amazed ビックリさせられた
[3]	disappoint（失望させる）	→	disappointing 失望させるような disappointed 失望させられた
[4]	discourage（ガッカリさせる）	→	discouraging ガッカリさせるような discouraged ガッカリさせられた
[5]	interest（興味をもたせる）	→	interesting 興味をもたせるような interested 興味をもたされた
[6]	tire, exhaust（疲れさせる）	→	tiring, exhausting 疲れさせるような tired, exhausted 疲れさせられた
[7]	injure, hurt, wound（ケガさせる）	→	injuring, hurting, wounding ケガさせるような injured, hurt (p.p.), wounded ケガさせられた
[8]	bore（退屈させる）	→	boring 退屈させるような bored 退屈させられた
[9]	confuse（混乱させる）	→	confusing 混乱させるような confused 混乱させられた
[10]	amuse（楽しませる）	→	amusing 楽しませるような amused 楽しまされた
[11]	satisfy（満足させる）	→	satisfying 満足させるような satisfied 満足させられた

(2) **答** ②

訳 ニコラスはとても疲れる仕事をしており、いつでもとても疲れて見える。

　動詞 tire は「疲れさせる」。tiring は「疲れさせるような」、tired は「疲れさせられた」になる。問題文前半の tiring job は元来「疲れさせるような仕事」。だから「疲れさせられた」様子なのであり、正解は tired。③ excited「興奮させられた」、④ exciting「興奮させるような」だから、意味上×。

(3) **答** ③

訳 ケイティーとアロンゾは話しあいながらしばらく座っていた。

　動詞 sat の後に…ing形を置くと「…しながら」になる。自動詞 talk の…ing形を選んで「話しあいながら」とすればいい。①は tell が他動詞なので目的語を必要とするところから×。②は sat was told と動詞が3つも連続するから、当然 NG。④ talked は talk の p.p. だから「話しあわれながら」「話しあわれた状態で」になって、意味上×。

(4) **答** ①

訳 ジョアンナはひどく混乱させるような物語を読み、混乱させられた様子だった。

　confuse「混乱させる」。現在分詞 confusing は「混乱させるような」であり、そういう物語を読んだジョアンナは confused「混乱させられた」様子に見えるはずである。② interested「興味を持たされた」、③ amused「楽しまされた」、④ excited「興奮させられた」で、意味上NG。

(5) **答** ②

訳 ごくわずかの人しか姿を現さなかったのは、失望だった。

　It は形式主語。まず「それは失望だった」としたうえで、that 節で it の中身を説明する構文である。動詞 disappoint は「失望させる」だから、disappointing「失望させるような」、disappointed「失望させられた」の意味になる。「人が集まらなかった」のが「失望させるような」ことだったわけだから disappointing が正解。①について disappointed「失望させられた」のは、It ではなくて、「私たち」である。なお、③ disappointment は可算名詞とし

て用い、a disappointment「案外つまらないこと」の意味になる。

(6) **答** ①

訳 ライアン先生の授業では私たちは退屈と眠気を感じる。いつも教材が同じだからだ。

　問題文後半、is always using「いつも使ってばかりいる」と「非難を表す進行形」が登場しているから、「退屈な」授業なのだろう。動詞 bore は「退屈させる」だから、現在分詞 boring は「退屈させるような」、過去分詞 bored は「退屈させられた」。boring な lessons を聞かされて、私たちは bored に感じているのであるから、正解は①。③ interested「興味をもたされた」、④ interesting「興味をもたせるような」は意味上 NG。

(7) **答** ①

訳 その事故でケガさせられた男性は直ちに病院へ運ばれた。

　「事故でケガさせられた」の部分が、その前の man を修飾する。injure／hurt／wound は 3 つとも「ケガさせる」だから、「ケガさせられた」なら、その過去分詞（injured／hurt／wounded）にすればいい。というわけで、まず現在分詞になっている②と④は×。③の wounded は p.p. である点はいいのだが、ケガのしかたに注意。wound は「戦争などで襲撃し、銃や剣で傷を負わせる」のニュアンスで使う。事故や激しいスポーツなどによる一般的なケガには injure を用いる。hurt は「軽いケガ」「感情の痛み」などを中心に使い、実際に血を流すことなく「痛みを与える」のニュアンスで用いることもある。

(8) **答** ④

訳 そのショップは輸入されたグッズをたくさん売っている。

　動詞 import は「輸入する」だから、過去分詞 imported は「輸入された」。imported goods なら「輸入されたグッズ」になる。このタイプの問題では、受験生をひっかけるためにわざと「輸入した品物」「輸入品」のような和訳を添え、「輸入された」という受身の意味であることを隠して出題される。見え透いたワナにひっかからないように、落ち着いて考えてほしい。

第19講 SVOC構文と分詞の問題1

> **基本文** 次の英文を日本語に訳せ。
> (1) Dean found the bed quite comfortable.
> (2) Nathan heard the girl singing in Japanese.

● 基本文解説

　SVOC構文は、大学受験の世界では「第5文型」とよばれるが、その重要性はすべての文型の中で間違いなく第1位である。予備校講師としての経験の中でも「SVOC構文がわかって、急に英語が読めるようになった」という受験生は非常に多く存在する。皆さんにも「まずSVOC構文の読み方を徹底マスターすることが、英語力向上の決め手である」ことを強調しておきたい。しかも、その「読み方」というのが非常に単純。「OCの間には、例外なしに『OがCだ』の関係が存在する」ことを記憶するだけである。

ESSENTIALS ㉔ SVOC構文の読み方と解き方

Ⅰ. 読み方

[1]　OとCの間に、例外なしに「OがCだ（主語 → 述語）」の関係が存在する。この関係を NEXUS とよぶ。

[2]　したがって、Cが不定詞や分詞の場合、以下のような読み方になる。
　　ⅰ) C = 不定詞のとき　　「OがCする」
　　ⅱ) C = …ing のとき　　「OがCしている」
　　ⅲ) C = p.p. のとき　　「OがCされる」

[3]　上の [2] ⅰ) のとき、もし動詞が使役動詞・知覚動詞であれば、不定詞に to をつけない（Cが不定詞のときは「原形不定詞」になる）。

　[3] のルールには、特に注意してほしい。中学生のころ、塾で「使役動詞・知覚動詞のときは原形不定詞」と強烈にたたきこまれるせいか、
　　「使役・知覚動詞のとき、Cはゼッタイに原形不定詞!!!」
　　「使役・知覚動詞なのに、Cに…ing形やp.p.がくるのは、許せない!!!」
と、ほとんど狂信的に信じ込んでいる高校生が少なくない。それは、おっきな、おおっきな、間違いである。知覚動詞でも「OがCしている」の関係

のときは、C = …ing になる。使役動詞でも「O が C される」と受身の関係でつながるときは C = p.p. になる。OC が「O が C する」の関係でつながっていて「C を不定詞にするときは、その不定詞に to をつけない」というのが正しいルールなのである。

Ⅱ. 解き方

文法問題では C の位置を空欄にして、C がどんな形をとるかを質問されるのがほとんど。そこで、「Ⅰ. 読み方」を逆にして

　ⅰ)「O が C する」の関係なら　　→　C = 不定詞
　ⅱ)「O が C している」の関係なら　→　C = …ing
　ⅲ)「O が C される」の関係なら　　→　C = p.p.

ただし、ⅰ)のケースで、動詞が使役動詞・知覚動詞の場合には、C = 不定詞に to をつけない。

(1) 答 そのベッドがとても気持ちいいと、ディーンは感じた。

<u>Dean</u>　<u>found</u>　<u>the bed</u>　<u>quite comfortable.</u>
　S　　　V　　　　O　　　　　C

　とにかく重要なのは O と C の関係。必ず「O が C だ」という関係が存在する。ここでは「the bed が quite comfortable だ」→「ベッドがとても気持ちいい」となる。とにかくこの関係に集中すること。

(2) 答 女の子が日本語で歌っているのが、ネイサンには聞こえた。

<u>Nathan</u>　<u>heard</u>　<u>the girl</u>　<u>singing in Japanese.</u>
　S　　　　V　　　　O　　　　　C

　O と C の関係（主語述語関係）に注目すると、C が singing と …ing 形だから「女の子が歌っている」。この文では、動詞が heard（知覚動詞）だからといって、必ず「原形不定詞」になるのではないことに注意。ルールは「知覚動詞なら、不定詞には to をつけない」であって、「O が C している」の関係なら C が …ing 形になるのは全く問題ないのである。

例題

A 次の英文を日本語に訳せ。

(1) They elected Nicole captain of the team.
(2) Brad saw Samantha jogging in the park.
(3) Nobody believed the rumor true.
(4) The fridge keeps meat and fish fresh.
(5) Mr. McMillan saw the big stone lifted up by the machine.
(6) Walter allowed his daughter to go abroad all by herself.

B 次の各文の(　)内に、最も適切なものを①～④の中から1つ選べ。

(7) Amanda has heard the opera (　　) in Italian.
　　① sing　　② to sing　　③ sung　　④ singing
(8) Mr. McMurphy will have a new house (　　) next year.
　　① build　　② to build　　③ built　　④ building
(9) Jennifer could still feel her cat's heart (　　).
　　① beat　　② to be beating　　③ beaten　　④ to beat
(10) When I told him I was mistaken, I noticed Sydney (　　).
　　① smiling　　② to smile　　③ smiled　　④ to be smiling

例題解説

　SVOC構文は「英語が得意になるかならないか」の、決定的な分岐点である。(1)～(6)は「和訳するだけ」の例題で少し退屈かもしれないが、まずは「SVOC構文の読み方」に習熟してもらいたい。

A (1) **答** 彼らはニコールをチームのキャプテンに選んだ。

<u>They</u>　<u>elected</u>　<u>Nicole</u>　<u>captain of the team.</u>
　S　　　　V　　　　O　　　　　C

　OC間の主述関係は「ニコールがチームのキャプテンだ」となり、直訳は「ニコールがチームのキャプテンであるように、彼らは選択した」。ここから意訳して正解の訳になる。なおCの位置に「地位や役職名がくるときは、冠詞をつけない」というルールにより、captainには冠詞がついていない。

124

(2) **答** サマンサが公園でジョギングしているのを、ブラッドは見た。

$\underset{S}{\text{Brad}}\ \underset{V}{\text{saw}}\ \underset{O}{\text{Samantha}}\ \underset{C}{\text{jogging in the park}}.$

　OC 間の主述関係は「サマンサがジョギングしている」となるから、この文の和訳はカンタンである。とにかく注意してほしいのは「saw は知覚動詞だから、jogging のところは原形不定詞じゃないといけないんじゃないか」という発想。たとえ知覚動詞でも「O が C している」の関係のときは「C = …ing 形」になる。繰り返しになるが、ルールは「知覚動詞・使役動詞のとき、C = 不定詞のときは、不定詞に to をつけない」というだけのことである。「ゼッタイ原形不定詞!! …ing 形や p.p. がきたら全部間違い!!!」という中学英語的判断を早く修正しなければならない。

(3) **答** ウワサが本当だ、と信じる人は誰もいなかった。

$\underset{S}{\text{Nobody}}\ \underset{V}{\text{believed}}\ \underset{O}{\text{the rumor}}\ \underset{C}{\text{true}}.$

　OC 間の主述関係は「そのウワサが本当だ」。それをそのまま全文訳に生かせば終わりである。

(4) **答** 冷蔵庫は、肉と魚を新鮮なままにしてくれる。

$\underset{S}{\text{The fridge}}\ \underset{V}{\text{keeps}}\ \underset{O}{\text{meat and fish}}\ \underset{C}{\text{fresh}}.$

　OC 間の関係は「肉と魚が新鮮だ」だから、この文の直訳は「肉と魚が新鮮であるように、冷蔵庫は保つ」になる。正解例はそれを少し意訳しただけである。「冷蔵庫」は refrigerator というのが正式だが、「大型電気冷蔵庫」というニュアンス。映画などをじっくり見ていればわかるが、家庭での日常会話では、まず例外なく fridge という短縮形を使う。いちいち refrigerator と言っていると「あれれ、オレのビールが大型電気冷蔵庫の中に入ってないぞ」「あらやだ、あなたのビール、大型電気冷蔵庫に入れるの、忘れてたわ」「困るなあ、疲れて帰ったとき、ビールを大型電気冷蔵庫から出して飲むのだけが楽しみなのに」という、あまりに激しい夫婦の会話ができあがる。早く教室英語から卒業して、本物の英語にたくさん触れるようにしよう。

(5) **答** その大きな石が機械にもち上げられるのをマクミラン氏は見た。

Mr. McMillan	saw	the big stone	lifted up by the machine.
S	V	O	C

OとCの関係（主語述語関係）に注目すると、Cがlifted (p.p.) だから「大きな石が持ち上げられる」と受身の意味でつながっているのがわかる。

(6) **答** 娘がたった一人で外国へ行くのを、ウォルターは許可した。

Walter	allowed	his daughter	to go abroad all by herself.
S	V	O	C

Cが不定詞だから、OC間の関係は「OがCする」。all by oneself は「完全に一人きりで」だから、「娘が一人っきりで外国へいくのを…」になる。

B (7) **答** ③

訳 そのオペラがイタリア語で演じられるのをアマンダは聴いたことがある。

Amanda	has heard	the opera	(　　) in Italian.
S	V	O	C

ここはOCの関係に集中して考える。V = heard は知覚動詞だから

　　[1]「オペラが歌う」なら　　　　C → 原形不定詞 sing
　　[2]「オペラが歌っている」なら　C → 現在分詞 singing
　　[3]「オペラが歌われる」なら　　C → 過去分詞 sung

オペラが自分で歌うわけはないから、これは明らかに「歌われる」関係。オペラ歌手によって「歌われる」のだから、過去分詞を選ぶ。とにかく一番いけないのは、動詞 heard を見て「うおーほっほっ、楽勝!! 知覚動詞 → 原形不定詞!!! 正解は、①」という反応である。

(8) **答** ③

訳 マクマーフィ氏は来年新しい家を建ててもらうつもりだ。

Mr. McMurphy	will have	a new house	(　　) next year.
S	V	O	C

OCの関係に集中する。V = have は使役動詞の用法があるから

　　[1]「家が建てる」なら　　　　C → 原形不定詞 build

第2章　準動詞

[2]「家が建てている」なら　　C → 現在分詞 building
[3]「家が建てられる」なら　　C → 過去分詞 built
家が自分を建てるはずはないから「家が建てられる」関係を選べばいい。

(9) 答 ①

訳 ジェニファーは猫の心臓がドキドキするのをまだ感じられた。

<u>Jennifer</u>　<u>could still feel</u>　<u>her cat's heart</u>　<u>(　　)</u>.
　S　　　　　V　　　　　　　　O　　　　　　　　C

OC 関係に注目する。動詞 feel は知覚動詞だから
[1]「猫の心臓がドキドキする」なら　　　　C → 原形不定詞 beat
[2]「猫の心臓がドキドキしている」なら　　C → 現在分詞 beating
[3]「猫の心臓がドキドキされる」なら　　　C → 過去分詞 beaten

「ドキドキされる」が変なことはすぐにわかる。可能性のあるのは「ドキドキする」「ドキドキしている」の2つだが、選択肢の中に beating はないから、正解は①の beat に決まる。

(10) 答 ①

訳 自分が間違っていた、と私が言ったとき、私はシドニーがニコニコしているのに気づいた。

……, <u>I</u>　<u>noticed</u>　<u>Sydney</u>　<u>(　　)</u>.
　　　S　　V　　　　O　　　　　C

OC 関係に注目。noticed は知覚動詞だから、
[1]「シドニーがニコニコする」なら　　　　C → 原形不定詞 smile
[2]「シドニーがニコニコしている」なら　　C → 現在分詞 smiling
[3]「シドニーがニコニコされる」なら　　　C → 過去分詞 smiled

まず、ニコニコ・シドニーというヤツが非常にキモイが、それは関係ないとして、「ニコニコされる」はさすがに×。「ニコニコする」「ニコニコしている」の2つは、キモさを我慢すれば、文法上はどちらも OK。選択肢に原形不定詞 smile がないから、正解は「ニコニコしている」ほうに決まる。キモ。

第20講 SVOC構文と分詞の問題2

基本文 次の英文を日本語に訳せ。

(1) Tiffany had her son clean his room every day.
(2) I will make Oliver finish the work by the day after tomorrow.
(3) Sharon had her hat blown off by the wind.
(4) Cynthia found it difficult to learn mathematics.

基本文解説

(1) **答** ティファニーは、息子が毎日部屋を掃除するようにさせた。

<u>Tiffany</u> <u>had</u> <u>her son</u> <u>clean his room every day.</u>
　S　　　V　　　O　　　　　　C

　Cは不定詞だから「Oが…する」＝「息子が毎日部屋を掃除する」という関係が大切。なお、haveは使役動詞だから、不定詞にはtoをつけない。

(2) **答** オリバーが明後日までに仕事を完成するようにさせましょう。

<u>I</u> <u>will make</u> <u>Oliver</u> <u>finish the work by the day after tomorrow.</u>
S　　　V　　　　O　　　　　　　　　C

　Cは不定詞だから「Oが…する」＝「彼が…仕事を完成する」の関係。無理に「意訳しなきゃ」とか言っているとかえって混乱するから、直訳のほうがいい。なお、makeは使役動詞だから、不定詞finishの前にtoをつけない。

ESSENTIALS 25 使役動詞 let／make／have の区別

　ここで、使役動詞 let／make／have をキチンと区別しておきたい。SVOC構文で用いられ、OCの関係が「OがCする」のときには、不定詞Cにtoをつけない形（原形不定詞）を用いる。もちろん、「OがCしている」ならCを現在分詞にする用法も存在するし、OC関係が「OがCされる」ならCは過去分詞になる。

[1] let は「許可」を表し、「したいのなら、させてあげる」「望むなら、反対せずに、するがままにさせる」の意味。やさしい母親のようなイメージをもつ動詞である。

> [2] make は「強制」を表し、「したくなくても、ムリヤリさせる」「望まなくても、本人の気持ちとは無関係に、どうしてもさせる」の意味。厳しい父親や上司のようなイメージをもつ動詞である。
>
> [3] have はある程度の強制的イメージをもつが、make と比較すると、その強制力はずっと弱い。逆に let と比較すると強制力ははるかに強い。「医師に診察させる」「ナースに看護させる」「弁護士に弁護させる」などが代表例。医師やナースに向かって make を使うと「いいか、嫌でも診察しろ!!」「望まなくても、看護しろ、いいかァ!!」になるし、逆に let を使うと「先生、あなたが診察したいなら、診察させてあげるわぁ、ウふ♡」「キミが看護したいと望むなら、イヤだとは言えないよ。看護させてあげるね♡♡」で、どちらも、それなりにキケン人物である。have の出番はこういう中間的なケースのすべてである。

(3) **答 シャロンは風で帽子を吹き飛ばされた。**

<u>Sharon</u> <u>had</u> <u>her hat</u> <u>blown off</u> by the wind.
　S　　 V　　 O　　　　C

　C が blow off「吹き飛ばす」の過去分詞だから、「O が C された」=「帽子が吹き飛ばされた」の関係になる。

(4) **答 数学を身につけるのは難しいとシンシアは思った。**

<u>Cynthia</u> <u>found</u> <u>it</u> <u>difficult</u> <u>to learn mathematics.</u>
　S　　　 V　 形式 O　 C　　　　形式 O の内容

　「O が C だ」という関係が存在するから、SVOC 部分の訳は
　　シンシアは「O (it) が C (difficult) だ」と思った。
　　→ シンシアは「それが難しい」と思った。
　形式目的語 it の内容が、うしろに続いている to 不定詞(to learn …)で説明され、「それ」とは「数学を身につけること」だとわかるから、
　　→ シンシアは「数学を身につけるのが難しい」と思った。

例題

A 次の各文の（　）内に、最も適切なものを①〜④の中から1つ選べ。

(1) Kirk couldn't make his voice (　) in the noise.
　　① hear　　② to hear　　③ hearing　　④ heard

(2) I have been to the photographer's to have my picture (　).
　　① take　　② to take　　③ taking　　④ taken

(3) Mr. McKenna had his license (　) for five weeks.
　　① suspend　　② to suspend　　③ suspending　　④ suspended

(4) Claire couldn't make herself (　) in Italian.
　　① understand　　　　② to understand
　　③ understanding　　　④ understood

(5) I am sorry to have kept you (　) for a long time.
　　① wait　　② to wait　　③ waiting　　④ waited

(6) I cannot have you (　) like that about your teacher.
　　① speaking　　② to speak　　③ spoke　　④ spoken

B 上下の文が同じ意味になるように、（　）内に最も適切な1語を補え。

(7) Janet found that it was easy to catch up with him in physics.
　＝Janet found (　) (　) (　) catch up with him in physics.

(8) Kenneth makes a habit of taking a walk every morning.
　＝Kenneth makes (　) a rule (　) take a walk every day in the morning.

例題解説

A (1) 答 ④

訳 カークは、騒音の中で自分の声を届かせることができなかった。

<u>Kirk</u>　<u>couldn't make</u>　<u>his voice</u>　<u>(　) in the noise.</u>
　S　　　　V　　　　　　O　　　　　　C

OC関係に注目する。動詞 make は使役動詞だから、

　[1]「声が聞く」なら　　　　　C → 原形不定詞 hear
　[2]「声が聞いている」なら　　C → 現在分詞 hearing
　[3]「声が聞かれる」なら　　　C → 過去分詞 heard

声は、周りの人々によって「聞かれる」ものであり、受身の関係だから heard が正解になる。和訳は「声が聞かれるようにすることはできなかった」という直訳から「声を届かせることができなかった」と意訳してある。

(2) **答** ④
> **訳** 私は写真を撮ってもらいに写真屋さんに行ってきたところだ。

この問題文は、不定詞部分が SVOC 形式になっている。

I have been to the photographer's to have my picture (　　).
　　　　　　　　　　　　　　　　　　　　　V'　　O'　　　　C'

不定詞の中の O'C' 関係に注目する。have は使役動詞だから、
　　[1]「写真が撮る」なら　　　　C → 原形不定詞 take
　　[2]「写真が撮っている」なら　C → 現在分詞 taking
　　[3]「写真が撮られる」なら　　C → 過去分詞 taken
写真は、写真屋さんによって「撮られる」だから、過去分詞 taken が正解。

なお、この問題文で the photographer's とあるのは、the photographer's studio「写真屋さんのスタジオ」から studio を省略したものである。この種の省略は、飲食店の名前などでは、ごく一般的に行われる。

　　(例) Jonathan's Restaurant（ジョナサンのレストラン）→ Jonathan's
　　　　Jonny's Bar（ジョニーのバー）→ Jonny's

(3) **答** ④
> **訳** マッケンナ氏は、免許を 5 週間停止されてしまった。

Mr. McKenna　had　his license　(　　) for five weeks.
　　S　　　　　V　　　O　　　　　C

OC 関係に注目する。動詞 had は使役動詞だから、
　　[1]「免許が停止する」なら　　　C → 原形不定詞 suspend
　　[2]「免許が停止している」なら　C → 現在分詞 suspending
　　[3]「免許が停止される」なら　　C → 過去分詞 suspended
免許は、お役所の役人によって「停止される」ものであり、受身の関係だから④の suspended が正解。

(4) **答** ④

訳 **クレアはイタリア語で自分を理解してもらえなかった。**

<u>Claire</u> <u>couldn't make</u> <u>herself</u> <u>(　　)</u> in Italian.
　S　　　　V　　　　　 O　　　C

OC関係に注目する。動詞 make は使役動詞だから、
　[1] 「自分が理解する」なら　　C → 原形不定詞 understand
　[2] 「自分が理解している」なら　C → 現在分詞 understanding
　[3] 「自分が理解される」なら　　C → 過去分詞 understood

この問題文では、「イタリア語で、周囲の人に理解される」という受身の関係だから understood が正解。「イタリア語が通じた」とか、余計な意訳の努力をしていると必ず混乱するから、とにかく直訳を心がけること。

(5) **答** ③

訳 **長い時間お待たせして、申し訳ございません。**

まず to have kept に注意。to have p.p.（完了不定詞）だから「…したこと」「…してしまったこと」の意味。「…してしまってごめん」になる。
さて、問題の焦点は kept 以下が SVOC 形式になっていることである。

I am sorry to have <u>kept</u> <u>you</u> <u>(　　)</u>
　　　　　　　　　　 V'　 O'　　C'

O'C' 関係に注目する。keep も SVOC 構文をとるから、
　[1] 「あなたが待つ」なら　　　C → 原形不定詞 wait
　[2] 「あなたが待っている」なら　C → 現在分詞 waiting
　[3] 「あなたが待たれる」なら　　C → 過去分詞 waited

「あなたが待っている状態を、そのままにした」ことを謝るのだから「待っている」= waiting が正解。この問題を授業で扱うと「④のwaited じゃダメか」という質問が集中する。「OC の関係は『あなたが待たされる』という受身の関係だと思う」というのだ。しかし、残念ながら waited には「待たされる」の意味はない。冷静に考えてみたまえ。「待つ」の受身は、「待つ＋れる」=「待たれる」である。「途上国への援助が待たれる」、「天候回復が待たれる」などの「待たれる」だ。「待たされる」を英語で言うと、「be kept waiting」=「待っている状態をそのままにされる」にしかならない。

(6) **答** ①

訳 先生についてキミにそんなふうに言わせておくことはできない。

I	cannot have	you	(　　)	like that about your teacher.
S	V	O	C	

OC 関係に注目する。動詞 have は使役動詞だから、
- [1]「キミが言う」なら　　　　C → 原形不定詞 speak
- [2]「キミが言っている」なら　C → 現在分詞 speaking
- [3]「キミが言われる」なら　　C → 過去分詞 spoken

可能性のあるのは、「言う」＝ speak と、「言っている」＝ speaking だが、幸い選択肢に speak はないから、正解は簡単。さらに、うしろに like that「そんなふうに」という修飾語があるから「いま目の前で起こっている出来事への言及」であり、現在分詞が最もふさわしいと判断することもできる。

B (7) **答** Janet found (it) (easy) (to) catch up with him in physics.

訳 物理で彼に追いつくのは簡単だ、とジャネットは思った。

まず、

Janet	found	it	easy	to catch …
S	V	O	C	

「O が C だ（それが簡単だ）、とジャネットは思った」
形式目的語 it の中身は、うしろの不定詞部分 to catch up with … で、「追いつくことが簡単だ、とジャネットは思った」

(8) **答** Kenneth makes (it) a rule (to) take a walk every day in the morning.

訳 ケネスは、毎朝散歩することを習慣にしている。

上の文の make a habit of …ing は「…することを習慣にしている」という意味の熟語で、「毎日散歩する習慣だ」。これを、ほぼ同じ意味の熟語「make it a rule to 不定詞」で書き換えれば正解になる。

Kenneth	makes	*it*	a rule	*to* take a walk …
S	V	形式O	C	形式O の内容

まず OC 関係が「O が C だ」＝「それ（it）が 1 つの習慣（a rule）だ」。it は形式目的語で、to take a walk … がその内容を説明。「ケネスは、それが 1 つの習慣であるようにしている。それとは…」という感覚だ。

第21講 付帯状況 with X+Y

基本文 次の英文を日本語に訳せ。

(1) Jessica listened to Mr. Hoffmann with her hands in her pockets.
(2) Oliver stood still with his eyes wide open.
(3) With night coming on, they started for home.

基本文解説

ESSENTIALS ㉖ 付帯状況 with X+Y について

「付帯状況」とは、分詞構文の一種である。主になる出来事 A と同時進行的に、もう一つ別の出来事 B が進行しているとき、その出来事 B について言及する用法である。ポイントは以下の4点。

Ⅰ. 出来事 A は「動的イメージ」であり、英文中の主たる動作を述べる。一方、出来事 B は「静的イメージ」であり、「付帯状況」という言葉どおり「付け加えると…」「ついでに言えば…」「ちなみに…」のニュアンスで使う。

Ⅱ. with X+Y の形が使えるのは、出来事 A の主語と出来事 B の主語が異なる場合にかぎられる。英作文の授業で「…しながら」に対して「with …ing」という誤答が目立つので要注意。出来事 A と出来事 B の主語は必ず異なるのだから、出来事 B の主語 X が省略されることはありえないのである。

Ⅲ. 「付帯状況の with X+Y」の XY 関係は、SVOC 構文の OC 関係と同じように考えればいい。O と C の間に「主 → 述」の関係があるのと同じで、X と Y の間にも「主 → 述」の関係があるのだ。次の5つの用法が考えられる。

　[1]　同時進行：X が Y である状態で
　[2]　結果：そして X は Y になった
　[3]　理由：X が Y なのだから
　[4]　条件：X が Y であるならば
　[5]　譲歩：X が Y であるとしても

個々の文で [1] 〜 [5] のどの用法なのかは、文脈によって判断する。

Ⅳ. 特に出題の多いのが、Y を分詞にするときに「現在分詞にするか、過去分詞にするか」である。考え方としては SVOC 構文の C の決め方と同じであ

> る。つまり X と Y の関係を考え、
>   「X が Y している」なら、 Y → 現在分詞
>   「X が Y されている」なら、Y → 過去分詞
> Y が不定詞になる用法はないから、SVOC 構文の問題よりもワンランク易しいことになる。

(1) **答 ジェシカは両手をポケットに入れてホフマン先生の話を聞いていた。**

… with　her hands　in her pockets
　　　　X（主）　→　Y（述）　　「両手がポケットの中だ」

　同時進行の例。「ちなみに、両手はポケットの中」という感覚である。なお、hands が複数形だから pockets も複数形、ということにも注意。これが英語の厳格なところで、pockets を単数形 pocket にしたりすると「両手を片方のポケットに突っ込んでるのかい？」と、それこそツッコミが入ることになる。

(2) **答 オリバーは両方の目を大きく開いてじっと立っていた。**

… with　his eyes　wide open
　　　　X（主）　→　Y（述）　　「両目が広く開いている」

　これも同時進行の例。「ちなみに、両目が大きく開いていた」のニュアンスである。なお、open は「開いている」という意味の形容詞である。「過去分詞 opened になるんじゃないか。『開かれていた』という受身なんだから」という質問が多いが、open には形容詞の用法もあることに注意すれば、過去分詞にならないことはすぐにわかる。

(3) **答 夜が近づいていたので、彼らは家路についた。**

With　night　coming on　…
　　　X（主）→　Y（述）　　「夜が近づいている」

　with X＋Y が「理由」を表す例。この文のように、with X＋Y が文頭に置かれたり、文中に挿入されたりすることもある。

> 例題

A 次の各文の(　)内の動詞を、最も適切な形に書き換えよ。

(1) They could not drive any further with gasoline (run) out.
(2) At the station, Rebecca couldn't catch his words with so many other people (talk) so loudly.
(3) Quincy was often lost in thought with his arms (fold).
(4) Jessica listened to Mr. Hoffmann with her legs (cross).
(5) Jessica listened to Mr. Hoffmann with her eyes (shine).

B 次の各文の(　)内に、最も適切なものを①〜④の中から1つ選べ。

(6) Julia did her homework, (　) to the radio.
　　① listening　② with listening　③ with listened　④ listened
(7) With half of the work still (　), the committee grew desperate for more time.
　　① finish　② finished　③ unfinish　④ unfinished
(8) Al was standing there with (　).
　　① his hand shading his eyes
　　② his hand shaded his eyes
　　③ his eyes shading his hands
　　④ his hand to shade his eyes
(9) (　) my college years soon coming to an end, choosing a career for myself has become one of my constant anxieties.
　　① Since　② With　③ Because　④ From

> 例題解説

A (1) 答 **running**

🔺 ガソリンがなくなったから、それ以上クルマを走らせることはできなかった。

　<u>with</u>　<u>gasoline</u>　<u>running out</u>
　　　　　X(主) →　Y(述)　「ガソリンがなくなっている」

「理由」を表す用法。XとYの関係は「XがYしている」だから、Yは現在分詞が適切である。なお run out は「ゼロになる」「完全になくなる」という動詞句。run short「足りなくなる」「不足する」といっしょに記憶すべきである。

136

(2) **答 talking**

訳 駅で、ほかのとてもたくさんの人々が大声で話していたから、レベッカは彼の言葉を聞き取ることができなかった。

with　so many other people　talking so loudly
　　　　　X（主）　　　→　　Y（述）

「理由」を表す用法。XとYの関係は「そんなに多くのほかの人たちが大声で話している」→「XがYしている」だから、Yは現在分詞にする。

(3) **答 folded**

訳 クゥインシーは、腕を組んで考えごとに我を忘れていることがよくあった。

with　his arms　folded
　　　X（主）→Y（述）　「腕が組まれた状態で」

同時進行の用法。「ちなみに、腕は組まれていた」のニュアンスである。XとYの関係は「腕が組まれていた」→「XがYされている」という受身の関係だから、過去分詞が適切である。重要なのは「腕」の立場で考えること。腕が「自分で勝手に組んでいる」のではなく、持ち主であるクゥインシーが組みたいと思うから、腕は「組まれている」のである。言わば「いやいやながら組まされている」という、受身の意味を理解してほしい。

(4) **答 crossed**

訳 ジェシカは脚を組んでホフマン先生の話を聞いていた。

with　her legs　crossed
　　　X（主）→Y（述）　「脚が組まれた状態で」

同時進行の用法。「ちなみに、脚が組まれていた」の感覚である。関係ないことだが、脚を組んで先生の話を聞くとは態度の悪い生徒だ。けしからん。とんでもない。まあ、気を落ち着けて解説すれば、「脚が組まれる」→「XがYされる」だから、受身の意味を確認してYを過去分詞にすればいい。

混乱しそうな人は「脚」の立場に立って考えること。脚は、自分で組みたくて組んでるんじゃない。持ち主ジェシカが組みたがるから、持ち主の意向に沿って仕方なく組んでいる。言わば「無理に組まされている」。だから受身→過去分詞。まさか「持ち主の意思と無関係に勝手に組む脚」なんてものはありえ

ない。それじゃ危険で道も歩けないはずだ。

(5) **答** shining

訳 ジェシカは目を輝かせてホフマン先生の話を聞いていた。

with　her eyes　shining
　　　　X（主）→ Y（述）「目が輝いている」

おお、ジェシカ。心を入れかえたんだね。これは同時進行の用法で「ちなみに、目が輝いていた」。XYの関係は「目が輝いていた」→「XがYしていた」だから、Yは現在分詞が適切である。

「目を輝かせて」という和訳をみて混乱してしまう人が多い問題だから、要注意。あくまで「目」の立場に立って考えてみるようにしなければならない。「目」は、「脚」や「腕」と違って、決して持ち主の意思に動かされて仕方なく「輝かされている」のではない。自分で勝手に、ジェシカの意思から独立して勝手に輝いているのだ。「目を輝かせようとして輝かせる」などというハナレワザは、よほど優秀な俳優かウルトラマンでもないかぎり不可能。つまり、受身の意味は全くないから、Yは現在分詞になる。

B (6) **答** ①

訳 ジュリアはラジオを聴きながら宿題をかたづけた。

②を選んだ人がターゲット。授業で「付帯状況」を扱った直後に、英作文の誤答として大量発生するのが、「…しながら」→「with …ing」という短絡的な誤答である。「with X＋Yの形は、出来事Aと出来事Bの主語が異なるときにしか使えない。だからXの省略はありえない」と **ESSENTIALS**㉖にも書いたから、要注意。この問題文の場合「宿題をした」のと「ラジオを聴いた」のはどちらもJuliaであって、with X＋Yの形は使えない。と、いうわけで、まず② ③がNGとなる。

④については、「接続詞 and があればよかったのにね」という選択肢。コンマだけで2つの英文をつなぐことはできない。この場合、did と listened という2つの動詞を対等に結ぶ接続詞が必要になる。

(7) **答** ④

訳 課題の半分がまだかたづけられていない状況で、委員会はどうしてももっと時間がほしくなった。

　with X + Y の形が「理由」の用法で用いられている。XY 関係は「仕事が終えられていなかったから」→「X が Y されていなかったから」と受身の関係である。過去分詞を選ぶのが適切。② finished なら「終えられていた」、④ unfinished なら「終えられていなかった」になるが、副詞 still「依然として…」と意味上適合するのは、unfinished である。なお、本文後半の desperate は、「絶望的な」「見込みのない」という意味から「命がけの」「ほしくてたまらない」「向こう見ずの」に発展して使われる。

(8) **答** ①

訳 アルは片手で両目を覆いながら、そこに立っていた。

　まあ、まぶしかったんだろうね。①を選べば、

　　with 　his hand　 shading his eyes
　　　　　 X（主）　→　 Y（述）　 「片手が目を覆っている状態で」

となる。②だと Y の部分に過去分詞 shaded がくるから「片手が覆われている」となって×。③だと「両目が両手を覆っている状態!!!」。やれるものなら、やってみたまえ。×。Y の部分に to 不定詞がくる形は存在しないから、④も×。

(9) **答** ②

訳 私の大学生活がすぐに終わりになってしまう状況で、自分で職業選びをすることが私にとって 1 つの心配のタネになった。

　「付帯状況」というタイトルのページでこの問題を見たら、誰だって with を選ぶだろうから、ま、読解問題と考えてくれたまえ。

　　With 　my college years 　soon coming to an end
　　　　　　 X（主）　　　→　　　　Y（述）

　Y には現在分詞が入っているから「X が Y している状況で」「大学生活が終わりかけている状況で」となる。constant anxieties は「常に不安のタネになる原因」の意味。① Since と ③ Because は、どちらも「…なので」の接続詞だから、そのあとうしろの部分は「完全な文」にならなければならない。coming to an end を comes to an end などに書き直す必要がある。

第22講 動名詞と慣用表現

> **基本文** 次の英文を日本語に訳せ。
> (1) Alexa was proud of being a daughter of a famous writer.
> (2) I saw an old man walking with a walking stick.
> (3) Vanessa's advice was worth paying attention to.

● 基本文解説

(1) **答 アレクサは有名なライターの娘であることを誇りに思っていた。**

　動名詞とは「動詞の…ing 形」であり、形は現在分詞と同じ。現在分詞との違いは「名詞の働きをすること」である。名詞の働きをするのだから、…ing 形が、「…すること」の意味で、文の主語・目的語・補語として働く。

　(例) Playing tennis is Rusty's favorite sport.
　　　　（主語として：テニスをすることがラスティの大好きなスポーツだ。）
　　　　They enjoyed playing golf in Hawaii.
　　　　（目的語として：彼らはハワイでのゴルフをエンジョイした。）

　「…すること」という意味をもつ点では、「不定詞の名詞的用法」と同じである。動名詞と不定詞の名詞的用法との違いは、「動名詞は前置詞の目的語になれる」という点である。つまり、前置詞のうしろに動名詞は続けられるが、前置詞の直後に不定詞がくることはできない。

　(例) They talked *about going* for a walk on the beach. (OK)
　　　　They talked *about to go* for a walk on the beach. (NG)

　問題文では be proud of …「…を誇りに思う」のうしろに being「…であること」という動名詞がつながっている。of は前置詞だから、直後の being を不定詞 to be に書き換えることはできない。

(2) **答 おじいちゃんが杖をついて歩いているのを私は見た。**

　文の前半は　I　saw　an old man　walking …
　　　　　　　S　V　　O　　　　　C

　「私はおじいちゃんが散歩しているのを見た」。そのうしろの with は「…をもって」である。ポイントは walking stick =「杖」。動名詞には「形容詞的

用法」があって、名詞を修飾することができる。名詞を修飾する動名詞は「…するための」の意味。用途や使用法を説明する役割をもつ。現在分詞の意味が「…している」であることと比較しておきたい。

　　(例) a walking stick「歩くための棒」→ 杖（×歩いている棒）
　　　　 a sleeping car「眠るための車両」→ 寝台車（×眠っているクルマ）
　　　　 closing time「閉めるための時刻」→ 閉店時刻（×しまっている時刻）

(3) **答** ヴァネッサのアドバイスは、注意を払うだけの価値があった。

　be worth …ing「…するだけの価値がある」は動名詞を使った重要な慣用表現。記憶すべき慣用表現を下の **ESSENTIALS** ㉗ にまとめておく。

■ ESSENTIALS ㉗ 動名詞を使った慣用表現(1)

[1]　be busy (in) …ing「…するので忙しい」(in は省略 OK)
[2]　be worth …ing「…するだけの価値がある」
[3]　cannot help …ing「…するのを避けられない」(help は「避ける」の意)
　　　　　　　　= cannot but 原形 = cannot help but 原形
[4]　cannot（または never）～ without …ing
　　　　　　　　「…せずには～できない」→「～すると必ず…する」
[5]　feel like …ing「…したい気がする」
[6]　it is no use（または good）…ing「…してもムダだ」
[7]　it goes without saying that …
　　　　　　　　「…は言わなくても通る」→「…は言うまでもない」
[8]　in …ing「…するときに」
[9]　on …ing「…してすぐに」
[10]　spend ～ (in) …ing「…して～を費やす」(in は省略 OK)
[11]　there is no …ing「…するのは不可能だ」
[12]　there is no use (in) …ing「…してもムダだ」(in は省略 OK)
[13]　○○ of one's own …ing「自分で…した○○」
　　　(例) a novel of her own writing「彼女が自分で書いた小説」

例題

A 上下の文が同じ意味になるように、（　）内に最も適切な 1 語を補え。

(1) It is impossible to tell what may happen tomorrow.
　=（　）is（　）telling what may happen tomorrow.

(2) It is of no use to ask her for help.
　=There is（　）（　）asking her for help.

(3) I was inclined to cry at the news.
　=I felt（　）（　）at the news.

(4) The report is worth reading.
　=（　）is worth（　）reading the report.

(5) You must wash your hands before lunch.
　=Your hands（　）（　）before lunch.

(6) Let's take a walk in the park.
　=What do you（　）（　）（　）a walk in the park?

B 次の各文の（　）内に、最も適切なものを①〜④の中から 1 つ選べ。

(7) Some people are not（　）a foreign country.
　　① used to live in　　② used to live
　　③ used to living　　④ used to living in

(8) This concerto is a masterpiece. It is worth（　）over and over again.
　　① be listened to　　② listening to
　　③ to be listened to　　④ to listen to

例題解説

A (1) 答 **(There) is (no) telling what may happen tomorrow.**

上の文は「明日何が起こるか予測するのは不可能だ」。tell は「予測する」の意味をもつ（≒foresee, predict など）。「…は不可能だ」は動名詞を用いた慣用表現 There is no …ing で表せる。

(2) 答 **There is (no) (use) asking her for help.**

上の文で、主語 It は形式主語、その中身は to ask 以下の不定詞部分である。of use は「役に立つ」（=useful）。これに no をはさんで of no use なら

142

「役に立たない」（＝useless）。したがって上の文の意味は「彼女に援助を求めても何の役にもたたない」である。これを、動名詞を用いた慣用表現There is no use …ing＝「…してもムダだ」をつかって書き換える。

(3) **答** **I felt (like) (crying) at the news.**

be inclined to …は「…する傾向がある」の他に「…したい気分だ」の意味があることに注意。

　（例）I am inclined to agree with Carrie.
　　　（私はキャリーに賛成したい気がする。）

したがって上の文は「ニュースを聞いて泣きたくなった」の意味になる。これを「…したい気分だ」＝ feel like …ingを使って書き換えればいい。

(4) **答** **(It) is worth (while) reading the report.**

まず上の文のbe worth …ing「…するだけの価値がある」に注目。「そのレポートは読むだけの価値がある」の意味になる。そこで
「○は…するだけの価値がある」＝ ○ is worth …ing.
　　　　　　　　　　　　　　＝ It is worth while …ing ○.
の書き換えに注意。下の構文を使うと○がうしろに回ってくる。

　（例１）*The movie* is worth seeing.
　　　　＝ It is worth while seeing *the movie*.
　（例２）*Vanessa's advice* was worth paying attention to.
　　　　＝ It was worth while paying attention to *Vanessa's advice*.

(5) **答** **Your hands (need または want) (washing) before lunch.**

上の文は「昼食前に手を洗わなくちゃいけません」。これを「手は洗われる必要がある」に書き換える。必要な表現は以下のとおり。

　「～は…される必要がある」＝ ～ need …ing
　　　　　　　　　　　　　＝ ～ want …ing

　（例）My watch needs repairing.（時計を修理しなくちゃ。）

(6) **答 What do you (say) (to) (taking) a walk in the park?**

上の文は「公園で散歩しよう」。「…しよう」という提案の表現はいろいろあって、[1]Let's …、[2]Shall we …?、[3]How about …ing? などの基本表現のほかに

[4]Why don't we …?（なぜ…しないの？ = …しようよ）

[5]What do you say to …ing?
（…することについてのご意見は？ = …しようよ）

の5種類である。

　このページのテーマになるのが、「What do you say to …ing?」。この表現の中の to は前置詞として使われており、前置詞のうしろだから動詞は ing 形（動名詞）にしなければならない。中2のときに「to 不定詞」を習って以来「to のうしろは原形」というのが常識だから、「ええっ!! to のうしろに…ing 形がくるのはオカシくないか？」「to の後ろに…ing 形は、ゼッタイ変!!!」と思ってしまうのが、キミたちのアサハカなところ。繰り返すが「この to は前置詞。前置詞の後ろだから…ing 形でなければならない」のだ。ふっふ。はっは。

　でも、「じゃあ、『前置詞の to』と『to 不定詞』をどうやって見分けるの？」「判断のしかたを教えてくださらんか、お師匠さま？」ということになると、いまのキミたちでは、そんなにカンタンに見分けはつかないのじゃ。いろいろ説明しているうちに「どうどうめぐり」になるのがオチで、結局、混乱と疲労感と徒労感が残るだけ。挙句の果てに「英文法なんか、キライでござる!!」という反英文法一揆の発生につながりかねない。

　そこで、筆者のような人気抜群♡のカリスマ講師♡は、次のように指示を出すことになっている。「to …ing の形は特殊なもので、数もかぎられているのじゃ。必要なものは、たった11個。覚えてしまいなされ、たった11個記憶すればそれで済むことなんじゃ。**ESSENTIALS ㉘** にまとめておきましたぞ」

◆ ESSENTIALS ㉘ 動名詞を使った慣用表現(2) ◆

前置詞 to のうしろに動名詞…ing がつながる慣用表現として、記憶すべきものは以下のとおりである。

[1]　look forward to …ing 「…するのを楽しみに待つ」
[2]　come close to …ing 「危うく…しそうになる」
[3]　come near (to) …ing 「危うく…しそうになる」（口語では省略が多い）

[4] devote oneself to …ing 「…することに専念する」
[5] object to …ing 「…することに反対する」
　　　　　　　＝ be opposed to …ing
　　　　　　　＝ have an objection to …ing
[6] with a view to …ing 「…することを目的にして」
[7] when it comes to …ing 「いざ…するというときになると」
[8] What do you say to …ing? 「…しましょう（＝Let's …）」
[9] take to …ing 「…することが習慣になる」「…にふける」
[10] get（または grow／become）used to …ing 「…することに慣れる」
　　　　　　　＝ get（または grow／become）accustomed to …ing
　　　　　　　＝ accustom oneself to …ing
[11] be used（またはaccustomed）to …ing 「…することに慣れている」
[10]と[11]との違いがわかりにくいが、[10]は「慣れていなかったことにだんだん慣れていく」プロセスを言うのに対し、[11]は「もう慣れてしまっている」という状態が強調される、というのが違いである。

B (7) 答 ④

訳 外国で暮らすことに慣れていない人たちもいる。

「…することに慣れている」＝「be used to …ing」。①と②は to のうしろが原形 live になっているから NG。③は live in …「…で生活する」の in がないから NG である。

(8) 答 ②

訳 この協奏曲は傑作だ。何度も繰り返して聞く価値がある。

「be worth …ing」を使う問題。It にダマされないこと。これは形式主語の it ではなく The concerto のかわりの代名詞である。次の書き換えも注意。

　The concerto is worth listening to.
　 ＝ It is worth while listening to the concerto.

第23講 動名詞の意味上の主語／完了形の動名詞など

基本文　次の英文を日本語に訳せ。

(1) We are sure of their being punished.
(2) Heather insisted on Zack's returning as soon as possible.
(3) The pupils denied having broken the window.
(4) Marcie regretted having said good-bye to him.
(5) Carrie was ashamed of not being able to speak French.

● 基本文解説

(1) **答** 私たちは彼らが処罰されることを確信している。

　不定詞に意味上の主語があったように、動名詞にも意味上の主語をつけることができる。動名詞の意味上の主語は、動名詞の直前に名詞・代名詞の所有格または目的格をつけて示す。

　(例) my (または me) opening the window「私が窓を開けること」
　　　 our (または us) speaking English「私たちが英語を話すこと」
　　　 his aunt's (または his aunt) being ill「彼の叔母が病気であること」

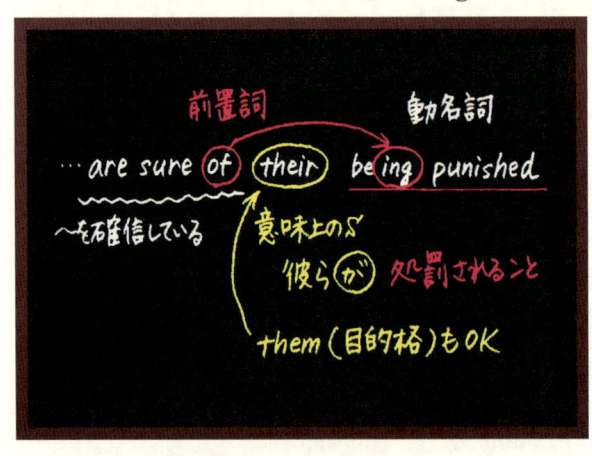

　問題文では、まず are sure of …「…を確信している」。この前置詞 of の影響で、うしろが動名詞 being punished になる。その前の所有格 their が「意味上の主語」で、their being punished「彼らが処罰されること」。なお、意味上の主語は目的格でも OK だから、their を them にかえてもいい。

(2) 答 ヘザーはザックが可能なかぎり早く戻ることを主張した。

　まず、insist on …「…を主張する」。この前置詞 on の影響を受けてうしろは動名詞 returning になる。その前にある所有格 Zack's が「意味上の主語」で、Zack's returning「ザックが戻ること」。なお、「意味上の主語」は目的格でも OK だが、一般に名詞の目的格は主格と一致するから、Zack returning の形になる。

(3) 答 その生徒たちは、窓を割ったことを否定した。

　「完了不定詞」と同じように「完了形の動名詞」も存在し、having p.p. の形をとる。文の中心になる動詞よりも以前に起こったことを表す。問題文では denied「否定した」よりも以前に「窓を割った」のほうが起こっているはずだから、having p.p. の形 = having broken とするのである。

(4) 答 彼にサヨナラを言ってしまったことをマーシーは後悔した。

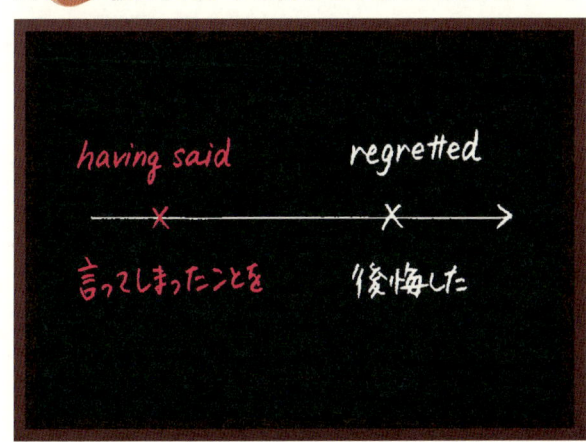

regretted「後悔した」よりも「サヨナラを言った」ほうが以前のはずである。そこで having p.p. の形で having said … とすることになる。

(5) 答 キャリーはフランス語が話せないことを恥ずかしく思った。

　まず、be ashamed of …「…を恥ずかしいと思う」。この前置詞 of の影響で後ろは動名詞 being になる。この問題の焦点は、否定語の位置。動名詞に否定語をつける場合、動名詞の直前に not や never を置くだけでいい。

　　(例) *not* being able to speak …「…を話せないこと」
　　　　 not returning home「家に帰らないこと」

例題

A 次の各文の(　)内に、最も適切なものを①〜④の中から1つ選べ。

(1) Would you mind (　) the house?
　① for us to enter　　② our entering
　③ that we should enter　　④ of us all entering

(2) His father approved (　) in Dallas for another year.
　① of his staying　　② for his staying
　③ for him to stay　　④ to have been staying

(3) I'm sure (　) the money to me.
　① Lucy might have returned　　② of Lucy's returning
　③ for Lucy to return　　④ having returned

(4) Cynthia complained (　) too salty.
　① of the soup being　　② for the soup to be
　③ the soup being　　④ about the soup was

(5) Rebecca was annoyed by (　) her the truth.
　① your not having told　　② you not to tell
　③ you didn't tell　　④ not your telling

(6) If you insist on (　) expensive gifts, it will make most people uncomfortable.
　① their accepting　　② them to accept
　③ they accept　　④ they accepting

B 上下の文が同じ意味になるように、(　)内に最も適切な1語を補え。

(7) As soon as he arrived at the station, the train started.
　=(　)(　) arriving at the station, the train started.

(8) We are proud that our team won the game.
　= We are proud (　) our team (　)(　) the game.

例題解説

A (1) 答 ②

訳　私たちが家の中に入ったらイヤですか？

まず、動詞 mind「…をイヤだと思う」に注目する。この動詞は次の第24講 P152 で詳しく述べる「動名詞を目的語としてとる動詞」の代表格。目的語と

して不定詞や that 節をとることはないから、①と③は NG。また、mind は他動詞であって、うしろに前置詞 of が続いている④も NG である。

　正解になる②については、動名詞 entering の前の所有格 our が意味上の主語で「私たちが入ること」の意味になる。意味上の主語は目的格も使えるから、our のかわりに us を使っても OK である。

(2) **答** ①

訳 **彼がもう1年ダラスに滞在することに、彼の父は賛成した。**

approve of …「…に賛成する」。approve のうしろに for や to が続くことはないから、それだけで正解は①に決まってしまう。前置詞 of があるから、うしろには動名詞 staying が続く。その前の所有格 his は意味上の主語で「彼が滞在すること」の意味になる。意味上の主語には目的格も使えるから、his を him にかえることもできる。

(3) **答** ②

訳 **ルーシーが私にお金を返してくれると、私は確信している。**

be sure of …「…を確信している」。前置詞 of のうしろには動名詞 returning が続く。その前の所有格 Lucy's は意味上の主語で「ルーシーが返すこと」の意味になる。意味上の主語は目的格も使えるから Lucy's を Lucy にかえることも OK。名詞の場合、主格と目的格の形は一致するのである。

　なお、be sure to …「…するのは確実だ」も重要。

　　He is sure to succeed.（彼が成功するのは確実だ。）

(4) **答** ①

訳 **スープが塩辛すぎるとシンシアは文句を言った。**

complain of …「…について文句をつける」。前置詞 of のうしろには動名詞が続く。動名詞の前に the soup を置いて、the soup being too salty「スープが塩辛すぎること」になる。

　②は、complain のうしろに不定詞が続くことはないから×。③だと、complain を他動詞として使ったことになるが、complain を他動詞で使うときは目的語がthat節になるから、この形では×。④について、complain about … も「…について不平を言う」だが、そのうしろの was が×。about は前置

詞だから、was ではなく動名詞 being になるはずである。

(5) **答** ①

訳 **キミが本当のことを言わなかったから、レベッカは苛立っていたよ。**

be annoyed「苛立っている」。前置詞 by があるから、後ろは動名詞が続く。「苛立っていた」のよりも「本当のことを言わなかった」ほうが時間的に前のことだから、完了形の動名詞 having told を使う。さらに、動名詞に否定語をつけるには、動名詞の直前に置くから、「言わなかったこと」は not having told なる。

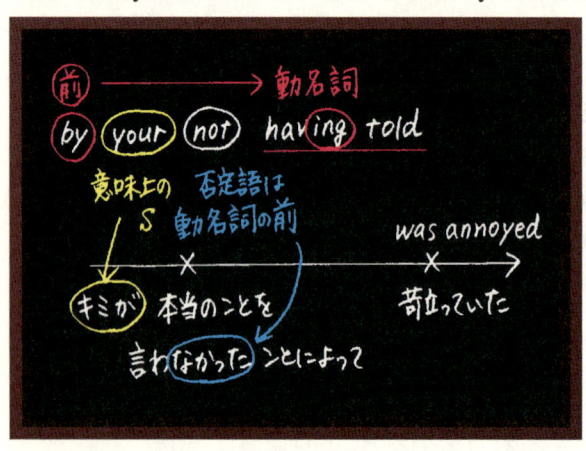

さらに、その前に意味上の主語「キミが」を所有格で付け加え your not having told「キミが言わなかったこと」にすれば正解の選択肢①が完成する。意味上の主語は目的格も使えるから you not having told でも OK。

(6) **答** ①

訳 **高価なギフトを受け取るようにと言い張ると、そういう主張はほとんどの人を困惑させるだろう。**

insist on …「…を主張する」「…と要求して、人の言うことをどうしても聞かない」。前置詞 on のうしろだから、動詞は動名詞になる。したがって②③はともに NG。もし insist that … となっていたら、③が正解になっていたところである。

①と④が残るが、動名詞 accepting の意味上の主語は、所有格 their か目的格 them でなければならない。④は主格 they が意味上の主語の位置にきているから、NG。

B (7) 答 (On) (his) arriving at the station, the train started.
訳 彼が駅につくとすぐに、列車が発車した。

　まず、上の文の As soon as S+V「SがVするとすぐに」について、以下のような同意の表現を覚えておいたほうがいいだろう。

　　As soon as S+V ＝ The moment (that) S+V
　　　　　　　　　＝ The instant (that) S+V
　　　　　　　　　＝ The minute (that) S+V
　　　　　　　　　＝ Directly S+V
　　　　　　　　　＝ Instantly S+V
　　　　　　　　　＝ Immediately S+V

上の3つは名詞が接続詞化したもの、下の3つは副詞が接続詞化したものと考えられる。

　「…するとすぐに」は On …ing でも表すことができる。したがって、この問題の答えは On his arriving …。前置詞 on の後ろには動名詞 arriving が続き、その前の所有格 his は「意味上の主語」。目的格も使えるから、別解として *On him arriving* もありうる。

(8) 答 We are proud (of) our team (having) (won) the game.
訳 私たちのチームがゲームに勝ったことを、誇りに思います。

　上の文は「誇りに思っている」内容を that 節で表しているが、これを be proud of …ing「…であることを誇りに思う」で書き換える問題。前置詞 of を使うからうしろの動詞 won は動名詞になるが、「誇りに思う」よりも「ゲームに勝った」ほうが時間的に先であるから、完了形の動名詞 having won を使う。

　その前の our team は意味上の主語。意味上の主語は所有格でも OK だから our team's となることもありうる。なお、

参考 be proud of …ing
　　　＝ take pride in …ing
　　　＝ pride oneself on …ing

といった同義の熟語にも注意すること。

第24講 目的語になる準動詞

基本文 次の英文を日本語に訳せ。

(1) We should avoid traveling in the rush hours.
(2) Kenneth was lucky to escape being punished.

● 基本文解説

中学英語でも以下の2文の区別を学ぶ。

They *wanted to play* tennis.
They *enjoyed playing* tennis.

want（望む）は to 不定詞を目的語にとるのに対し、enjoy（楽しむ）は動名詞を目的語にする。目的語を「動名詞にするか、不定詞にするか」は、その動詞の語法によって決まっていて、1つ1つの動詞について記憶しなければならない。以下の2つの **ESSENTIALS** ㉙ ㉚ に「動名詞を目的語としてとる動詞」「不定詞を目的語としてとる動詞」をまとめておく。

ESSENTIALS ㉙ 動名詞を目的語としてとる動詞

昔から予備校の世界にあるゴロあわせが「MEGAFEPS」である。動名詞を目的語にとる動詞の頭文字をつなげただけだが、結構便利で記憶しやすい。

[M] mind（嫌だと思う）、miss（…しそこなう）
[E] enjoy（楽しむ）、excuse（言い訳する）
[G] give up（やめる）
[A] avoid（避ける）、admit（認める）
[F] finish（…し終える）、fancy（想像する）
[E] escape（免れる）
[P] practice（練習する）、postpone（延期する）
[S] stop（…をやめる）、suggest（…を提案する）

さらにもう3つ加えて「これで MEGAFEPS」にすればほぼ完璧である。

[こ] consider（…しようと思う）、contemplate（…しようと考える）
[れ] resist（抵抗する／こらえる）、recollect（思い出す）
[で] deny（否定する）、delay（遅らせる）

なお、こういうバカバカしいゴロあわせがイヤな人は、「動名詞を目的語にとる動詞」について次のようなことも知っておくといい。

[1]「消極的行動」を示す場合が多い。

　　(例) mind／excuse／give up／avoid／escape／postpone／put off／stop

[2] 動名詞が「過去志向」で「もうしてしまったこと」を示すことが多い。

　　(例) excuse／admit／deny／recollect

これらの動詞はすべて「もうしてしまったこと」について「言い訳する」「認める」「否定する」「思い出す」のである。

[3] 動的なイメージを示す。

　　(例) imagine／practice／consider

人や物がダイナミックに動いているイメージを伴っている。imagine playing the piano と言えば、キーボードの上を指が滑らかに動くのをイメージできる。

ESSENTIALS 30 不定詞を目的語としてとる動詞

このグループの特徴は「未来志向」である。want「…したいと望む」とは、未来のことを望んでいるのだし、determine／decide「…しようと決める」も未来のことを決めるのである。promise「…すると約束する」intend「…しようと考える」も、未来の行動を意味している。

大きく「未来志向の動詞は to 不定詞を目的語にとる」と理解したうえで、それをより詳しく分けて一覧表にすると以下のようになる。

[1] 願望を表すもの：want／would like／expect／wish／hope など
[2] 意図を表すもの：intend／mean／promise など
[3] 決定を表すもの：decide／determine など
[4] 拒絶を表すもの：refuse など

(1) 答 ラッシュアワーに移動するのは避けるべきだ。

(2) 答 処罰されるのを免れたとは、ケネスは幸運である。

　(1)は avoid、(2)は escape が焦点。どちらも「動名詞を目的語にとる動詞」である。

例題

A 次の各文の（　）内の動詞を、最も適切な形に書き換えよ。

(1) We expect (finish) the task by September.
(2) I hope (meet) Lynn as soon as possible.
(3) Diane practiced (play) the piano in the morning.
(4) At last, Stanley came (realize) what she wanted.

B 次の各文の（　）内に、最も適切なものを①〜④の中から1つ選べ。

(5) A : "Haven't we met somewhere before?"
　　B : "Yes, I remember (　) you at the party last week."
　　　① meeting　② of meeting　③ to meet　④ to meeting

(6) Do not forget (　) your baggage when you leave.
　　　① bringing　② taking　③ bring　④ to take

(7) If the human population goes on increasing at its present rate, social life as we now know it will (　) to be possible.
　　　① stop　② give up　③ finish　④ cease

(8) Have you considered (　) out of this city?
　　　① moving　② to move　③ to moving　④ for moving

(9) These glasses of yours want (　).
　　　① mending　　　　　　　② to mend
　　　③ that they should be mended　④ mend

(10) You had better practice (　) English for thirty minutes a day.
　　　① to speak　② speaking　③ being spoken　④ having spoken

(11) Can you imagine (　) on the moon?
　　　① for a walk　② to be walking　③ to walk　④ walking

(12) Steve (　) borrowing the DVD from Miranda.
　　　① regretted　② refused　③ asked　④ demanded

(13) Brenda is proud (　) absent from school.
　　　① of never having been　② never to have been
　　　③ never of being　　　　④ in never being

C 次の各文には1カ所ずつ誤りがある。誤りを訂正せよ。

(14) Would you mind to speak more slowly?

⒂ You had better consider to change your plan.

例題解説

A (1) **答** to finish
訳 ９月までには仕事を仕上げたいと思っている。

(2) **答** to meet
訳 できるだけ早くリンに会いたいと思います。

expect も hope も「…することを期待する」。「未来志向」である。「未来志向」の動詞は、to 不定詞を目的語にとることが多い。

(3) **答** playing
訳 ダイアンは午前中にピアノの練習をした。

practice は「MEGAFEPS」の重要メンバー。目的語は動名詞にする。

(4) **答** to realize
訳 ついにスタンリーは彼女が何をほしいのか理解するようになった。

come to …「…するようになる」は重要。become to … という表現は、いかにもありそうだが、存在しない。入試問題でよくあるのが「become to … が間違いだ」と指摘させる問題。become to を見たら come to に訂正すればいい。

B (5) **答** ①
訳 A：「以前どこかで会いませんでしたか？」
　　B：「はい、先週パーティーであなたに会ったことを覚えています。」

remember は、動名詞も不定詞もどちらも目的語としてとれるが、そのどちらかで意味が大きく違ってくる。

動名詞は「過去志向」で「もうしてしまったこと」。remember …ing なら「…したことを記憶している」になる。

不定詞は「未来志向」で「これからすること」。remember to … なら「これから…することを記憶している」→「忘れずに…する」になる。

(6) 答 ④

訳 **帰るとき、荷物を持っていくことを忘れないでください。**

　forget も、動名詞と不定詞の両方を目的語にとる動詞で、どちらをとるかで意味が大きく異なる。remember のケースと同じことで、動名詞なら「過去志向」で「もうしてしまったことを忘れる」、不定詞なら「未来志向」で「これからすることを忘れる」、となる。
　下の ESSENTIALS ㉛ に「どちらも目的語にとる動詞」をまとめておく。

ESSENTIALS ㉛　動名詞も不定詞も目的語にとる動詞

動名詞も不定詞もどちらも目的語としてとるけれども、どちらがつくかによって大きく意味が違ってくる動詞を整理しておこう。ただし、その際にも
　　「動名詞は過去志向」→「もうしてしまったこと」
　　「不定詞は未来志向」→「これからすること」
という原則を使うと理解しやすい。
　　[1] remember …ing（…したことを覚えている）
　　　　remember to …（忘れずに…する）
　　[2] forget …ing（…したことを忘れる）
　　　　forget to …（…しなければならないのを忘れる）
　　[3] regret …ing（…したことを後悔する）
　　　　regret to …（残念ながら…しなければならない）
　　[4] try …ing（試しに…してみる）try to …（…しようと努力する）
　　[5] stop …ing（…するのをやめる）stop to …（立ち止まって…する）

---

(7) 答 ④

訳 **もしも人口が今のスピードで増え続ければ、私たちが知っているような社会生活は可能ではなくなるだろう。**

　この問題は、「①②③の３つが×だ」ということさえ分かれば簡単に解ける。① stop「止める」、② give up「やめる」、③ finish「おわる」はすべて「MEGAFEPS」の主要メンバー。（　）のうしろに to 不定詞が続いているのを見れば NG であることはすぐにわかる。④ cease は目的語として動名詞も不定詞もとり、どちらをとっても意味は「…しなくなる」「…をやめる」である。

(8) **答** ①

訳 この街から出ていくことを考えたことがありますか？

　この問題も「これでMEGAFEPS」を記憶していれば簡単。consider は SVO の構文で使うときは動名詞を目的語にとるから、正解はすぐに①と決まる。ただし consider は SVOC 構文で使われることもあり、その場合はCに to不定詞を用いるので注意が必要である。

(例) <u>We</u>　<u>consider</u>　<u>Claudia</u>　<u>*to be dishonest*</u>.
　　　S　　　V　　　　O　　　　　C

　　（私たちはクローディアが不誠実だと考える。）

(9) **答** ①

訳 キミのこのメガネは修理される必要がある。

　「want／need／require ＋ …ing」で「…される必要がある」。…ing 形が「…される」の意味になる例外的な表現である。そのぶん出題も多いので注意。なお、②は「メガネ君は修理したい」というフザけた意味になるし、その「メガネ君」なるものが何を修理したいのか、その目的語もない。×。

(10) **答** ②

訳 1日に30分は英語を練習するほうがいいよ。

　practice が「MEGAFEPS」の主要メンバーであることを思い出せば、まず①の to 不定詞が×になる。残った3つのうち③は「話されること」という受身形。「話されること」は練習できない。④は完了形だから「話してしまったこと」。「話してしまったことを練習する」のは困難である。

(11) **答** ④

訳 月の上を歩くって、想像できますか？

　imagine は動名詞を目的語にとる。imagine …ing は「…しているところを想像する」。不定詞を目的語にとることはないから、②③ともに NG。また、imagine は他動詞で使うのが普通だから、うしろにすぐ前置詞が続くことになる①も NG である。

(12) 答 ①
訳　スティーブはミランダから DVD を借りたことを後悔した。

　regret は「動名詞と不定詞の両方を目的語にとる動詞」。regret …ing「…したことを後悔する」、regret to …「残念ながら…しなければならない」の意味である。② refuse は「…することを拒絶する」。「未来志向」だから、目的語には to 不定詞をとる。③ ask も目的語には不定詞をとり「…するように頼む」「…することを求める」。この動詞も「未来志向」だとわかるだろう。④の demand は、目的語に to 不定詞または that 節をとるのが普通で「…することを要求する」。that 節が続く場合については第29講「仮定法現在など」P184。

(13) 答 ①
訳　ブレンダは、一度も学校を欠席したことがないことにプライドをもっている。

　まず、be proud of …ing「…に誇りをもっている」「…にプライドを感じている」（= take pride in … , pride oneself on …）に注意すれば、of のない②と④は消える。never をどこにつけるかが決め手だが、「否定語は動名詞の直前」が原則で①が正解。having been … は「…したこと」。never having been … だから「…したことがないということ」「…した経験がないこと」の意味。③は never を前に出しすぎているのと、being が完了形でないことの2点が間違いである。

C　(14) 答 to speak (×) → speaking (○)
訳　もっとゆっくり話してくれませんか？

　準動詞の定番問題。mind は「これで MEGAFEPS」の代表選手的な存在だ。「…するのがイヤだ」の意味だが、準動詞を目的語にとるときは必ず動名詞（…ing 形）である。なお、would は丁寧語である。

(15) 答 to change (×) → changing (○)
訳　プラン変更を考えたほうがいい。

　consider を SVO の文型で用いるとき、目的語の準動詞は動名詞（…ing 形）にする。「これで MEGAFEPS」の「こ」に該当する。

第3章 仮定法

- 第25講　仮定法「もしいま」「もしあのとき」
- 第26講　仮定法の倒置／もしなかったら
- 第27講　混合タイプ／仮定法未来
- 第28講　I wish … と as if …
- 第29講　仮定法現在など
- 第30講　if のない仮定法

第25講 仮定法「もしいま」「もしあのとき」

基本文 次の英文を日本語に訳せ。

(1) If Gloria knew how to drive a car, she could take you home.
(2) If I were you, I would not listen to her.
(3) If Janet had known the fact, she would have told it to you.
(4) If Janis had had more money, she could have bought the car.

● 基本文解説

「仮定法」とは、「もし…ならば」「もし…だったら」のように「事実とはちがうけれども、もし…」と仮定するときの言い方である。仮定法の最も基本的な使い方には、次の2つがある。

ESSENTIALS 32 仮定法「もしいま」「もしあのとき」

Ⅰ. **If S 過去形 …, … would ＋ 動詞の原形 ….**
　　（もしいま…なら）　　（今…だろう）

「いま、事実とは違うけれども、もし…と仮定すれば」の意味を表す。「いま」のことなのに「過去形」を使うのが面白いところ。「現実とは違う」という「心理的な距離感」があるので、現在のことなのに現在形ではなく過去形を使う。なお、後半の would については、ニュアンスによって could（できるだろう）、should（当然だろう）、might（かもしれない）を使うこともできる。

Ⅱ. **If S had p.p. …, … would ＋ have p.p. ….**
　　（もしあのとき…だったら）　　（あのとき…だっただろう）

過去のことについて「実際にはそうではなかったが、もし…ということになっていたとすれば」という気持ちを表す。過去のことなのに過去形ではなく過去完了形を使うのも「現実ではない」という「心理的距離感」の表現である。後半の would については、ニュアンスによって could（できただろう）、should（当然だったろう）、might（かもしれなかった）を使うこともできる。

基本文 (1)(2)が「もしいま」の仮定法の例。

(1) 答 **もしいまグローリアがクルマの運転のしかたを知っていれば、キミを家まで送っていけるのだが。**

「残念ながら、実際には運転できないから送っていけないけれど」という前提。いまのことなのに、if 節で knew、後半でも could take と、ともに過去形を使っていることがポイント。

(2) 答 **もしいま私があなたなら、彼女の言うことは聞かないでしょう。**

「現実には、あなたは私と違うけど」という前提。いまのことなのに、前半で were、後半で would not listen と、過去形を使っていることがポイント。この文で、If I was … ではなく If I *were* … になっていることにも注意。仮定法では be 動詞の過去形として、was ではなく普通は were を用いる。

基本文 (3)(4)が「もしあのとき」の仮定法の例。

(3) 答 **もしあのときジャネットがその事実を知っていたら、彼女はそれをあなたに告げていただろう。**

「実際には、事実を知らなかったからジャネットはあなたに教えることはなかったが」という前提。「単なる過去のこと」なのに、前半で過去完了形 had known を使っていることに注意。後半、would have told（助動詞の過去形＋ have p.p.）という仮定法独特の形にも注意。

(4) 答 **もしあのときジャニスにもっとおカネがあったら、そのクルマが買えたのに。**

「実際には、あのときおカネがなかったから買えなかったけど」という前提の文。If Janis had had … と 2 つの had がつながってビックリする人が少なくないが、これは had p.p. の形。つまり、1 つめの had は had p.p. の had。2 つ目の had は have「所有する」の p.p. で、「もしあの時もっとおカネを持っていたら」の意味になる。後半 could have bought は、基本の形「助動詞の過去形＋ have p.p.」に該当する部分である。

例題

A 次の英文には誤りがある。誤りを修正せよ。

(1) もしクリスがあのときのどが渇いていたら、彼はビールを全部飲んでしまっただろう。
　　If Chris had been thirsty, he would drink up the beer.

(2) もしあのときスキャンロン医師がもっと早く来ていたら、その患者は救われていたかもしれない。
　　If Dr. Scanlon had come earlier, the patient might be saved.

(3) もしジャスミンがあのとき家にいたら、彼に会えたのに。
　　Jasmine could meet him if she had been at home.

(4) もしもバートが交通ルールを知っていたなら、あのときクルマをあそこに停めたりしなかっただろう。
　　If Burt had known the traffic rules, he would not park his car there.

B 上下の文が同じ意味になるように、（　）内に最も適切な1語を補え。

(5) I missed the train because of an accident.
　　＝If there had not been an accident, I could (　) (　) the train.

(6) Stella was busy, so she could not help me.
　　＝If Stella (　) (　) (　) busy, she (　) (　) (　) me.

(7) As I did not know his address, I did not let you know it.
　　＝If I (　) (　) his address, I would (　) (　) you know it.

(8) If I were rich, I could buy a new car.
　　＝As (　) (　) poor, I cannot buy a new car.

(9) Pamela is busy, so she will not help you.
　　＝If Pamela (　) (　) busy, she (　) help you.

(10) As Ralph has another task, he can't play tennis with you.
　　＝If Ralph (　) not have another task, he (　) (　) tennis with you.

(11) This soup doesn't taste good because it is too salty.
　　＝This soup would (　) (　) if it (　) not so salty.

C 次の日本文を英文に訳せ。

(12) もしあのときワシントン氏（Mr.Washington）がそうした困難を予測していたら、あのときその仕事を引きうけたりしなかっただろう。

ヒント：引き受ける → undertake　予測する → foresee
そうした困難 → those difficulties

例題解説

A (1) 答 would drink (×) → would have drunk (○)

「実際には、のどは渇いていなかったからビールを飲み干すことはなかったが」という前提での仮定法。「あのとき」についての仮定だから、後半部は「would have p.p.」になるはずである。なお、drink up の up は「全部」という意味の副詞。「全部飲む」→「飲み干す」というニュアンスになる。ほかに eat up「全部食べる」→「平らげる」read up「全部読む」→「読みきる」「読み上げる」など。

(2) 答 might be (×) → might have been (○)

「あのとき」のことだから、後半を「might have p.p.」の形に修正する。

(3) 答 could meet (×) → could have met (○)

この文は、基本文のコンマの前後を入れ替えた形。if 節を先に書けば、
  If she had been at home, Jasmine could meet him.
もちろん実際の英文では、この問題文のように if 節をうしろから続けることがごく普通に行われるから、慣れておかなければならない。「あのとき家にいたら」という文なのだから、could meet では NG。「could have p.p.」に修正すれば正しい文になる。

(4) 答 would not park (×) → would not have parked (○)

「実際には、知らなかったからあそこにクルマを停めてしまったが」という前提の文。「もしあのとき」なのだから、文の後半 would not park が誤り。「助動詞の過去形+not have p.p.」の形に修正する。

B (5) 答 If there had not been an accident, I could (have) (caught) the train

　上の文は仮定法の文ではない。ごく普通の過去形で「あのとき、事故のせいで電車に乗り遅れた」。これを仮定法で「もしあのとき事故がなかったら、電車に間に合ったのに」と書きなおせばいい。「もしあのとき」の基本形「If S had p.p. …, … would have p.p. …」から離れないこと。空所のある後半部は「助動詞の過去形 have p.p.」の形だから、最初の（　）には have。2つ目の（　）は、「間に合う」の意味の動詞 catch の p.p. = caught が入る。

(6) 答 If Stella (had) (not) (been) busy, she (could) (have) (helped) me.

　上の文は仮定法ではない、普通の過去形の文で「あのときステラは忙しかったので、私を手伝うことができなかった」。これを仮定法で「もしあのとき、ステラが忙しくなかったら、私を手伝うことができただろうに」と考える。「あのとき忙しくなかったら」= If Stella had not been busy、と前半には had p.p. の形を使う。後半は「助動詞の過去形 + have p.p.」の基本形を使って「あのとき手伝えただろう」= could have helped。

(7) 答 If I (had) (known) his address, I would (have) (let) you know it.

　「住所を知らなかったから、教えられなかった」
　=「もしあのとき知っていたなら」= If … had known
　「教えてあげただろうに」= would have let you know
ここでも「もしあのとき」の場合の基本から決して離れないこと。

(8) 答 As (I) (am) poor, I can't buy a new car.

　上の文は仮定法「もしいま」の基本形で「もし今おカネ持ちなら新車が買えるのに」。これを普通の形で言えば「いま貧乏だから、買えない」になる。仮定法の文で過去形を使ってあっても、実はそれが現在のことなのだと見抜けるかどうかがポイント。

(9) **答 If Pamela (were)(not) busy, she (would) help you.**
「いまパメラは忙しいから、あなたを手伝ってくれない」
= 「もしいま…忙しくなければ」If … were not busy
「手伝ってくれるでしょう」she would help …
とすればいい。「もしいま＝過去形」がポイント。仮定法ではwasではなくてwereを使うのが普通、という点にも注意。

(10) **答 If Ralph (did) not have another task, he (could)(play) tennis with you.**
上の文は現在形であるから、
「いま、もう一つ仕事があるからテニスはできない」
= 「もしいま別の仕事がなかったら」If … did not have another task
「テニスができるのに」he could play tennis …
とする。「もしいま ＝ 過去形」だから、否定文ではdid not …の形になる。「できるのに」はもちろんcanの過去形でcouldを用いる。

(11) **答 This soup would (taste)(good) if it (were) not so salty.**
「このスープは塩辛すぎるからうまくない」とは、「もし今こんなに塩辛くなければ」if it were not so salty、「おいしいのに」would taste goodということである。下の文は、「もしいま」の基本形から、コンマの前後を入れ替えたもの。先に「would 原形」が来て、後から「if … 過去形」が続くことになる。

C (12) **答 If Mr. Washington had foreseen those difficulties, he would not have undertaken the task.**
問題文に「もしあのとき」とあるから、まず基本形
　　If　S had p.p. …, … 助動詞の過去形＋ have p.p. ….
が決まる。後は、
「予測していたら」= had foreseen
「引き受けていなかっただろう」= would not have undertaken
の形を使う。

第26講 仮定法の倒置／もしなかったら

> **基本文** 次の英文を日本語に訳せ。
>
> (1) Had she been in the train, she would have been injured.
> (2) Were I younger, I would go with him.
> (3) Without air, no creatures could live on the earth.
> (4) If it had not been for your help, Violet could not have accomplished her task.
> (5) Had it not been for your advice, Phoebe should have failed.

● 基本文解説

仮定法には、仮定法独特の倒置形がある。ごく単純に言えば
　　ⅰ) if を省略する、ⅱ) 助動詞または動詞を前に出す
の2段階で仮定法の倒置が完成する。基本文を用いて、具体的に見ていこう。

(1) **答** もしあのとき彼女が列車に乗っていたら、負傷していただろう。
　　もとの形は　→　If she *had been* in the train, …
ここから、板書のように2段階の手続きを経て、問題文ができる。

> ①省略
> ~~If~~ she ~~had~~ been in the train
> Had ← ②前に出す

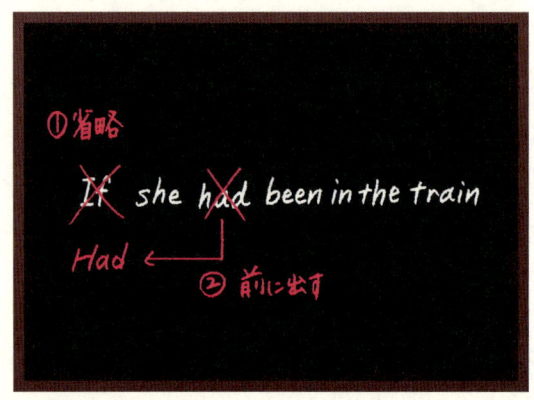

(2) **答** もしいま私がもっと若ければ、彼といっしょに行くだろう。
　　もとの形は　→　If I *were* younger, …（もしいま）
ここから、ⅰ) If省略、ⅱ) were を前にの2段階で倒置する。

第3章 ● 仮定法

ESSENTIALS ㉝ 「もし…がなかったら」の表現

[1] 「もし…がなかったら」の表現として、「without …」と「but for …」の2つは、「もしいま」でも「もしあのとき」でも、どちらでも全く問題なく使える。without Emma「もしエマがいなかったら」、but for hard work「懸命な努力がなかったら」など。

[2] 「もしいま」にかぎって使用できるのが「if it were not for …」。定型表現だから、何度も音読して肉体で記憶してしまうしかないが、「いま」についての仮定だから過去形 were を使うところは、基本どおり。if it were not for my homework「もしいま私の宿題がなかったら」など。

[3] 「もしいま」については、その倒置形もある。if it were not for … から ⅰ)if を省略して ⅱ)動詞 were を前に出すと、「were it not for …」になる。were it not for this money「もしいまこのおカネがなかったら」。無理やり記憶しなくても、もとの形から自分で作れるようにしておくのが一番いいだろう。

[4] 「もしあのとき」に限定して使えるのが「if it had not been for …」。記憶するしかない熟語表現だが、「あのとき」についての仮定だから過去完了形 had been を使うところは、基本どおり。if it had not been for her advice「もしあのとき彼女のアドバイスがなかったら」。

[5] 「もしあのとき」についても、倒置形がある。if it had not been for … から ⅰ)if を省略して ⅱ)had を前に出すと、「had it not been for …」ができる。had it not been for his assistance「もしあのとき彼の助力がなかったら」。もとの形から自分で作れるようにすれば、無理に記憶しなくてもいい。

第26講　仮定法の倒置／もしなかったら

(3) 【答】もしいま空気がなければ、どんな生物も地上では生きられないだろう。
後半部 could live の形から「もしいま」の仮定法だと判定できる。

(4) 【答】もしあのときキミの手助けがなかったら、バイオレットは仕事をやりとげられなかっただろう。
後半部 could … have accomplished も「あのとき」の基本形である。

(5) 【答】もしあのときキミのアドバイスがなかったら、フィービーはきっと失敗していただろう。
Had it not been for … は「あのとき」の倒置形。後半部の形にも注意する。

例題

A 次の英文を日本語に訳せ。
(1) I could have gone with him had I had time to spare.
(2) We would be more ignorant than we are were it not for doubt.
(3) With a little more patience, Rachel would have succeeded.

B 上下の文が同じ意味になるように、(　)内に最も適切な1語を補え。
(4) As Mike did not catch the ball, we couldn't win the game.
　=(　) Mike (　) the ball, we could have won the game.
(5) I won't employ her, because she is not punctual.
　=(　)(　) punctual, I would employ her.
(6) I didn't bring a map, so I didn't know which way to go.
　=I would (　)(　) which way to go (　)(　) brought a map.
(7) But for music, the world would be a dull place.
　=(　)(　)(　)(　) music, the world would be a dull place.
(8) The decision would have been otherwise but for his speech.
　=The decision would have been otherwise (　)(　)(　)(　)(　) his speech.
(9) Without a lot of practice, Bridget couldn't have been so good at English.
　=(　)(　)(　)(　)(　) a lot of practice, Bridget couldn't have been so good at English.

C 次の各文の(　)内に、最も適切なものを①〜④の中から1つ選べ。
(10) (　) I known more about her character, I would not have trusted her.
　　① If　　② Could　　③ Had　　④ Were
(11) (　) the support of the public, the President could not have survived the revolt.
　　① But for　　② Without for
　　③ If it were not for　　④ Were it not for

例題解説

A (1) **答** もしもあのとき、自由に使える時間が私にあったら、彼といっしょに行くことができたのに。

倒置でわかりにくいのは、「もしも」の部分がうしろに回っている場合である。

この問題文では、後半のhad I had time to spareが「もしも」の部分で、もとの形は、if I had had time to spare。ここから、板書のとおりに倒置して問題文ができている。

「had had」というと何だかわかりにくいが、前のhadがhad p.p.のhadで、うしろのhadがhave（もっている）のp.p.である。to spareは「余分の」「自由に使える」の意味。

(例) money to spare「自由になるおカネ」
three minutes to spare「3分残っている（まだ使える）」

(2) **答** もし疑念というものがなければ、我々はいまよりもっと無知でいるだろう。

後半部were以下は、if it were not for doubtを倒置したもの。ⅰ) ifを省略。ⅱ) wereを前へで問題文になる。こういう形が長文読解の中に紛れ込むと非常にわかりにくくなるから、よく慣れておかなければならない。

(3) **答** もしあのときもう少し忍耐力があればレイチェルは成功しただろう。

without …「もし…がなかったら」の反対語表現が、
　with … →「もし…があったら」
この問題文では、後半部 would have p.p. の形から「もしあのとき」の仮定法と判断できる。

B (4) **答** (Had) Mike (caught) the ball, we could have won the game.

訳 もしあのときマイクがボールを取ったら、我々がゲームに勝てただろう。

上の文は「マイクがボールを取れなかったから我々は勝てなかった」。

これを仮定法にすれば → If Mike had caught the ball, …

これを倒置すれば → Had Mike caught the ball, …

(5) **答** (Were) (she) punctual, I would employ her.

訳 もし彼女が時間を守る人なら、私は彼女を採用するだろう。

上の文は「彼女を採用するつもりはない。時間を守らない人だから」。

これを仮定法にすれば → If she were punctual, …

これを倒置すれば → Were she punctual, …

仮定法では was の代わりに were を用いることにも注意。

(6) **答** I would (have) (known) which way to go (had) (I) brought a map.

訳 地図をもってきていたら、どの道を行ったらいいかわかっただろう。

上の文は「地図をもってこなかったから、どの道を行けばいいのかわからなかった」。仮定法で「地図をもってきていたら、どの道を行ったらいいかわかっただろう」と言い直せばいい。

I would have known which way to go *if I had brought a map*.

if 以下を倒置（ⅰ) if を省略、ⅱ) had を前に）して

I would have known which way to go *had I brought a map*.

(7) **答** (Were) (it) (not) (for) music, the world would be a dull place.

訳 もしいま音楽がなかったら、世界は退屈なところになるだろう。

上の文では「もし…がなかったら」に But for を使っているが、後半の形が「would 原形」だから、「もしいま」の文だと判断できる。そこで、

「もしいま音楽がなかったら」→ If it were not for music, …

倒置して（ⅰ) If 省略、ⅱ) were を前に）→ Were it not for music, …

(8) **答** The decision would have been otherwise (had) (it) (not) (been) (for) his speech.

> **訳** もし彼の演説がなかったら結論は違っていただろう。

but for … が後ろに回ってわかりにくくなっているが、前半の would have been の形から「もしあのとき」のタイプだと判断できる。そこで、

but for を書き換えて → … if it had not been for his speech.

倒置して → … *had it not been for* his speech.

(9) **答** (Had)(it)(not)(been)(for) a lot of practice, Bridget couldn't have been so good at English.

> **訳** もしたっぷり練習しなかったら、ブリジットがあんなに英語が得意になることはなかっただろう。

Without だけではわからないが、後半部の couldn't have been から「もしあの時」のタイプと判断できる。

そこで → If it had not been for a lot of practice, …

倒置して → *Had it not been for* a lot of practice, …

C (10) **答** ③

> **訳** 彼女の性格についてもしも私がもっと知っていたら、彼女を信用したりしなかっただろう。

まず、文の後半 would not have trusted の形に注目し、「もしあのとき」のタイプの仮定法であると判断する。したがって、前半は

If I *had known* more …「もしあのとき知っていたら」

になるはず。これを倒置（ⅰ）If 省略、ⅱ）had を前に）して

Had I *known* more … となる。

(11) **答** ①

> **訳** もし人々のサポートがなかったら、大統領はその反乱を乗り切ることができなかっただろう。

文後半 could … have survived に注目すると、この文が「もしあのとき」の仮定法になっていると判断できる。すると③ If it were not for … と④ Were it not for「もしいま」がどちらも NG とわかる。② Without for は for が余計だから×。① But for なら「もしあのとき」「もしいま」のどちらでも使えるから、これが正解になる。

第27講 混合タイプ／仮定法未来

基本文 次の英文を日本語に訳せ。

(1) If you had not eaten so much, you would not be so sleepy now.
(2) If I were to be born again, I would like to be an elephant.
(3) If a big hurricane should hit your town, what would you do?

基本文解説

ESSENTIALS ㉞ もしあのとき→いまごろは（混合タイプ）

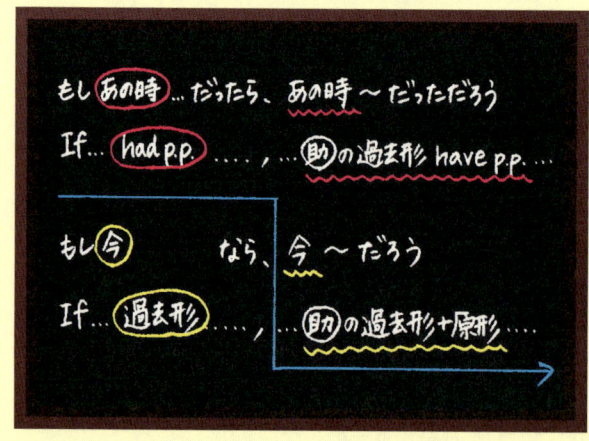

【板書】
もし あの時 … だったら、あの時 ～ だっただろう
If … had p.p. … , … 助の過去形 have p.p. …

もし 今　　　　なら、今 ～ だろう
If … 過去形 … , … 助の過去形＋原形 …

「もしあのとき…していたら、いまごろは…」という発言はごく日常的に行われる。「あのとき勉強していたら、いま英語が得意だろう」「あのときコクっておいたら、いまごろモエカはオレのカノジョだろう」「あのときあわてて結婚しなかったら、今ごろ幸せだろう??」など。

　板書に示したように、「もしあのとき」の部分は「If … had p.p. …」の形を用い、「いまごろは」の部分は「would／might／could／should＋原形」の形に移動すればいい。第25・26講で学んだ基礎を、ちょっと応用するだけである。なお、この逆はありえないので心配することはない。「もしいま…すれば、あのとき…しただろう」では、話がシュールになりすぎるのだ。「もしいま宮本クンにコクったら、あの時宮本クンはカレシになってくれたかも」。え？

(1) **答** もしさっきあんなにたくさん食べなかったら、いまそんなに眠いことはないだろう。

前半部 If … had … eaten の部分が「もしあのとき」の基本形。後半 would … be の部分が「いまごろは…だろう」の基本形である。

ESSENTIALS ㉟ 「もし将来」の２つの形

　仮定法は「現実とは異なる内容」を述べるものであり、「現実と違っている」という「心理的な距離感」の表現であるが、話が「将来」のことになっても、「現実にはありえないだろう」という心理的距離感が強烈なら、仮定法を使って表現する。ただし「将来のこと」となると、どんなに非常識な仮定をしても、ハッキリ「非現実」と断定することはできない。「もし人類が絶滅したら」「もしクラス最下位のキミが東大に合格したら」など、可能性０％とは言い切れない。「現実化する可能性がゼロではない」ことから、「もし将来」は「可能性の数値」によって、次の２つの形を区別して用いるのである。

Ⅰ．If S were to 原形 …, … would (might／could／should) ＋ 原形 ….
　→　**実現可能性がほぼ０％の仮定。**
　　「太陽が消滅したら」「月が四角くなったら」など。

Ⅱ．If S should 原形 …, … would (might／could／should) ＋ 原形 ….
　→　**ありえないとは断言できないが、可能性が非常に低いことの仮定。**
　　「大地震がきたら」「竜巻に襲われたら」「ペットが死んだら」など。
　　「万が一」という日本語に該当する。

　ただし、「可能性０％」とか「可能性が低い」とか言っても、結局は発言者の主観によるもので、客観性はないということに注意。発言する人の主観によって、地震や竜巻のレベルでも①の were to … を使うこともありうるし、「もしお前が合格したら」というとき「まあ、そんな可能性は０％だけどね」とイヤミをいうために、やはり①の were to を使うこともある。

(2) **答** もし将来生まれ変わったら、ボクはゾウさんになりたい。

「生まれ変わる」可能性は０％。「were to 原形」の出番である。

(3) **答** もしハリケーンがキミの町を襲ったら、キミはどうしますか？

ハリケーンが襲ってくる可能性は低いが、アメリカ中西部なら決して０％ではない。「should 原形」で「万が一」を表現する。

例題

A 次の英文を日本語に訳せ。

(1) If he had not got wet in the rain yesterday, he would not be laid up with cold today.

(2) Had I bought the land then, I would be a millionaire now.

(3) We would be far more ignorant than we are now had it not been for his efforts.

B 次の各文の（　）内に最も適切な1語を補え。

(4) もし明日暇なら、私に会いに来てください。
= If you (　) (　) (　) tomorrow, please come to see me.

(5) もし太陽が西から昇ったら、私はあなたと結婚してあげるわ。
= If the sun (　) (　) (　) in the west, I would marry you.

(6) Bob failed in business then, so his family are very poor now.
= If Bob (　) (　) in business then, his family (　) (　) so poor now.

(7) But for the accident last year, Fred would be still alive.
= (　) (　) (　) (　) the accident last year, Fred would be still alive.

C 次の各文の（　）内に、最も適切なものを①～④の中から1つ選べ。

(8) If you (　) a dinosaur, you would be greatly shocked.
　① will see　② had seen　③ were to see　④ see

(9) If you (　) your mind, you must tell me about it.
　① were to change　② should change
　③ had changed　④ change

(10) If it (　) tomorrow, we will stay at home all day.
　① will rain　② rains
　③ were to rain　④ had rained

(11) If she (　) him then, she would be better off now.
　① had married　② has married
　③ married　④ would marry

第3章 ● 仮定法

例題解説

A (1) **答** もし昨日彼が雨の中でぬれなかったら、今日風邪で寝ていたりしないでしょう。

　前半部が If … had … got … だから「もしあのとき」の形、後半が would … be で「いまごろは」の形で、典型的な「混合タイプ」。なお、be laid up は「人が病気で寝込んでいる」。with 以下は、寝込んでいる原因を示す。

(2) **答** もしあのときあの土地を買っていたら、いまごろは大金持ちだろう。

　「バブル」という、たいへん浅ましい時代がむかしあって、1990年代前半には一般人も銀行に踊らされ、こういう品性のない発言を恥ずかしげもなく繰り返していた。おおいに反省すべきである。さて、この文の前半はもともと

　　If I had bought the land then,

これを倒置（If を省略、had を前に）すると

　　Had I bought the land then,

となる。「もしあのとき…いまごろは」の混合タイプになっている。

(3) **答** もしあのとき彼の努力がなかったら、いまごろ私たちはいまよりももっと無知でいるだろう。

　If 節がうしろに回ってわかりにくくなっているが、後半はもともと

　　… if it had not been for his efforts.

if it had not been for … 「もしあのとき…がなかったら」の定型表現である。これを倒置（if を省略、had を前に）して

　　… had it not been for his efforts.

　文の前半は would be … だから「いまごろは」。混合タイプである。なお、far more ignorant の far は比較級を修飾して「はるかに」。than we are now は than we are ignorant now から ignorant を省略したもの。

B (4) **答** If you (should)(be)(free) tomorrow, please come to see me.

　「万が一、明日ヒマなら」と「should 原形」で尋ねる。「were to 原形」では「ヒマな可能性はゼロ」になり、そういう人物は想定しにくい。

第27講　混合タイプ／仮定法未来

175

(5) 答 **If the sun (were)(to)(rise) in the west, I would marry you.**
「太陽が西から」は「可能性ゼロ」。「were to 原形」を使う。なお、「東から昇る」は rise *in* the east。*from* the east ではないことに注意。ついでに「西に沈む」は set *in* the west。こちらも *to* the west ではないことに注意。

(6) 答 **If Bob (hadn't)(failed) in business then, his family (wouldn't)(be) so poor now.**
訳 もしあのときボブがビジネスに失敗しなかったら、彼の家族はいまこんな貧乏ではないだろう。
上の文は「ボブがあのときビジネスに失敗したから、彼の家族はいまとても貧乏だ」。これを仮定法を使って言い換える問題。前半は「もしあのとき」だから had p.p. を用い、後半は「いまごろは」だから「would 原形」とする。

(7) 答 **(Had)(it)(not)(been)(for) the accident last year, Fred would be still alive.**
訳 もし昨年の事故がなかったら、フレッドはいまも生きているでしょう。
last year に注目して「もしあのとき…がなかったら」の表現を用いる。基本形 If it had not been for … だと（　）が1つ不足するから、倒置形 Had it not been for … を使えばいい。

C (8) 答 ③
訳 恐竜を見たら、あなたはひどいショックを受けるだろう。
恐竜は絶滅したのだから、恐竜を見る可能性は0％。「were to 原形」を使う。ただし恐竜の生存を確信している人なら「should 原形」でもいい。

(9) 答 ②
訳 もしキミが決心を変えたら、私に伝えなければいけません。
「決心を変える」可能性は低い。しかし0％ではない。ここは「万が一」のニュアンスで②「should 原形」が最も適切。

⑽ 答 ②

訳 **明日雨が降ったら、一日中家にいます。**

　将来について、「実現可能性の高いこと」は、どういう言い方をしたらいいのだろう。「明日晴れたら」「秀才の彼女が早慶大に合格したら」「スキー場に雪が積もったら」など、実現しても驚かないようなごく当たり前のこと、冷静に「あ、そう」と答えられるような将来の言い方は？もちろん、このケースでは「心理的距離感」は存在しないから、仮定法は使えない。そこで、

　　　　実現可能性がかなり高い仮定　→　If S 現在形 …

を記憶しておこう。「万が一」「可能性ほぼゼロ」以外、すべての「もし将来」は、現在形を使って表現すればいい。正解は②の現在形。ただし、サハラ砂漠やゴビ砂漠の真ん中で「もし雨が降ったら」なら、話は違って「雨が降る」のも「万が一」＝「should 原形」が妥当、ということになるだろう。

　「なぜ①の未来形じゃダメの？」→　もちろん「条件を表す副詞節では、未来のことを現在形で言う（第 5 講 P37 ）」のルールに従うからである。④は「もしあのとき」の形だから、もちろん NG。

⑾ 答 ①

訳 **もしあのとき彼女が彼と結婚していたら、いま彼女の暮らしはもっと楽だろう。**

　If 節の最後に then「あのとき」という副詞があるから、それだけで（　　）内には had p.p. を使わなければいけないことがハッキリする。文の後半も now という副詞があり「いまごろ」だから「would 原形」。基本どおりである。

　なお、be well off「暮らしが楽だ」→　その比較級 be better off「暮らしがもっと楽だ」である。反対語 be badly off「暮らしが苦しい」→　その比較級 be worse off「暮らしがもっと苦しい」。

第28講 I wish … と as if …

> **基本文** 次の英文を日本語に訳せ。
>
> (1) I wish I were good at speaking French.
> (2) I wished she knew how to drive a car.
> (3) I wish I had lived in Honolulu.
> (4) I wished Cindy had not got married to such a drunkard.
> (5) Zack spoke as if he knew everything.

● 基本文解説

> **ESSENTIALS ㊱ I wish … と as if …**
>
> 　現実離れした願望「…だったらいいのに」「…ならいいのに」を述べるのには、主節の動詞に wish や would like などを用い、そのうしろは仮定法になる。「まるで…のように」を表す as if … や as though … も、そのうしろは仮定法になるのが普通。どちらも、
> 　[1]主節の動詞と同時に起こっていることなら、過去形。
> 　[2]主節の動詞よりも以前に起こったことなら、had p.p.。

(1) **答** いまフランス語を話すのが得意ならいいと思う。

　「いま話すのが得意ならいい、といま思う」のであって、「思う」と「得意」は同時である。主節の動詞と同時の願望は、過去形で表す。

(2) **答** 彼女がクルマの運転のしかたを知っていればいいと、私は思った。

　「運転できる」と「思った」のは同じ日・同じ時間である。主節の動詞と同時の願望だから、過去形で表す。

(3) **答** あのとき、ホノルルに住んでいたらよかったと思う。

　たとえば「2007年当時ホノルルに住んでいたらよかったのに、いま思っている」のである。主節の動詞より以前のことに関する願望なら、had p.p. を使う。

(4) **答** シンディがあの酔っ払いと結婚しなければよかったと思った。

　たとえば「2006年にシンディは大酒飲みと結婚したが、2007年にはもうケンカばかりだというウワサを聞き、やめとけばよかったのにと思った」のである。「思った」のは07年、結婚は06年。主節の動詞より以前のことについての願望だから、had p.p. を使う。

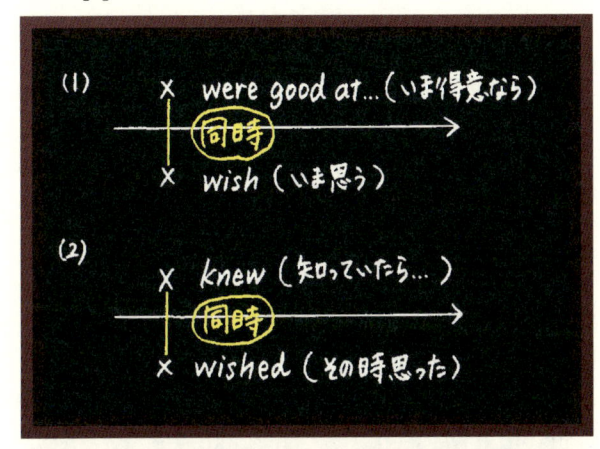

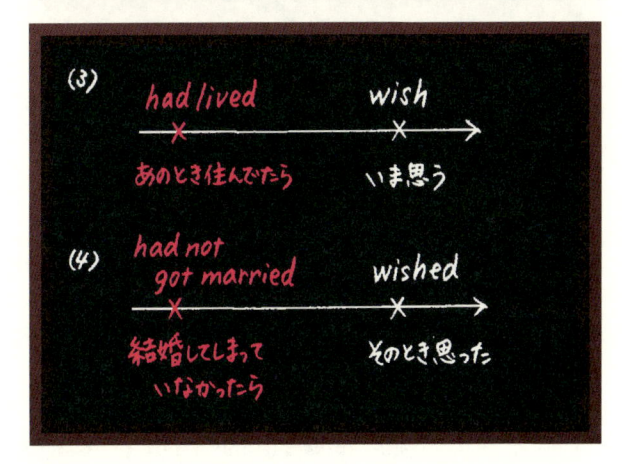

```
(1)  ×   were good at...（いま得意なら）
     ┃─────同時─────────→
     ×   wish（いま思う）

(2)  ×   knew（知っていたら…）
     ┃─────同時─────────→
     ×   wished（その時思った）

(3)  had lived           wish
     ×────────────────×────→
     あのとき住んでたら    いま思う

(4)  had not
     got married         wished
     ×────────────────×────→
     結婚してしまって     そのとき思った
     いなかったら
```

(5) **答** ザックは、まるですべてを知っているような口ぶりだった。

　「口ぶり」と「知っている」は、同時である。例えば「一昨日ザックに会ったら、ザックはみんな知ってるみたいだった」というのであって、「知っている」「口ぶり」ともに一昨日のことである。主節の動詞と同時に起こっていることだから過去形 knew で表すことになる。

例題

A 上下の文が同じ意味になるように、(　)内に最も適切な1語を補え。

(1) I'm sorry I did not follow her advice.
 = I wish I (　) (　) her advice.

(2) If only you had been diligent in your youth!
 = (　) (　) (　) you (　) (　) diligent in your youth!

B 次の各文の(　)内に、最も適切なものを①〜④の中から1つ選べ。

(3) The boys wish that they (　) better.
　　① can play　② will play　③ had played　④ are playing

(4) I can't hear him. I wish he (　) a little louder.
　　① would speak　② will speak　③ speaks　④ can speak

(5) I would rather (　) so much.
　　① for you not to　② you did not smoke
　　③ your not smoking　④ you will not smoke

(6) Rusty looked (　) a ghost when he came out of the house.
　　① like to have seen　② like seeing
　　③ as though to have seen　④ as if he had seen

(7) Al wished he (　) Spanish harder during his last stay in Madrid.
　　① were to study　② was studying
　　③ had studied　④ studied

(8) The play was a lot of fun. I wish you (　) there.
　　① could be　② could have been
　　③ have been　④ would be

(9) If only you (　) me the whole story at that time!
　　① have told　② had told　③ told　④ would tell

(10) Alexa spoke (　) she knew all about our plans when in fact she knew nothing about them.
　　① that　② as though　③ even though　④ although

例題解説

A (1) **答** I wish I (had) (followed) her advice.

上の文は「彼女のアドバイスに従わなかったのが残念だ」だから「あのとき従っていたらよかったと思う」に書き換えればいい。「あのときなら had p.p.」という仮定法の基本に従うだけで正解になる。

(2) **答** (How) (I) (wish) you (had) (been) diligent in your youth!

上の文は「あなたが若いころに勤勉だったらよかったのに！」。この文自体が仮定法「あの時」で had p.p. を使っているから、書き換えはカンタン。I wish … で始まる文に書き換えても後半は全く同じでいい。上の文に"！"がついていることに注目し、I wish の前に How をつけて感嘆文にすれば正解になる。

B (3) **答** ③

▶訳 あのときもっと上手にプレーしたらよかったと少年たちは思う。

主節の動詞 wish と「もっといいプレー」の時間関係を考えると、「プレー」の方が以前のことである。事実と違うことだから仮定法、「あのとき」だから had p.p. という、ごく基本的な問題である。

(4) **答** ①

▶訳 彼の言うことが聞こえない。もっと大きな声で言えばいいのに。

主節の動詞 wish と「もっと大きな声で話す」のは、同時である。事実と違うことだから仮定法、「いまのこと」だから過去形を選ぶ。

(5) **答** ②

▶訳 キミがそんなにタバコを吸わなければいいと思う。

would rather でも、wish と同じ仮定法の意味の文を作ることができる。この問題文では「…ならいいと思う」のと「タバコを吸わない」のは同時であるから、過去形の動詞になる。

(6) **答** ④

▶訳 家から出てきた時、ラスティはユーレイでも見たような様子だった。

「ユーレイを見た」のは、もちろん事実と違うから、仮定法になる。主節の

動詞 looked と「ユーレイを見た」の時間関係を考えると、「ユーレイ」が先だから had p.p. が正解。

(7) **答** ③

訳 前回のマドリード滞在の間にもっと懸命にスペイン語を勉強しておけばよかったとアルは思った。

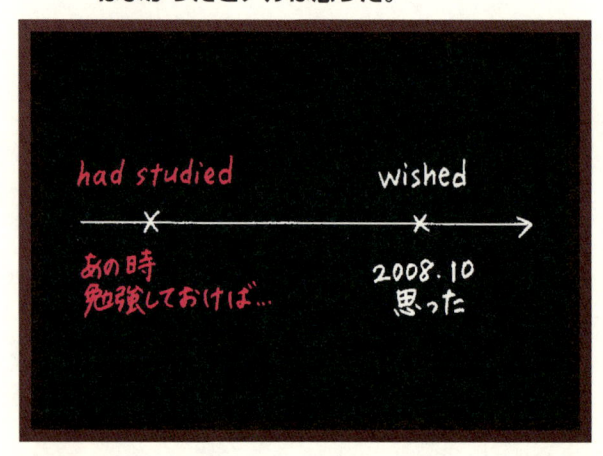

```
had studied            wished
─────×──────────────×──────→
 あの時              2008.10
 勉強しておけば…      思った
```

wished「思った」のが2008年10月とすると「スペイン語の勉強」をすればよかったのは、それより以前、たとえば2008年8月のこと。主節の動詞より以前のことだから had p.p. を選ぶ。

(8) **答** ②

訳 お芝居はすごく楽しかったよ。キミもいればよかったのに。

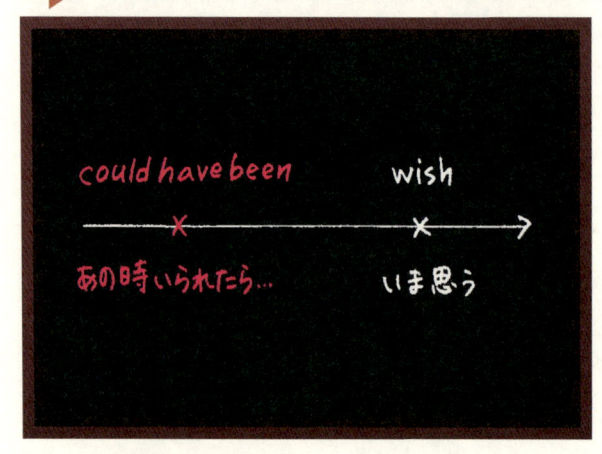

```
could have been        wish
─────×──────────────×──────→
 あの時いられたら…    いま思う
```

wish が今日のこととすれば、「キミがお芝居に来ていれば」は、たとえば昨日か一昨日のことである。「お芝居」は主節の動詞より以前だから、過去完了を用いる。could have p.p. の形も過去完了であることに注意。

(9) **答** ②
訳 あのときキミが私に話を全部してくれていたらよかったのに。

　If only を使って、I wish … と同じ仮定法の意味の文を作ることができる。最後の"！"マークはつけてもつけなくても OK。この問題では、最後にハッキリと at that time「あのとき」と言っているから had p.p. を選べばいい。

(10) **答** ②
訳 アレクサは実際には我々のプランについては何も知らないが、まるですべて知っているかのような話しぶりだった。

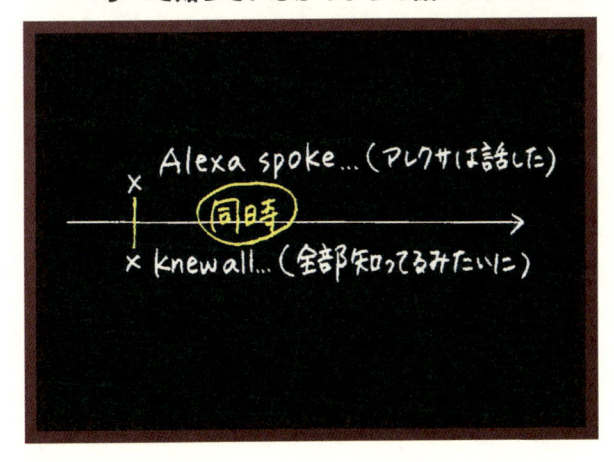

「実際には知らないのに知っているような口ぶり」だから、事実と異なることを述べるために仮定法を使う。仮定法を導く表現は② as though のみだから、答えは簡単にわかるが、主節の動詞 spoke と、as though で始まる節の動詞 knew の関係を確認しておきたい。「話した」のと「知っている口ぶり」は同時進行だから、仮定法では know の過去形 knew を使うのである。

第29講 仮定法現在など

基本文 次の英文を日本語に訳せ。
(1) It is high time Rose got married.
(2) It is about time Agnes arrived at the airport.
(3) Kelly decided that she (should) study to be an accountant.

● 基本文解説

ESSENTIALS ㊲ もういまは…していていいころだ

いまの現実と違うことを述べて「…していいころだ（なのに、現実にはまだしていない）」という表現が

  It is time … 過去形 …

である。It is high time … なら「もうとっくに」、It is about time なら「もうそろそろ」と、少しずつニュアンスが変化する。「いまの事実と反する事柄」を述べるのだから、「過去形を使って心理的距離感を強調する」という、仮定法の基本どおりである。なお、主語 it は「時を表す it」。つまり It is six o'clock.（6時です）の it と同じ用法。

(1) **答** もうとっくにローズは結婚していいころだ。

(2) **答** もうそろそろアグネスが空港に到着してもいいころだ。

 (1)では got、(2)では arrived と過去形を用いて、「いまの現実とは違うが」という心理的距離感を示すのである。

ESSENTIALS ㊳ 仮定法現在

仮定法現在とは、主節の動詞が
 [1]提案：suggest／propose／recommend／advise
 [2]要求／命令：demand／ask／request／require／desire／order／urge
 [3]決定：decide／determine／make one's mind
 [4]主張：insist

などを表す動詞のとき、うしろのthat節中の動詞が原形になることを言う。
　(例) Eric proposed that the meeting be postponed.
　　（エリックは会議が延期されることを提案した。）

　上の例文では、主節の動詞が proposed「提案した」だから、that 節中の動詞 be が原形のままになっている。これが「仮定法現在」という現象。主語 the meeting が 3 人称だから、つい is に変形したくなるところだが、原形 be のままにしておかなければならない。またこの場合「時制の一致」も考えなくていいから、主節の動詞 proposed が過去形だからといって be を was に変形することもない。とにかく、「原形のまま」が重要。

　「提案」「要求」「決定」「主張」などは「まだ頭の中で考えられているだけで、事実になっていない事柄」「まだ実現していないが、実現に向けて行動を起こすべき事柄」である。そこで「事実と反する事柄」と判断し、「仮定法」を用いることになるのだ。確かに、例文では「延期が提案された」だけで「実際には、まだ延期は決まっていない」から、事実とは言えないのである。

　ただし、さすがに「the meeting be …」という形は不自然で違和感があるから、その違和感を和らげるために助動詞 should を間にはさみ「should ＋ 原形」の形にすることがある（特にイギリス英語）。この should はあくまで「不自然さを和らげるため」に挿入するもので「…すべき」と和訳する必要はないが、他にもたくさんある助動詞の中から何故 should がこの役目に選ばれたのかといえば、「提案」「要求」「主張」などには、元来「…すべきだ」の意味内容が含まれているからである。

　なお、次ページの例題の中で扱う細かなルールについても、要注意。

(3)　**答**　ケリーは会計士になるために勉強しようと決意した。

　主節の動詞 decided が「決定」を示すから、that 節の動詞 study を原形にする（仮定法現在）。主語は she だが、studies にも studied にもしない。この不自然さを調整するために should を挿入することもある。なお「勉強しよう」と決意した段階では、まだ「勉強」が現実化しておらず、「事実と反する」と判断するから「仮定法」を使うのだということも重要。

例題

A 上下の文が同じ意味になるように、（　）内に最も適切な1語を補え。

(1) I think the children ought to go to bed.
= It (　) time the children (　) to bed now.

B 次の英文には誤りがある。誤りを修正せよ。

(2) I demanded that Geoffrey paid the bill immediately.
(3) Esther suggested to me that I took a test for a driver's license.
(4) Linus insisted that he should be innocent.

C 次の各文の（　）内に、最も適切なものを①〜④の中から1つ選べ。

(5) It is about time the government (　) radical measures to stir up the economy.
　① took　② had taken　③ will take　④ has taken

(6) Isabel demanded that they (　) to leave.
　① be allowed　　② be allowing
　③ to be allowed　④ should allow

(7) It is advisable that drivers (　) a seat belt while driving.
　① wear　② wearing　③ to wear　④ have worn

(8) It is necessary that every member (　) inform himself of the rules of the club as soon as possible.
　① would　② might　③ should　④ could

(9) I suggested (　) with me.
　① her to come　　② to her coming
　③ that she came　④ that she come

例題解説

A (1) **答** It (is) time the children (went) to bed now.

　上の文は「子供たちはもうベッドに入るべきだと思う」。「It is time … 過去形 … 」の形で書き換え、「もう子供たちはベッドに入っていていいころだ」にする。実際にはまだベッドに入っていないわけだから「現在の事実に反する」という心理的距離感を過去形で表す仮定法である。つい惑わされて It *was* time … としてしまう誤答が多いから、注意。

B (2) **答** paid (×) → (should) pay (○)

訳 ジェフリーがすぐに勘定を支払うことを私は要求した。

　動詞 demand があるから、うしろの that 節は仮定法現在になる。「要求した」段階では、まだ「実際には支払ってはいない」から、その「現実との心理的距離感」を表現するためである。したがって that 節中の動詞 paid を原形 pay に修正する。その結果 Geoffrey　pay …の形になり、この形には不自然さがあるから、助動詞 should を補って、その不自然さを調整することもできる。

(3) **答** took (×) → (should) take (○)

訳 エスターは私が運転免許のテストを受けることを私に提案した。

　これも仮定法現在。動詞 suggest の影響で、that 節中の動詞 took は原形 take に修正しなければならない。「提案した」段階ではまだ「実際には運転免許の試験を受けてはいない」から、現実化していない。その心理的距離感を仮定法現在で表現する。助動詞 should をその前に補うことができるのも、前問と同じである。

(4) **答** should be (×) → was (○)

訳 ライナスは、彼が無実だと主張した。

　「仮定法現在」を学習した後に、キミたちが陥りやすい間違いがこれ。insist や suggest や demand など、仮定法現在と関係のある動詞のうしろは「ゼッタイに仮定法現在にしなければならない」「ゼッタイ原形でなければならない」「ゼッタイ should 原形」と信じ込んでしまうという誤りである。まずその「ゼッタイ」という言葉のオロカサを修正したまえ。

　すでに何度も指摘したとおり、「仮定法現在」は「提案・要求・決定しただけ」で、その段階では「まだ現実化していない」「実際には行われていない」という心理的距離感を仮定法で表すためのもの。それに対してこの問題文は「自分は無実だ」という「事実」「現実」を主張した、という意味である。事実・現実の主張なら、「心理的距離感」は全くないから、仮定法は使えない。そこで、主節の動詞 insisted に時制を一致させて、過去形 was を用いることになる。これは難関校で頻出のヒッカケ問題になっている。

C (5) **答** ①

訳 **そろそろ経済活性化のため政府が抜本的対策をとっていいころだ。**

radical measures「過激な対策」「根本的な方法」。stir up は「かきたてる」「活性化させる」。It is about time … 過去形 …「そろそろ…していいころだ」の形を使って、「実際にはまだだけれども」という心理的距離感を示す。

(6) **答** ①

訳 **イザベルは彼らが出発を許可されることを要求した。**

主節の動詞 demanded をみて、仮定法現在を使う可能性に気づく。「要求した」段階では「現実には許可されていない」のだから、仮定法現在で be allowed か should be allowed の形になればいい。

(7) **答** ①

訳 **運転中、ドライバーはシートベルトをするのが望ましい。**

この問題については、下の **ESSENTIALS** ㊴ を熟読すること。

ESSENTIALS ㊴ 仮定法現在を導く形容詞

It is 形容詞 that … の構文でも、that 節中の動詞が仮定法現在の形をとることがある。その可能性のある主な形容詞は以下のとおりである。

　advisable「賢明だ、望ましい」／desirable「望ましい」
　essential「不可欠だ」／important「重要だ」
　necessary「必要だ」／urgent「(緊急に) 必要だ」
　proper「適切だ」

ここでも、「まだ現実になっていない」という「現実との心理的距離感」が重要である。「…するのが望ましい」とか「…することが必要だ」などと発言するとき「…」の部分は「まだ現実化していない」内容である。だからこそ仮定法を用いるのであって、それ以外のときは仮定法現在にならない可能性もあるから、注意が必要。

(8) **答** ③
> **訳** すべてのメンバーが、できるだけ早くクラブのルールをよく知ることが必要である。

　inform A of B「AさんにBについての情報を与える」は重要。この問題文では inform oneself of … だから「自分自身に…についての情報を与える」→「自分でよく学ぶ」の意味になる。as soon as possible「できるかぎり早く」は略して ASAP と表され、発音も「エイエスエイピー」または「エイサップ」になる。映画やドラマを見ていると驚くほどたくさん出てくるぐらいおなじみ。

　さて、問題文だが「…することが必要」と発言した段階では「クラブメンバーがルールをよく知る」ことは現実になっていない。「まだ非現実だ」という意識があるから、これは仮定法現在の出番である。仮定法現在で使える助動詞は③ should しかない。

(9) **答** ④
> **訳** 彼女に私といっしょに来るように提案した。

　suggested「提案した」の段階では、「私と一緒に来る」ことは現実化していない。「まだ非現実だ」という心理的距離感があるから、仮定法現在が使われ、that she come の形になる。③のように「時制の一致」を考えないように注意する。なお、動詞 suggest は用法にいろいろ難しい点があるから、これも要注意。

ESSENTIALS ㊵ 動詞 suggest の用法について

suggest は、以下の4つの形をとる可能性がある。
　[1] suggest to 人 that …　　「人に…を提案する」
　[2] suggest that …　　　　　「…を提案する」
　[3] suggest …ing　　　　　　「…することを提案する」
　[4] suggest 人 …ing　　　　　「人が…することを提案する」
　　（この場合「人」は動名詞 …ing の意味上の主語である）
　特に[1]の用法で、to を入れることが重要。suggest は SVOO 構文をとれないから、「…に」と提案の相手を示すときは to が必ず必要なのである。
　もう1つ、「準動詞を目的語にするときは必ず動名詞（…ing 形）にする」ことも重要。不定詞を目的語にすることはできない。

第30講 if のない仮定法

基本文 次の英文を日本語に訳せ。

(1) Sylvia would not have said such a thing.
(2) Albert would have drunk beer.
(3) To talk with Emma, you would find her sympathetic.
(4) Suppose they saw each other, what would they do?
(5) Nick worked very hard ; otherwise he would have failed.
(6) A : "How was your summer vacation ?"
    B : "Couldn't have been better."

● 基本文解説

(1) **答** もしシルビアだったら、そんなことは言わなかっただろう。

　仮定を if 節の中で示さずに、主語の中に仮定の意味を含ませるケースがある。問題文では、would have said の部分が「あのとき…だっただろう」という仮定法の形をしているから、必ずどこかに仮定が隠れているはずである。文脈から判断することになるが、「主語の中に仮定が隠れているケース」が非常に多くて、ここでも Sylvia =「もしシルビアだったら」と読める。現実にはシルビアではない別の人間が口に出していってしまったのだけれども、「もしシルビアだったら」と非現実の仮定をして、「彼女なら言わなかっただろう」と言っているのである。

(2) **答** もしアルバートだったら、ビールを飲んでいただろう。

　これも「主語の中に仮定が隠れているケース」と考えられる。現実にはアルバート以外の人間だったのでミルクかジュースかを飲んだのだが、「もしアルバートだったら」と非現実の仮定をして「ビールを旨そうに飲んだだろうけどねえ」と発言しているのである。

(3) **答** もしエマと話したら、キミは彼女が感じのいい人だと思うだろう。

　コンマのうしろ、would find が仮定法の形で、非現実を表している。仮定が隠れているのは、文前半の不定詞 To talk … の部分である。不定詞の副詞

第3章 ● 仮定法

的用法に「条件」を示す用法があって「もし…したら」の意味になるが、この問題文でも To talk with Emma「もしエマと話したら」になる。「現実には、キミはエマと話していないが、もし話したら」というふうに、非現実の仮定に基づいて話しているから、後半部で仮定法を使うのである。

(4) **答 もし彼らがお互いと出会ったら、彼らはどうするだろうか？**

これもコンマのうしろ、would … do が仮定法。仮定が隠れているのは、一見したところ命令文に見える Suppose 以下の部分である。Suppose のうしろに that が省略されていて、「彼らが会ったと考えてみなさい、そうしたら彼らがどうすると思う？」と質問することになる。「…と考えてみよ」が「もし…したら」の意味に変化したものである。

(5) **答 ニックはとても一生懸命に働いた。さもなければ失敗していただろう。**

otherwise は、接続詞的に使える副詞で「さもないと」、「もしそうでなかったら」の意味であるから、非現実のことを仮定していることになり、後半部 would have failed の仮定法を導けることになる。or else にも同様の用法がある。

(6) **答 A：「夏休みは、どうだった？」 B：「最高だったよ。」**

もともとは、

　　My summer vacation couldn't have been better.

が正確な文であるが、会話文なので、主語を繰り返すことなく、省略している。couldn't have been better は仮定法で「better だったなんてありえない」「better だったなんて非現実だ」と言っているのである。100点満点とれば「better だったなんてありえない」わけだから「最高だった」の意味になる。

逆に couldn't have been worse なら「worse だったなんてありえない」だから「最悪だった」「最低だった」になる。テストで0点をとれば、それ以上 worse になることはありえないから「最悪だった」というわけである。

第30講 if のない仮定法

例題

A 次の英文を日本語に訳せ。

(1) Things couldn't go worse.
(2) Carrie couldn't care less.
(3) I would have known it beforehand in your position.
(4) A hundred years ago, not a doctor could have carried out such an operation.
(5) Born in better times, Gordon would have been known all over the world.
(6) Any girl dressed like that would be laughed at.
(7) No other woman could do the work.
(8) Just a piece of bread would have satisfied Robin.
(9) I started off at once ; otherwise I would have missed the train.
(10) One more effort, and he would have done well.

B 上下の文が同じ意味になるように、(　　)内に最も適切な1語を補え。

(11) I would act differently in your place.
　= I would act differently (　　) (　　) (　　) in your place.
(12) The death of his father would have brought a great misfortune to the family.
　= If his father (　　) (　　), it would have brought a great misfortune to the family.
(13) It is a pity grammar is so difficult.
　= I wish grammar (　　) not so difficult.

例題解説

　この講の例題は、他講の例題と違って、日本語訳の問題が中心である。If節以外のところに非現実の仮定がコッソリ隠れている仮定法に関する問題は、文法問題よりも和訳問題として出題されることがはるかに多い。国公立大学はもちろん、私大でもこうした仮定法の和訳問題は頻出である。比較的短い文を和訳させる私大の問題でこうした「隠れた仮定」を訳出できないと、大きな減点になりかねない。是非しっかり和訳をマスターしてほしい。

A (1) **答** **事態は、最悪である。**

couldn't go … は仮定法である。現在の現実とは反することを述べて「いま、進むことはありえない」の意味。「事態が worse に進むことはありえない」なのだから「最悪である」ことを示している。

(2) **答** **キャリーは全く気にしていない。**

この couldn't care も仮定法。今の現実と反することを述べて、「less に care することはありえない」の意味である。less は「もっと少なく」、care は「気にする」だから、直訳すると

　　「もっと少なく気にすることはありえない」
　　＝「気にする分量をこれ以上減らすことはありえない」

これはちょっとわかりにくいので、板書を見て考えてほしい。まず「気にしている分量」をダムの水のように考える。

　図１：気にしている分量が100%　→　気にする分量を減らせる
　図２：気にしている分量が50%　→　分量はまだ減らせる
　図３：気にしている分量が20%　→　分量はまだ減らせる
　図４：気にしている分量が０％　→　分量は、もう減らせない

というふうに、０％まで減ったら「もう減らすことはありえない」のである。そこで「減らすことはありえない」→「気にしている分量０％」→「全く気にしていない」という意味になるわけだ。

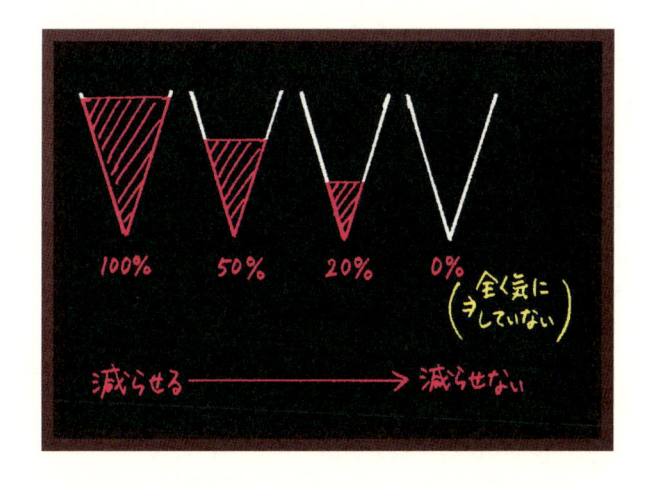

(3) **答** もし私があなたの立場にいたなら、前もってそのことを知っていたであろうに。

　前半部 would have known が仮定法である。仮定が隠れているのは文の最後についている in your position。このように副詞句に仮定が隠れるケースもある。本来「あなたの立場で」の意味であるが、「現実にはキミの立場にはいなかったが、もしあのとき私がキミの立場にいたなら」と非現実の仮定をしているわけである。

(4) **答** もし100年前だったら、こんな手術ができる医師は一人もいなかっただろう。

　後半部 could have carried が仮定法「もしあのとき」の形になっている。仮定が隠れているのは、冒頭の副詞句 A hundred years ago「いまから100年前」。いまはこういう手術をする医師が現実に存在するが、「もしこれが100年前のことだったとすれば」というように、非現実の仮定をしたうえで「そんな医師はいなかっただろう」と結論づけているのである。なお、carry out は「実行する、遂行する」の重要熟語である。

(5) **答** もっといい時代に生まれていたら、ゴードンは世界中に知られていたであろうに。

　後半部 would have been known「知られていただろう」が仮定法。現在の事実に反する内容が述べられている。「現実には世界に知られてはいないが」という前提なのである。仮定が含まれるのは前半部。この部分は分詞構文であり、元の節は以下のとおりである。

　　If he were born in better times, Gordon …

(6) **答** そんな服装をしたら、どんな女の子でも笑われるだろう。

　Any girl dressed like that が主語で「そんな服装をしているどんな女の子でも」。dress は「服を着せる」の意味の動詞で、これを過去分詞 dressed にすれば「服を着せられた」→「服装をしている」の意味になる。

　would be laughed at が仮定法になっているのは、主語に仮定が隠れているから。「現実にはそんな服装をしているわけではないが、もしそんな服装をするとすれば」と、非現実の仮定をしているからである。

(7) **答** もし他の女性なら、その仕事はできないであろう。

　could do の部分が仮定法。主語に仮定が隠れていて、「現実には彼女だったからその仕事ができるけれども、もし彼女以外の女性だったら」というふうに「今の現実と反する非現実の仮定」をしているのである。

(8) **答** パンが一切れありさえすれば、ロビンは満足だっただろう。

　would have satisfied の部分が仮定法。仮定は主語 Just a piece of bread「たった一切れのパン」に隠れている。「現実にはパン一切れさえなかったけれども、もしあのとき一切れでもいいからパンがあったとすれば」と、過去の事実と異なる仮定をしているのである。

(9) **答** 私はすぐに出発した。さもなければ電車に乗り遅れていただろう。

　otherwise という副詞が、if の節の代わりをしているのである。もし if 節で言うとすれば、

　if I had not started off at once（もしあのときすぐに出発しなかったら）

になる。otherwise についてはいろいろな用法があるから、下巻第5章「形容詞／副詞／比較」の章 P31 で詳しく述べることにする。

(10) **答** もう一歩努力していたら、彼はうまくいっていただろうに。

　「名詞, and …」は、名詞の部分に比較を表す言葉を伴って、「もしも…（もっと）していたら」という仮定を表す。if 節を使って言い換えれば、

　　If he had made one more effort, he would have done well.

になる。

B　(11) **答** I would act differently (if) (I) (were) in your place.
　訳 もし今キミの立場なら、違う行動をとるだろう。

　上の文は、文の主語 I に仮定が隠れて「もし私なら」である。それを if 節で示せば正解になる。

⑿ 答 If his father (had)(died), it would have brought a great misfortune to the family.

訳 もしあのとき、彼の父親が死んでいたら、その死は彼の家族に大きな不幸をもたらしていたことだろう。

　上の文の主語に仮定が隠れている。would have brought は「もしあのとき」だから、if 節に直せば had p.p. の形を使うことになる。

⒀ 答 I wish grammar (were) not so difficult.

訳 文法がこんなに難しくなければいいのに。

　「文法がこんなに難しいのは残念なことだ」の文を「文法がこんなに難しくなければいいのに」と書き換える。I wish で始まる文で「今…ならいいのに」というためには、過去形を使うのだった。(第28講 P178)

第4章

関係詞

第31講	関係代名詞の基本
第32講	前置詞＋関係代名詞
第33講	名詞＋前置詞＋関係代名詞など
第34講	Ｖ Ｖ'タイプ（連鎖関係代名詞）
第35講	制限用法と非制限用法
第36講	関係代名詞と関係副詞
第37講	関係詞　as／than／but／what
第38講	関係形容詞／関係詞の省略／二重限定／…ever など

第31講 関係代名詞の基本

基本文 次の英文を日本語に訳せ。

(1) Show me the pictures which your sister took.
(2) You shouldn't cite the proverb whose exact meaning you don't understand.
(3) The woman whom I thought to be honest deceived me.

● 基本文解説

(1) **答** キミの妹が撮った写真を見せてくれ。

この文は、以下の2文を1文にまとめたものである。
ⅰ) Show me the pictures.（私にその写真を見せてくれ。）
ⅱ) <u>Your sister</u> <u>took</u> <u>the pictures</u>.（キミの妹がその写真を撮った。）
　　　　S　　　　V　　　O

この2文で共通しているのは pictures だから、ⅱ)の the pictures を関係代名詞 which にかえて前に出し、ⅰ)の the pictures の直後につなげると問題文ができあがる。

このとき注意すべきなのは、ⅱ)の the pictures が他動詞 took の目的語であるということ。もとの文で目的語だったものが関係代名詞にかわっている場合（「目的格の関係代名詞」と呼ぶ）は、これを省略することもできる。したがってこの問題文は which を省略して

　Show me the pictures your sister took.
とすることもできる。

(2) **答** 正確な意味を理解していない諺(ことわざ)を、引用すべきではない。

この文は以下の2文を1文にまとめたものである。
ⅰ) You shouldn't cite the proverb.（諺を引用すべきではない。）
ⅱ) <u>You</u> <u>don't understand</u> <u>the proverb's exact meaning</u>.
　　S　　　V　　　　　　　O
　（あなたはその諺の正確な意味を理解していない。）

2文で共通するのは proverb だからⅱ)の the proverb's「その諺の」を関

第4章 ● 関係詞

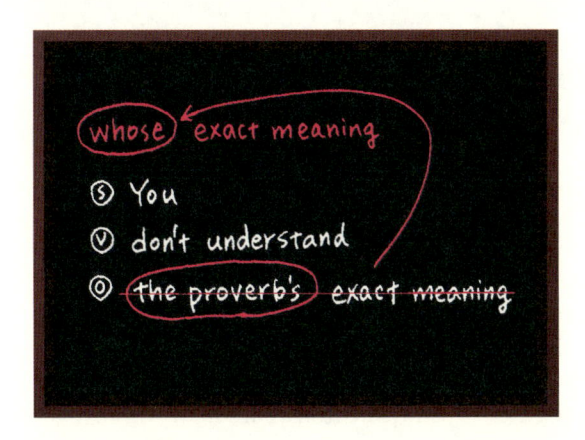

係詞にかえる。もともとの文で所有格だったものは、人でも物でも whose にかえるのが原則。この時、ⅱ）の文の目的語 the proverb's exact meaning を whose exact meaning にかえてヒトカタマリで前に移動させる。もともとヒトカタマリの目的語なのだから、バラバラにしたくない。だからその集団全体で移動させ、バラバラにしない気配りをしてあげるのである。

(3) **答 私が正直だと思った女が、私をダマした。**

この文は、本来以下の2文を1文にまとめたものである。

ⅰ) The woman deceived me.（その女が私をダマした。）

ⅱ) <u>I</u> <u>thought</u> <u>the woman</u> <u>to be honest.</u>
　　S　　V　　　O　　　　　C

（私は、その女は正直だと考えていた。）

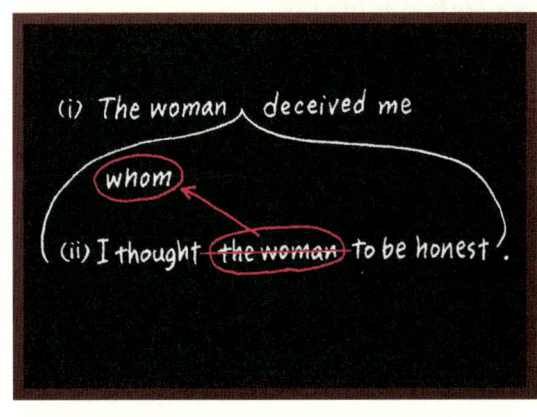

2文で共通しているのは woman であるから ⅱ）の the woman を関係代名詞にして前に出せば1文にまとまる。the woman は他動詞 thought の目的語だから whom にかわる。目的格の関係代名詞は省略可能であることにも注意。つまり、(whom) I thought to be honest. 関係詞節は、先行詞の近くに置くのが原則だから、先行詞 The woman の直後に入れれば、問題文が完成する。

第31講　関係代名詞の基本

例題

A 次の2文を、関係詞を用いて1文にまとめよ。

(1) ① This is the dictionary.
　　② I wanted the dictionary for long.

(2) ① The pen writes very well.
　　② I bought the pen at that shop.

(3) ① She is the lady.
　　② I met the lady the day before yesterday.

B 次の各文の(　)内に、最も適切なものを①〜④の中から1つ選べ。

(4) Violet is not a coward (　) she was ten years ago.
　　① that　　② who　　③ when　　④ whom

(5) The woman (　) used to work for our company.
　　① you were talking to　　② you were talking
　　③ who were you talking to　　④ whom you were talking

例題解説

A (1) 答 **This is the dictionary which I wanted for long.**
訳 これが、私が長い間ほしがっていた辞書だ。

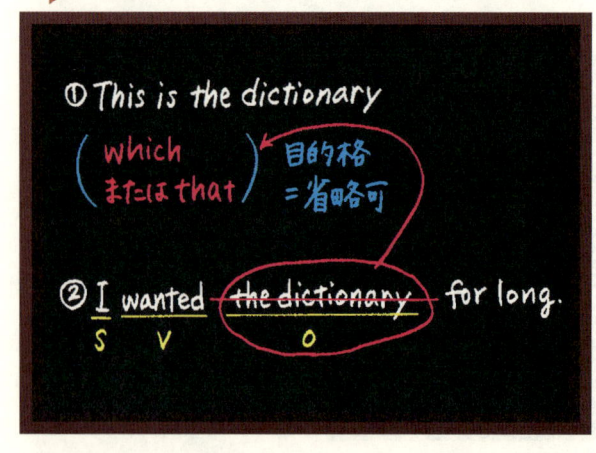

①②の共通部分は dictionary だから、②の the dictionary を関係代名詞 which にかえて前に出すと、which I wanted for long。これを①の the dictionary の後につなげれば、2文がつながる。

なお、which を that にかえても OK。さらに、この関係詞は目的格（もとの②の文で他動詞 wanted の目的語である）だから省略することもできる。

第4章 ● 関係詞

(2) **答** The pen which I bought at that shop writes very well.
訳 私があの店で買ったペンは書き味がとてもいい。

　①②で共通なのは pen だから、②の the pen を関係代名詞 which にかえて前に出すと、which I bought at that shop。これを①の The pen の後に入り込ませると、2文がつながる。

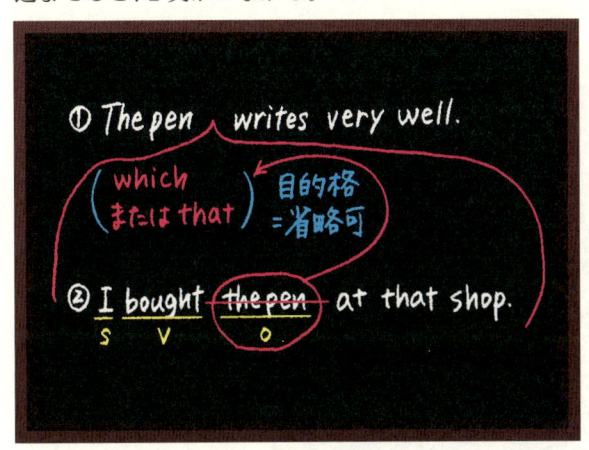

なお、which を that にかえても OK。さらに、この関係代名詞は目的格（もとの②文で他動詞 bought の目的語である）だから省略することもできる。

```
① The pen  writes very well.
    ( which    ) ← 目的格
      または that    =省略可
② I bought  the pen  at that shop.
   S   V       O
```

(3) **答** She is the lady whom I met the day before yesterday.
訳 彼女は、私が一昨日会った女性である。

　①②で共通なのは lady だから、②の the lady を関係代名詞 whom に変えて前に出すと、whom I met the day before yesterday。これを①の the lady の後につなげれば、2文がつながる。

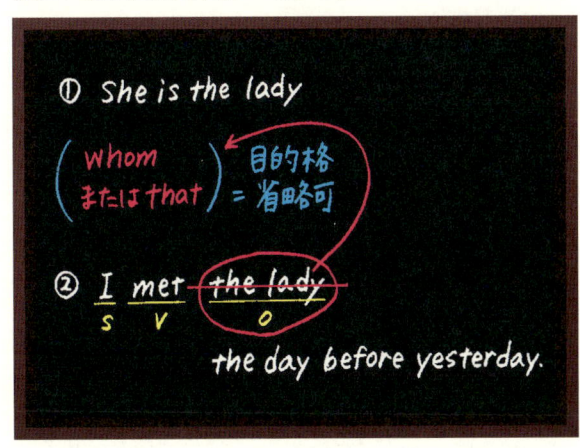

なお、whom を that にかえることもできる。さらに、この関係詞は目的格（もとの②文で他動詞 met の目的語である）だから省略することもできる。

```
① She is the lady
    ( whom     ) ← 目的格
      または that    =省略可
② I met  the lady
   S  V     O
   the day before yesterday.
```

第31講　関係代名詞の基本

B (4) 答 ①
> 訳 **ヴァイオレットは、10年前のような臆病者ではない。**

正確には、次の2文を1文にまとめてできた英文である。
ⅰ) Violet is not a coward.
ⅱ) <u>She</u> <u>was</u> <u>a coward</u> ten years ago.
　　 S　 V　　 C

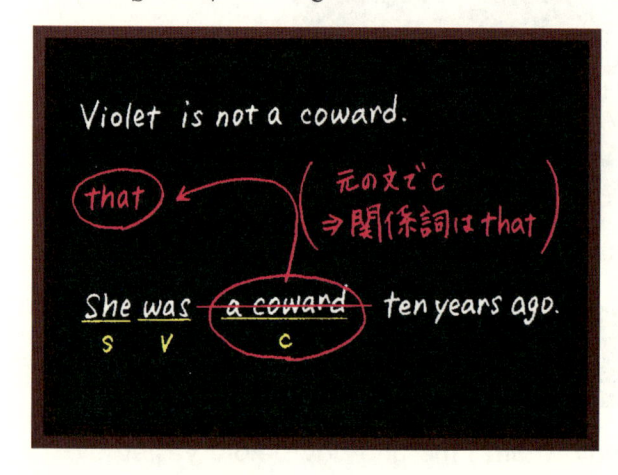

2文で共通しているのは coward だから、ⅱ)の a coward を関係代名詞にかえて前に出せば2文がつながることになる。ただ、中学英語では「もとの文でCだったもの」が関係代名詞になると何になるかを習っていない。この形は高校英語で初めて経験するものだから、要注意。そこで「もとの文でCだったものを関係代名詞にするときは、人でも物でも that」という原則を記憶することにしよう。

なお、試験の現場では「空欄のうしろに何か足りないものがないか？」を考える。(　　) she was … と見ていって、was の補語がないことに気がつけば、「おお、was のCがないから、Cが関係代名詞になったのだ。それなら that」と素早く判断できるだろう。

(5) 答 ①
> 訳 **キミがさっき話しかけていたあの女性は、かつてわが社で働いていたんじゃ。**

used to 以下がこの文全体の述語部分で「かつてわが社で働いていた」。used to は「単なる過去」を示して「かつて…だった」である（第9講 P61）。そこで、この問題では主語 The woman にかかっていく関係詞節を考えるこ

とになる。関係詞節の元の文「キミはその女に話しかけていた」は

　　You were talking to the woman.

この文のうち、最後の the woman が先行詞と一致しているから、これが関係代名詞になって前に出る。このとき、the woman は前置詞 to のうしろだから目的格であり、関係詞 whom にかわる。

　　→　whom you were talking to

しかも、目的格の関係詞はいつでも省略 OK だから、これを省略すると

　　→　(whom) you were talking to

以上で、①が正解だとわかる。②と④は最後の to が消えているから×。③は関係詞が主格の who になってしまっているうえ、were you の部分の語順もおかしい。

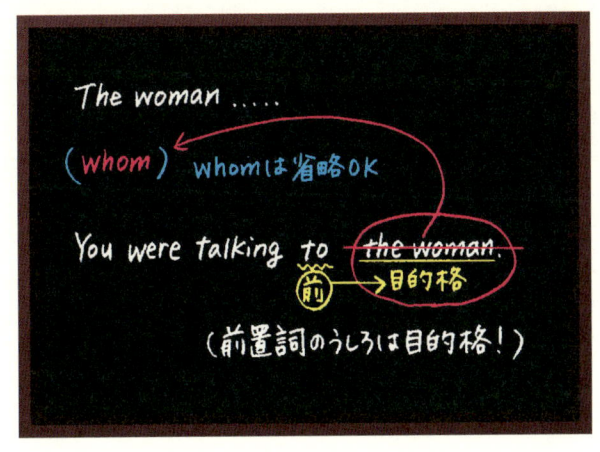

第32講　前置詞＋関係代名詞

基本文　次の英文を日本語に訳せ。

(1) That is the house in which the actress was born.
(2) This is a good way in which we can become acquainted with one another.
(3) New York is a city in which thousands of working women live on their own.

基本文解説

(1) **答** あれは、その女優が生まれた家である。

　この問題文は、もともと以下の2文を1文にまとめたものである。
　ⅰ) That is the house.
　ⅱ) The actress was born in the house.
　この2文で一致しているのは house だから、ⅱ)の the house を関係代名詞 which にかえて文頭に出すと、*which* the actress was born *in*
ところが、一番うしろに残った前置詞 in もいっしょに前に出られるので
　　in which the actress was born
これをⅰ)の the house のうしろに入れると、
　　That is the house *in which* the actress was born.
になる。

(2) **答** これは私たちがお互いどうし知り合いになる優れた方法である。

　この問題文は、もともと以下の2文を1文にまとめたものである。
　ⅰ) This is a good way.
　ⅱ) We can become acquainted with one another in the way.
　この2文で一致しているのは way だから、ⅱ)の the way を関係代名詞 which にして前に出すと
　　which we can become acquainted with one another *in*
最後の前置詞 in もいっしょに前に出すことができるから
　　in which we can become acquainted with one another

これを i ）のうしろにくっつければ問題文が完成する。

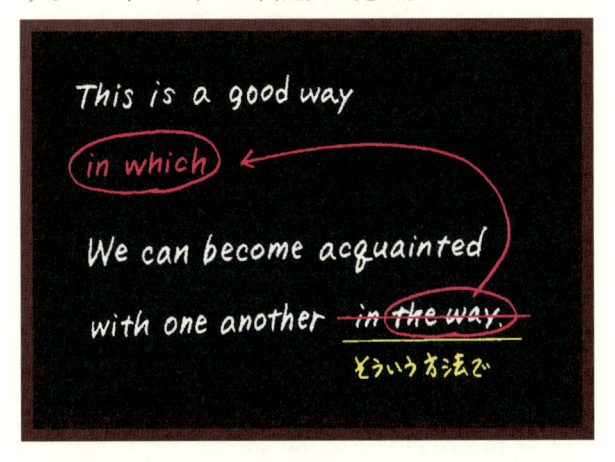

```
This is a good way
in which ←
We can become acquainted
with one another in the way.
                  そういう方法で
```

(3) **答** ニューヨークは、仕事を持つ何千もの女性が一人きりで生活している街だ。

　この問題文も、もともと以下の 2 文を 1 文にまとめてできている。
　 i) New York is a city.
　ⅱ) Thousands of working women live on their own in the city.
　この 2 文で一致しているのは city だから、ⅱ）の the city を関係代名詞 which にかえて前に出すと

　　which thousands of working women live on their own *in*
最後の前置詞 in もいっしょに前に出せるから

　　in which thousands of working women live on their own
これを i ）の後ろにくっつければ問題文が完成する。

　なお、on one's own「一人で、独力で」も大切。類義語として、alone「一人で」、by oneself「一人ぼっちで」for oneself「独力で」など。詳しくは下巻第 6 章「名詞／代名詞／冠詞」の第56講 **P113** 参照のこと。
　(例) Can you finish the job on your own?
　　　（一人で仕事を仕上げられますか？）
　　　= Can you finish the job for yourself?

例題

A 次の2文を、前置詞＋関係代名詞を用いて1文にまとめよ。

(1) ① This is the novel.
　　② I told you about the novel the other day.

(2) ① There was a long pause.
　　② No sound was heard during the pause.

(3) ① What's the name of the author?
　　② You were talking about him.

(4) ① The house has fallen down.
　　② We lived in the house.

(5) ① She had three sons.
　　② Ed was the youngest of the sons.

B 次の各文の(　)内に、最も適切なものを①〜④の中から1つ選べ。

(6) The professor sternly told the student, "Read the passage (　) I referred in my lecture."
　　① that　　② to that　　③ to which　　④ which

(7) Poor planning may result in choosing a job (　) you will not be truly successful.
　　① to whom　　② that　　③ of which　　④ in which

例題解説

A (1) 答 This is the novel about which I told you the other day.

訳 これが私が先日キミに話した小説だ。

一致しているのは novel だから、②の the novel を which にかえて文頭に出すと、

　which I told you *about* the other day

さらに、前置詞 about が、いっしょに前に出てきてもいいから、

　about which I told you the other day

これを①の the novel のうしろに入れれば、正解の文になる。

(2) 答 **There was a long pause during which no sound was heard.**

訳 **長い間があり、その間物音は全く聞こえなかった。**

一致しているのは pause だから、②の the pause を which にかえて文頭に出すと、

 which no sound was heard during

さらに、前置詞 during もいっしょに前に出てくると、

 during which no sound was heard

これを①の long pause のうしろに入れると、正解の文になる。

(3) 答 **What's the name of the author about whom you were talking?**

訳 **キミが話していた作家の名前は何だったっけ？**

一致しているのは、①の the author と②の him。そこで②の him を whom に変えて、文頭に出すと、

 whom you were talking *about*

うしろに残った前置詞 about も前に出てきて

 about whom you were talking

これを①のうしろにつければ、正解の文になる。つまり、

 What's the name of the author *about whom* you were talking?

(4) **答** The house in which we lived has fallen down.
訳 私たちがかつて住んでいた家が取り壊されてしまった。

　一致しているのは house だから、②の the house を which にかえて、文頭に出すと、*which* we lived *in*
前置詞 in も出てきて、*in which* we lived
これを①の The house のうしろにつけると、正解の文になる。

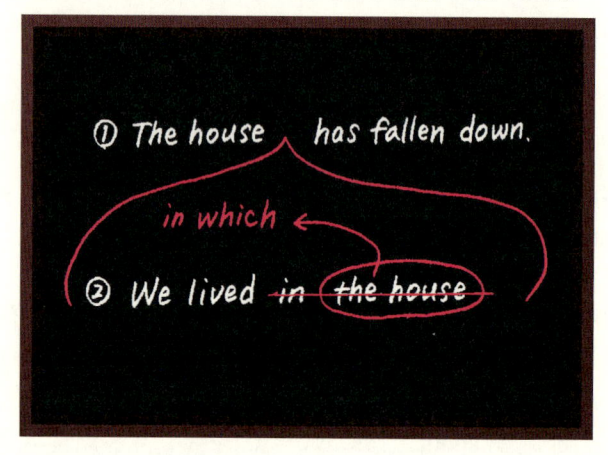

(5) **答** She had three sons of whom Ed was the youngest.
訳 彼女には3人の息子たちがおり、エドはその中で最も若かった。

　一致しているのは sons だから、②の the sons を whom に変えて、文頭に出すと、

　　whom Ed was the youngest *of*
前置詞 of も前に出てきて、*of whom* Ed was the youngest
これを①のうしろにつけると、正解の文になる。つまり、

　　She had three sons *of whom* Ed was the youngest.

B (6) **答** ③

訳 教授はその学生に厳しく言った。「私が講義の中で言及した文章を読みたまえ。」

" " 内の文を２つに分けて考えると、
ⅰ) Read the passage.（文章を読みなさい。）
ⅱ) I referred to the passage in my lecture.
　　（私はその文章について講義の中で言及した。）

になる。この２文で一致しているのは passage だから、ⅱ) の the passage を which にかえて文頭に出すと、

　　which I referred *to* in my lecture

前置詞 to も前に出てくると

　　to which I referred in my lecture

となり、(　) 内には to which が入ることになる。

なお、この問題では② to that が NG であることも重要。「前置詞＋関係代名詞の形では that は使えない」というルールを記憶すべきである。

(7) **答** ④

訳 計画が下手だと、本当の意味では成功できないような職業を選択する結果になるかもしれない。

２文に分けて考えると、以下のようになる。
ⅰ) Poor planning may result in choosing a job.
ⅱ) You will not be truly successful in the job.

共通しているのは job だから、ⅱ) の the job を which にかえて前に出すと、

　　which you will not be truly successful in

うしろに残っている前置詞 in も前に出てくるから、

　　in which you will not be truly successful

になる。結局「その仕事において」＝ in the job を思いつくかどうかの勝負になる。なお、result in …「結果として…になる」も重要。result from …「…の結果として起こる」と混同しないように注意すること。

第33講 名詞＋前置詞＋関係代名詞 など

基本文 次の英文を日本語に訳せ。

(1) Juliet lent Rusty two books, neither of which he has yet read.
(2) Miranda set out on an adventure, in the course of which she had to feel her way.
(3) Linus was made the umpire of the game, the rule of which he didn't know well.

● 基本文解説

(1) **答** ジュリエットはラスティーに本を2冊貸したが、彼はまだどちらの本も読んでいない。

この問題文は、もともと以下の2文を1文にまとめたものである。

ⅰ) Juliet lent Rusty two books.
ⅱ) <u>He</u> <u>has yet read</u> <u>neither of the books</u>.
　　S　　　V　　　　　　O

```
neither of which
                  ← ヒトカタマリのO
⑤ He               → バラバラにしたくない
Ⓥ has yet read     → まとめて前に
Ⓞ neither of the books
```

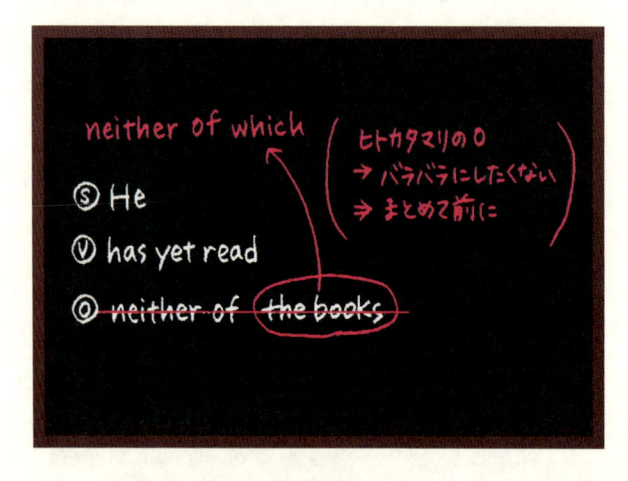

この2文で共通しているのはbooksだから、ⅱ)の文のthe booksを関係代名詞whichにかえて前に出せば、2つの文が1つにまとまることになる。ただし、そのとき、ⅱ)の文の構文に気をつけなければならない。neither of the booksはヒトカタマリの目的語であるから、the booksをwhichにかえて前に出すときも、ヒトカタマリをバラバラにはしたくない。そこでneither of whichをヒトカタマリのままで前に移動させると、問題文が完成する。

(2) **答 ミランダは冒険に出発した。その冒険の途中、彼女は手探りで進まなければならなかった。**

この問題文は、もともと以下の2文を1文にまとめたものである。

ⅰ) Miranda set out on an adventure.

ⅱ) <u>She</u>　<u>had to feel</u>　<u>her way</u>　<u>in the course of the adventure.</u>
　　　S　　　　V　　　　　O　　　　　　　M

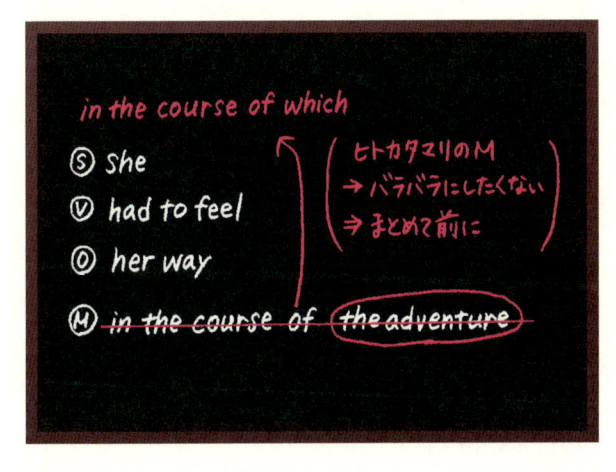

この2文で共通しているのは adventure であるから、ⅱ) の文の the adventure を which にかえて前に出せば、1文にまとまる。ただし、ⅱ) の文の構文に注意が必要。in the course of the adventure はヒトカタマリの修飾語だから、バラバラにしたくない。そこで in the course of which をヒトカタマリのままで前に移動させると、問題文が完成する。

(3) **答 ライナスはそのゲームの審判にされたが、そのゲームのルールを彼はよく知らなかった。**

この問題文は、もともと以下の2文を1文にまとめたものである。

ⅰ) Linus was made the umpire of the game.

ⅱ) <u>He</u>　<u>didn't know well</u>　<u>the rule of the game.</u>
　　S　　　　V　　　　　　　　O

2文で共通なのは game であるから、the game を which にかえて前に出すと2文がまとまることになる。その際、ⅱ) の文の構文に注意する。the rule of the game がヒトカタマリで目的語になっているから、バラバラにしたくない。そこで the rule of which をヒトカタマリで前に移動させると、問題文が完成する。

例題

A 次の2文を、関係詞を用いて1文にまとめよ。

(1) ① I have two daughters.
　② Both of them are married.

(2) ① He saw a tall tree.
　② Many branches of the tree were broken.

B 次の各文の（　）内に、最も適切なものを①〜④の中から1つ選べ。

(3) Mr. Sanford mentioned a book, (　) I cannot remember now.
　① which title　　　　② with the title which
　③ in which the title　④ the title of which

(4) Before long Mr. McCoy came to a hill at the foot (　) stood an old villa.
　① in which　② of which　③ where　④ whose

(5) Tommy has a lot of friends, many of whom (　).
　① he was at school together
　② he was at school with
　③ he was at school with them
　④ he was together at school

例題解説

A (1) 答 I have two daughters, both of whom are married.
訳 私には娘が2人いて、2人とも結婚しています。

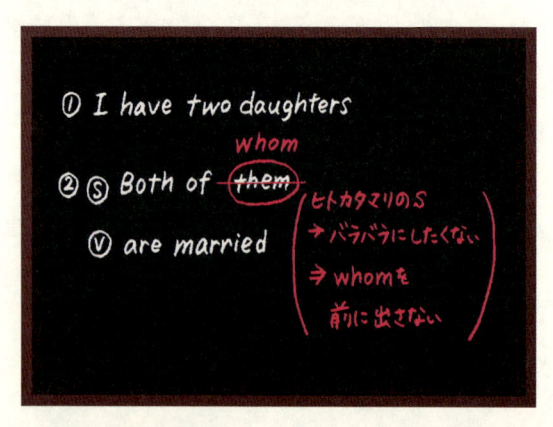

① I have two daughters
② ⑤ Both of ~~them~~ whom
　Ⓥ are married
→ ヒトカタマリのS
→ バラバラにしたくない
⇒ whomを前に出さない

212

2文で共通しているのは①の daughters と②の them である。そこで②の them を関係代名詞にかえる。them は目的格であるから、whom にかわる。

　　both of whom are married

これを①のうしろにくっつけると、正解の英文になる。

　注意すべき点が3つある。

[1]　ここまで複雑になると読む側もわかりにくくなるから、関係詞節の前にコンマを入れて区切り、わかりやすくするのが普通である。

[2]　whom を前に出さない。もともと②の文の Both of them はヒトカタマリの主語であり、ヒトカタマリの主語はバラバラにしたくない。せっかくヒトカタマリになっているものをバラバラにするのはかわいそうである。そこで、them が whom にかわっても、それを前に出してバラバラにしたりしないのである。

[3]　「who なのではないか」という疑問について。②の文で Both of them は主語である。そこで「もともと主語なのだから、主格関係詞 who なのではないか」という質問がきわめて多い。しかし「Both of them の全体では主語であっても、them は目的格だ」ということを考えてほしい。「前置詞のうしろの名詞はすべて目的格」でなければならない。そこで、of のうしろなのだから、関係代名詞も目的格でなければならないことになる。

(2)　**答 He saw a tall tree, many branches of which were broken.**
　　訳 彼は背の高い木を見たが、その枝の多くが折れていた。

　2文で共通しているのは tree である。そこで②の the tree を関係代名詞 which にかえる。

　　many branches of which were broken

これを①のうしろにくっつけると、正解の英文になる。

　注意すべきなのは which を前に出さないこと。もともと②の文の Many branches of the tree はヒトカタマリの主語であり、ヒトカタマリの主語はバラバラにしたくない。そこで、the tree を which にかえても、前に出してバラバラにすることは避けるのである。

```
① He saw a tall tree
                        which
② Ⓢ Many branches of the tree
  Ⓥ were broken.    ヒトカタマリのS
                   ⇒ バラバラはイヤ。
                   ⇒ whichを
                     前に出さない
```

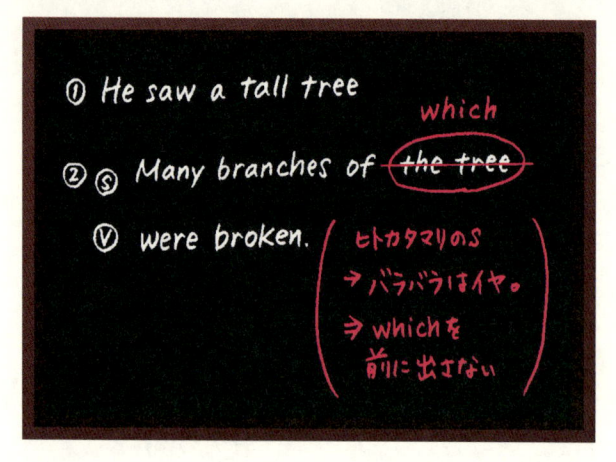

B (3) 答 ④

訳 サンフォード氏は1冊の本について言及したが、私はその本のタイトルを思い出すことができない。

次の2文に分けて考えるとわかりやすい。

ⅰ) Mr. Sanford mentioned a book.
ⅱ) I cannot remember the title of the book now.

この2文を1文にまとめれば問題文が完成する。2文に共通するのは book であるから、ⅱ)の文の the book を関係代名詞にかえ、… the title of which とする。

$\underset{S}{I}\ \underset{V}{cannot\ remember}\ \underset{O}{the\ title\ of\ the\ book}\ \cdots$

の構文に注意して、the title of which 全体を前に出す。ヒトカタマリの目的語をバラバラにしたくないからである。これで正解の文

　Mr. Sanford mentioned a book,
　　the title of which I cannot remember now.
が完成する。

(4) 答 ②

訳 まもなくマッコイ氏は丘にたどり着いたが、丘のふもとには古いヴィラが立っていた。

この文は、もともと以下の2文を1文にまとめたものである。

ⅰ) Before long Mr. McCoy came to a hill.
ⅱ) At the foot of the hill stood an old villa.

このうちⅱ)文の構文がMVSの倒置構文になっていて、難しい（倒置構文については本書の下巻第9章「受動態／否定／倒置」第71講 P206 参照）。

$$\underset{M}{\underline{\text{At the foot of the hill}}} \quad \underset{V}{\underline{\text{stood}}} \quad \underset{S}{\underline{\text{an old villa.}}}$$

M（修飾語）を強調して前に出すと、SとVの語順を倒置することがあって、これを「MVSの倒置」という。「丘のふもとには古いヴィラが立っていた」の意味になる。この2文で共通するのはhillだから、ⅱ)文のthe hillを関係代名詞whichにかえると、

 at the foot of which stood an old villa

これをⅰ)文のうしろにくっつけると正解の文になる。

 Before long Mr. McCoy came to a hill,
 at the foot of which stood an old villa.

whichを前に出さないのは、at the foot of the hillというヒトカタマリの修飾語をバラバラにしたくないからである。

(5) **答** ②

訳 トミーには友人がたくさんいるが、その友人の多くと彼は学校でいっしょに過ごした。

正解になる文は、もともと以下の2文を1文にまとめたものである。

ⅰ) Tommy has a lot of friends.
ⅱ) He was at school with many of the friends.

この2文で共通しているのはfriendsだから、ⅱ)のthe friendsを関係代名詞whomにかえて前に出す。このとき、注意すべき点が2つある。

 [1] 前置詞ofのうしろだから関係詞は目的格のwhomになること。

 [2] many of the friendsは、ヒトカタマリでその前にある前置詞withの目的語になっているのだから、バラバラにしたくない。many of whomのヒトカタマリのまま前に移動する。

以上の結果、正解となる文ができあがる。

 Tommy has a lot of friends, *many of whom* he was at school with.

なお、③はthemが余計。①と④は、ともにwithを補わなければならない。

第34講 VV'タイプ（連鎖関係代名詞）

> **基本文** 次の英文を日本語に訳せ。
>
> (1) Carrie is a woman who I know is from New York.

● 基本文解説

(1) **答** キャリーは、ニューヨーク出身だと私が知っている女性である。

　これは大学受験生が最も間違いやすい「連鎖関係代名詞」の例文である。次の **ESSENTIALS** ㊶でしっかり把握してほしい。

ESSENTIALS ㊶ VV'タイプ（連鎖関係代名詞）

　次の空欄に適切な関係詞を入れよ。
　　Carrie is a woman (　　) I know is from New York.
という問題に対して、非常に多くの生徒たちが whom を入れてしまうのだが、それは見事に引っかかったのであって、正解は who である。whom を入れてしまった人に聞いてみると、間違いの原因は（実際には同じことなのだが）2つに大別される。

　[1] 高校受験の塾で「うしろに SV が続いていたら、whom を入れておけ」と習った。確かに (　　) I know … というふうにうしろには SV が続いている。

　[2] 高校生になって通った塾で「関係詞の問題では、後ろが不完全な文になっている。だからうしろを見て、足りない要素を関係詞にして補え」と習った。確かに後ろを見ると (　　) I know … となっていて、I が S、know が V であり、know は他動詞なのに目的語が見当たらない。よし、目的語が足りないから、空欄は目的格！ → whom‼ はぁっは、うぉっほ、楽勝‼

　まず[1]のタイプの人、あなたはいくらなんでも単純すぎ。高校受験の知識で大学受験に立ち向かおうとする態度を、早めに改めたまえ。

　[2]のタイプの人。キミは、まあ、なかなかよく勉強しておるのぉ。その点は褒めてツカワすぞよ。ただし、まだ軽率すぎるのじゃ。「他動詞 know の目的語が見当たらない」まではよかったが、キミはそのうしろが know is …と、いかにもフシギな形になっていることにも気づくべきだったんじゃ。

　know is …と 2 つの V が連続しているのが、このタイプの問題の特徴であ

る。昔は難しく「連鎖関係代名詞」と呼んでいたが、著者のような超人気♡カリスマ講師♡になると、そういう難解な用語は避けて、これを「VV´タイプ」と呼ぶことにしている。Vが2コ連続する不可思議な形に注目してほしいからである。まず、正式な説明をしておこう。この文は以下の2文を1文にまとめたものである。

ⅰ) Carrie is a woman.
ⅱ) I know (that) the woman is from New York.
　　S　V　　　　　S´　　　V´　　M´

ⅱ)の文 know の目的語は that 節。接続詞 that は省略できる。この2文で共通の要素は woman であるから、ⅱ)の the woman を関係代名詞にして前に出せば2文をまとめることができる。つまり「that 節の主語」であったものが関係詞にかわるのだ。that 節の主語であっても、もとはあくまで主語である。主語サマなのだから、関係詞になっても、もちろん主格 who である。小さな国でも、トノサマはトノサマ。それを目的格なんかにしたら「無礼もの！出会え出会え!!斬って捨てよ」などと、恐ろしいことになりかねない。

ただし、試験の現場でこんなふうに丁寧に考えてはいられないから、とにかく VV´の連続に気づいてほしい。「おや、VV´だ。V と V´が直接つながるはずはない。ということは、V と V´の間に、本来は S´があって、それが関係代名詞になって前に出たんだな。よし、主格だから who」。こんな感じで判断すれば、ひっかかることは確実に少なくなる。

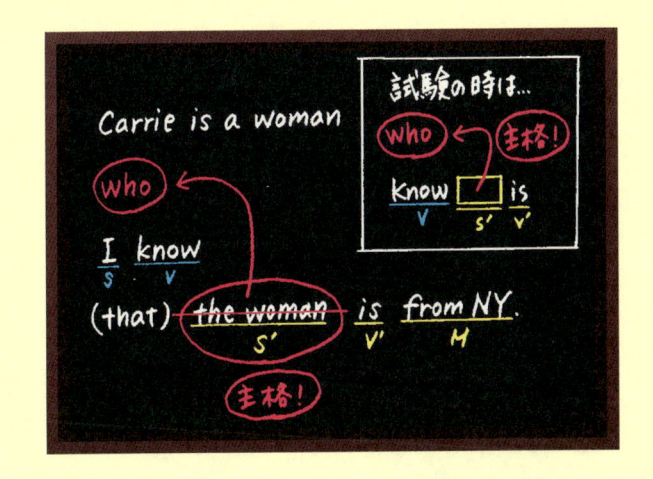

第34講　VV´タイプ（連鎖関係代名詞）

例題

次の各文の（　）内に、最も適切なものを①〜④の中から1つ選べ。

(1) She is a girl (　) it is difficult to get to know well.
　　① as　　　② when　　③ what　　④ whom

(2) England is the country (　) I've wanted to visit for a long time.
　　① where　② in which　③ to which　④ which

(3) This is the woman (　) they say stole the money.
　　① who　　② whom　　③ and　　　④ whomever

(4) Charlotte is the person (　) everybody believes is the best for the task.
　　① who　　② whom　　③ but　　　④ and

例題解説

(1) **答** ④

　訳　彼女はよく知り合うのが難しい女だ。

　関係詞の空欄補充問題では（　）のうしろに何が欠けているかを見極めるのがコツである。この問題では（　）it is difficult to get to know … と見ていって、「know は他動詞なのに目的語が欠けている」と気がつけばいい。「他動詞 know の目的語がないから、それが関係代名詞になって前に出てきたのだろう。目的格の関係代名詞 whom が正解」とわかる。

　もちろん、正確に2文に分けて考えることもできる。つまり、
　　ⅰ) She is a girl.
　　ⅱ) It is difficult to get to know the girl well.
の2文を1文にまとめたのが問題文。共通しているのは girl だから ⅱ) の the girl (know の目的語) を whom にして前に出したのだ、と考えればいい。

(2) **答** ④

　訳　イングランドは私が訪れたいと長い間望んでいた国である。

　（　）の後ろに何が欠けているのか見極めよう。
　　…（　）I've wanted to visit …
と見ていって「visit は他動詞なのに、目的語が見当たらない」ことに気づく。

「他動詞 visit の目的語がないから、それが関係代名詞になって前に出たのだろう」と判断すれば、④の which が正解とわかる。

なお、これも 2 文に分けてしっかり考えることもできる。つまり、
ⅰ) England is the country.
ⅱ) I've wanted to visit the country for a long time.

の 2 文を 1 文にまとめたのが問題文。共通しているのは the country だから ⅱ)の the country (visit の目的語) を which にして前に出したのだ、と考えればいいのである。

他の選択肢について見ておこう。① where は副詞であり、副詞が動詞の目的語になることはありえない。②③はともに「前置詞＋関係代名詞」だが、「前置詞＋名詞」が動詞の目的語になることもありえない。

(3) 答 ①
訳 この人は、そのお金を盗んだと彼らが言っている女である。

「VV'タイプ」の問題。基本文解説でも言っておいたとおり、この問題では ② whom を選んでしまう誤答が非常に目立つ。高校受験時代の知識として「後ろが SV になっていたら、目的格 whom だ」という、いい加減なことを覚えてしまったせいだろう。または、

(　　) they say …
　　　　　S　　V

の部分だけを見て、「say は他動詞なのに、目的語がない。よおし、目的格だから whom だ」と短絡的に反応した結果かもしれない。重要問題だから、こでしっかり修正しておきたい。

正確に考えるために、まず 2 文に分けて検討しよう。
ⅰ) This is the woman.
ⅱ) They say (that) the woman stole the money.
　　　S　　V　　　　　　　S'　　　V'　　O'

（その女がカネを盗んだと彼らは言っている）

ⅱ)の文の接続詞 that を省略したうえで、2 文に共通しているのは the woman だから、ⅱ)の the woman を関係代名詞にかえて前に出す。この the woman は、that 節の主語だから、主格の関係代名詞 who にならなければならない。

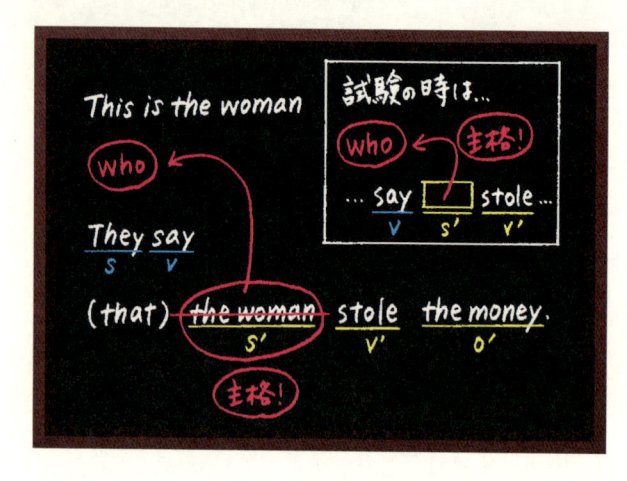

ただし、試験の場でこういう面倒なことを考えている余裕はないから、以下のようにもっと単純に考えられるようにする。つまり、空欄のうしろの構文に着目し、

$$( )\ \underset{S}{\text{they}}\ \underset{V}{\text{say}}\ \underset{V'}{\text{stole}}\ \underset{O'}{\text{the money.}}$$

「あれれ、VV'と、動詞が2つ直接つながっている。動詞が2つつながることはありえない。おお、これは今井の参考書でシツコクやった『VV'タイプ』連鎖関係代名詞の問題だ。V'に対応するS'が消えているから、S'が関係代名詞になって、前に出ているわけだ。S'のかわりだから、主格。主格だから、who」と考えられるようにできればいい。

なお、③を選んだ人は、and they say stole the money では動詞 stole の主語がなくなってしまうことに気がついてほしい。

(4) **答** ①

訳 シャーロットはその仕事にはベストだと皆が信じている人だ。

この問題も「VV'タイプ」。② whom を選んでしまう誤答が多い。懸命に学んだ高校受験の知識が、かえってジャマになる。高校生になってからの塾で、中途半端な勉強をした人も要注意。

$$( )\ \underset{S}{\text{everybody}}\ \underset{V}{\text{believes}}\ \cdots$$

の部分だけを見て、「believes は他動詞なのに、目的語がない。よし、オッケ、目的格 → whom。楽勝!!」という、間違った短絡的反応も後を絶たない。

正確に考えるために、まず2文に分けて検討しよう。

ⅰ) Charlotte is the person.

ⅱ) Everybody believes (that) the person is the best …
　　　S　　　V　　　　　　　S'　　V'　C'

（その人がベストとみんなが信じている）

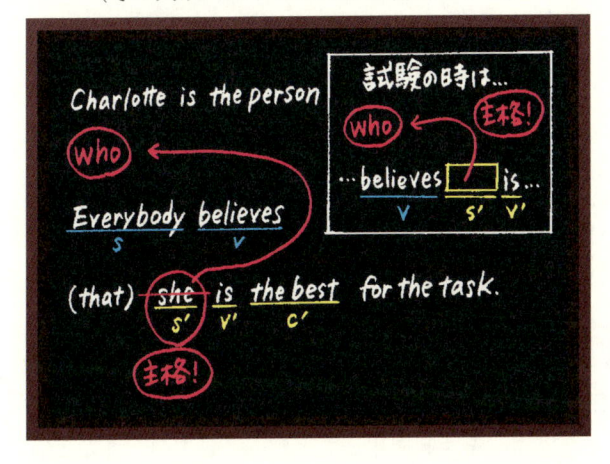

（黒板部分）
Charlotte is the person
who
Everybody believes
　　　S
(that) she is the best for the task.
　　　　S' V'　C'
主格！

試験の時は…
who 主格！
…believes □ is…
　　　V　　S' V'

ⅱ）の文の接続詞 that を省略したうえで、2文に共通しているのは the person だから、ⅱ）の the person を関係代名詞にかえて前に出す。この the person は、that 節の主語だから、主格の関係代名詞 who にならなければならない。

　もちろん試験の最中はこんなに丁寧にやっているヒマはないから、もっと単純に考える。空欄のうしろの構文に着目して、

　　（　　）everybody believes is the best …
　　　　　　　S　　　　V　　　V'　C'

「おや、VV'と、動詞が2つ直接つながっている。動詞が2つつながることはありえない。おお、おお、これはシツコイ今井の参考書でシツコクやった『VV'タイプ』連鎖関係代名詞の問題だ。なるほど、V'に対応するS'が消えているんだから、S'が関係代名詞になって、前に出ているわけだ。S'のかわりだから、主格。主格だから、who」おお。キミは優秀ですね。

第35講 制限用法と非制限用法

> **基本文** 次の英文を日本語に訳せ。
>
> (1) I have five sons who have become doctors.
> (2) I have five sons, who have become doctors.
> (3) They have three daughters who are married.
> (4) They have three daughters, who are married.
> (5) Linus likes a girl who has long hair.
> (6) Linus likes a girl, who has long hair.

● 基本文解説

(1) **答 医者になった5人の息子がいます。**

　関係詞の前にコンマがない用法を「制限用法」と呼ぶ。日本語訳するときは、うしろから訳すことになっている。この用法だと、「医者になった息子が5人いること」がわかるだけであって、他にも6人目7人目の息子がいるかもしれない。

(2) **答 5人の息子がいます。息子たちは医者になりました。**

　関係詞の前にコンマがあったら、そこで一回切断して訳すことになっている。コンマがある形を「非制限用法」という。この用法だと「息子は5人だけ」とまずわかり、しかも「5人全員が医者になった」ということになる。だからコンマは意味上とても重要であり、「コンマがなかったらうしろから訳せ」「コンマがあったら前から訳せ」というふうに、高校や塾＆予備校の授業では「今日の最重要事項」として強調されるはずである。

(3) **答 彼らには、結婚した娘が3人います。**

　関係詞の前にコンマがない「制限用法」。和訳するときは、うしろからひっくりかえって訳す。この用法だと、「結婚している娘が3人いること」がわかるだけであって、他にもまだ4人目5人目の娘がいる可能性が出てくる。つまり、「ジュンコとトモコとミヤコはヨメに行っちまっただ。んだから『結婚した娘』なら3人いるだ。んだどもね、アカネとアキはまだ高校生で、親もとか

ら高校に通っとるだで、まんだヨメには行ってねえだよ」という感じである。

(4) **答** **彼らには娘が3人いて、3人は結婚しています。**
　関係詞の前にコンマがある「非制限用法」。コンマで一回切断して、前から訳す。この用法だと「娘は3人だけ」とまずわかり、しかも「3人全員に夫がいる」ということが伝えられる。「おお、娘さん三姉妹みんなオヨメに行っちゃって、寂しいですね」という感じになる。

(5) **答** **ライナスはロングヘアの女の子が好きだ。**
　「長い髪の女の子が好きだ」。こういう趣味の男子は、むかしから非常に多い。女の子を好きになるのに、まず髪の毛の長さを見て、「長いから好き、短いからキライ」というのは、私なんかはもうすっかりオジサンだから「おかしいんじゃないか？」と思うし、どうしてもロングがよかったら、好きになった女の子に「髪を伸ばしてくれない？」と頼んでみるのが正しい順番だと思う。しかし、人間の趣味というものはたいへんフシギなもので、こんなオジサンがそんな意見を言っても、何の解決にもならない。こういう男子は、相手が「髪を切っちゃった」と告白した途端に「髪の長くない子はキライだ」とか言ってウワキする可能性があるから、女子諸君は大いに用心したまえ。

(6) **答** **ライナスはある女の子が好きであり、彼女は長い髪をしている。**
　まずサエちゃんならサエちゃん、スミちゃんならスミちゃんを好きになって、その上で「その女の子は髪が長かった」という心温まるオハナシ。お父さんも、それなら心配しない。髪が長かろうが短かろうが、とにかくまず「スミちゃんが、好き」なのであって、ロングヘアはあくまで付け足しであり「ちなみに…」「…付け加えると」という情報である。これなら、『ViVi』や『CanCam』を読んで「今年は髪をカットしてみる！」「ボーイッシュなヘアスタイルで、華麗に変身‼」とか、カレシに無断でそういうことをやっちゃっても全く心配ない。女子諸君はこういう男子と付き合うようにしたまえ。

> **例題**

次の各文の（　）内に、最も適切なものを①〜④の中から１つ選べ。

(1) Tess (　) really likes this town.
　　① who is from Sydney　　② , that is from Sydney
　　③ that is from Sydney　　④ , who is from Sydney

(2) There are few places downtown for parking, (　) is really a problem.
　　① what　　② where　　③ which　　④ who

(3) Alexa said she was single, (　) was not true.
　　① it　　② that　　③ what　　④ which

(4) Stratford-upon-Avon, (　) is on the river Avon, is famous as Shakespeare's birthplace.
　　① which　　② what　　③ that　　④ where

(5) My sister, (　) you once met, is visiting us next month.
　　① whom　　② that　　③ when　　④ where

(6) I tried to swim across the river, (　) I found quite difficult.
　　① where　　② which　　③ when　　④ on which

例題解説

(1) **答 ④**

訳　**テスは、シドニー出身だが、この町が本当に気に入っている。**

Tess は固有名詞。固有名詞にコンマのない関係代名詞（制限用法）を続けることは、きわめて特殊なケース以外にはありえないから、①と③は×。

なお、「きわめて特殊なケース」とは、たとえば Tess という名前の女性がいまここに３人存在し「シドニー出身のテス」「シカゴ出身のテス」「リバプール出身のテス」を区別しなければならないようなケースである。文法問題を考えるときは、こういうきわめて特殊なケースを想像して興奮していても何にもならない。

②については、「コンマのある形（非制限用法）では that は使えない」というルールがあるから、×。このルールは頻出事項である。

(2) 答 ③

▶訳 都心部にはクルマをとめる場所がほとんどなくて、そしてそのことは本当に問題である。

　前文の内容全体を先行詞として「そしてそのこと」の意味になる関係代名詞 which の問題である。①の what にはこのような用法はないから、×。先行詞に「人」は全く出てこないから、④を選んだ人はいないだろう。問題なのは、「何となく、場所が先行詞のような気がする」と思って② where を選んだ人。あなたはまず「where は副詞である」ことを確認した上で

$$, \underline{()}_{S} \; \underline{is}_{V} \; \cdots \; \underline{a\;problem}_{C}$$

という構文を理解し、「S の位置に副詞が来ることはありえない」という基本原則をしっかりさせておくこと。

(3) 答 ④

▶訳 アレクサは自分が独身だと言ったが、それは真実ではなかった。

　前文の内容全体を先行詞として、「そしてそのこと」という意味になる関係代名詞 which の問題である。前文中の that 節の内容を先行詞とすることもある。② that や ③ what にはこのような用法はないから、×。①の it を選ぶと、2つの文を接続詞なしで結んだことになるから、×。and または but が一緒なら OK になる。

(4) 答 ①

▶訳 ストラットフォード・アポン・エイヴォンは、エイヴォン川に接した町であり、シェイクスピアが生まれた町として有名だ。

　Stratford-upon-Avon は固有名詞だから(1)で考えたような特殊なケースを除けば、コンマのない関係詞節がつながることはありえない。② what、③ that はともに、コンマのある形（非制限用法）では使えないから、×。問題なのは、④を選んで「場所が先行詞だから、where に決まっている」と思っているポコンちゃん。よおく、聞きなさいね、ポコンちゃん。まず「where は副詞である」。いいです？　そこで、次に

$$, \underline{()}_{S} \; \underline{is}_{V} \; \underline{on\;the\;river\;Avon}_{M}$$

という構文を理解。いいです？で、最後に「Sの位置に副詞が来ることはありえない」という基本原則をしっかり記憶すること。いいです？ポコン殿。

(5) **答 ①**

▶ **訳** 僕の妹には、キミも一度会ったけど、あいつ来月僕らを訪ねてくる予定なんだ。

「関係詞の問題は、うしろを見て、うしろに何が足りないのか見極める」という解き方の原則を思い出してほしい。ここでは

$$( ) \underset{S'}{you} \ once \ \underset{V'}{met}$$

の部分を見て、「おお、他動詞 met に目的語が欠けている。(　　) には、met の目的語になる目的格の関係代名詞が入ればいい。ならば、whom」と考える。②の that については、「コンマのある形で that は NG」というルールを思い出せば、すぐに×だとわかる。

(6) **答 ②**

▶ **訳** 私は河を泳いで渡ろうとし、それはとても困難だとわかった。

この問題でも「関係詞の問題は、うしろを見て、うしろに何が足りないのか見極める」という解き方の原則を思い出せば、比較的簡単に解ける。つまり、

$$( ) \underset{S}{I} \ \underset{V}{found} \ \underset{C}{quite \ difficult}$$

という構文で、他動詞 found の目的語がないから、(　　) 内には found の目的語になる目的格の関係代名詞 which を入れればいいことになる。なお、この関係詞の先行詞は名詞用法の不定詞 to swim across the river「河を泳いで渡ること」である。

①where や ③when を選んだ人は、「副詞は目的語になれない」という基本を確認。④は、もちろん on という前置詞が意味をなさないから×である。

ESSENTIALS ㊷ コンマの有無について → コンマは発音されるのだ!!

「コンマがなかったらうしろから訳せ」
「コンマがあったら、そこで一回切って、前から訳せ」
高校生の頃「そんな区別は、どうでもいいんじゃないか？」と思って、先生方

の発言に反発したことがある。「コンマは、単なる『記号』であって、発音されることはない。音声に現れないコンマの有無で、そんな重要な違いが出てくるんじゃ、英語の会話は大混乱になるんじゃないか？」というのが、その理由。先生方は「もし6人目の息子がいたらどうする？」と反論なさったが、「心配はいらない。英語は饒舌な言語である。もし6人も7人も息子がいるかもしれないなら、聞いてみればいいのだ。何もコンマ一つでガタガタ言っている必要はない。質問すれば、会話が次のように続いていくはずだ。

　　X：I have five sons(,) who have become doctors.
　　Y：You have five sons? You have quite a lot of sons, don't you?
　　X：Oh, I have more sons. Seven, in fact.
　　Y：Seven?　Then, you have two others?
　　X：Yes.　One of the two has become a lawyer.
　　Y：Oh, …
　　X：And the other is now a college student.

ほらな。こうやって積極的に会話すればいい。会話を進めていけば、「子供が5人」なのか「子供はもっといる」かは簡単にわかるはずだ。

　以上が高校生の頃の私の意見。だから、「コンマ!!コンマ!!!」とコンマの話ばかりになったときに、キミたちがムカつく気持ちはよくわかる。積極的に相手に尋ねればいいのに、コンマコンマ言われても、コンマっちゃう。そういう気持ちはよく理解できる。うにゃうにゃ。

　しかしこの発想は、「コンマは発音されない『記号』に過ぎない」というところが間違い。「コンマは、発音される」のだ。もちろん、実際に「コンマ」と口に出して言うわけではなくて（そんなことしたら変人だ）、「一瞬の間の置き方」または「表情や目つき」によって、コンマを発音するのである。だから、聞き取る側は、息継ぎがちょっとだけ長かったり、関係詞から先で少し表情が変化したりすることで、「おお、コンマがあったぞ」と理解しなければならないのである。

　「コンマあり」のときは、日本語で「ちなみに…」「つけたしておくと…」と言って情報を付加するときと同じような息継ぎ、同じような表情の変化、同じような間の置き方をする。一方「コンマなし」のときは、ほとんど息継ぎもせず間も置かずに一気に発音する。基本文 なら「医者になった5人の息子」「結婚している3人の娘」は完全にヒトカタマリだからである。

第35講　制限用法と非制限用法

第36講 関係代名詞と関係副詞

> **基本文** 次の英文を日本語に訳せ。
> (1) I remember the day when I first drove this car.
> (2) The real reason why they divorced is not clear.

● 基本文解説

　関係副詞は、ごく表面的なことしか知らずに通り過ぎてしまうことが多い。「先行詞が場所だと where、時だと when、理由だと why …」という程度で終わりにしている人がほとんどのようである。しかし、もっとキチンと「関係代名詞と、どこが、どう違うのか？」ということから押さえていかないと、実際の試験の現場では、出題者のワナにかかるばかりで、ほとんど得点にならない。要注意の単元である。

(1)　**答** 初めてこのクルマを運転した日のことを覚えています。

　問題文は、もともと以下の2文を1文にまとめたものである。
　ⅰ) I remember the day.
　ⅱ) I first drove this car on the day.
　この2文で共通するのは the day であるから、ⅱ)の文の the day を関係代名詞 which にかえて前に出せば2文が1文につながる。そのとき、その前にある前置詞 on も一緒に前に行けるから、on the day 全体が on which にかわって前に出て行くことになる。

　　I remember the day *on which* I first drove this car.
もちろんこの文も正しい文なのであるが、「前置詞＋関係代名詞」は1語の関係副詞にまとめることができる。この文の場合は先行詞が「時」を表す the day だから、関係副詞 when を on which のかわりに用いる。すると、

　　I remember the day *when* I first drove this car.
の問題文ができあがる。「中3まで懸命に勉強したが、高校に入ってすぐ大爆発した。現在、撃沈中」という高校生は、最後の「時だから when」というところだけ記憶し、それだけで問題を解いては撃沈を繰り返している傾向がある。もうこれからは撃沈しないために、ぜひ、上に記した思考過程を理解して

おくこと。

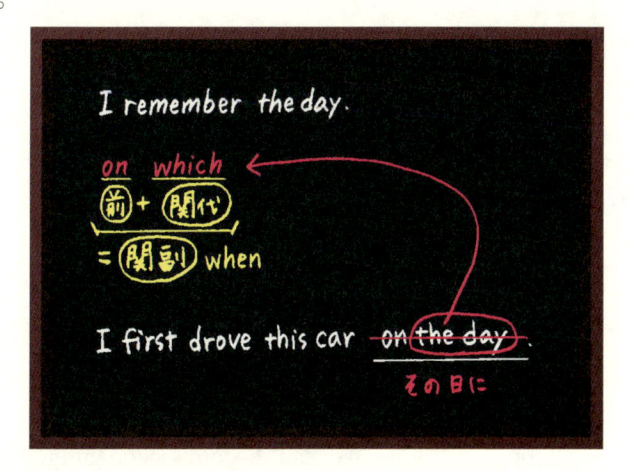

> I remember the day.
> on which ←
> 前 + 関代
> =関副 when
> I first drove this car ~~on the day~~.
> その日に

(2) **答** 彼らが離婚した本当の理由は明らかではない。

　この問題文も、もともとは以下の2文を1文につないだものである。
　ⅰ) The real reason is not clear.
　　　（本当の理由は明らかではない。）
　ⅱ) They divorced for the reason.
　　　（2人はその理由で離婚したのだ。）
2文に共通の要素はreasonであるから、ⅱ)の文のthe reasonが関係代名詞whichにかわって前に出てくれば、2文が1文につながる。その際、前置詞forもいっしょに前に行けるから、for the reason全体がfor whichになって、ⅰ)文の先行詞The real reasonの直後に入り込むと

　　The real reason *for which* they divorced is not clear.
ここでも「前置詞＋関係代名詞」は1語の関係副詞にまとめることができる。この文の場合は先行詞が「理由」を表すreasonだから、関係副詞whyがfor whichのかわりになる。すると、

　　The real reason *why* they divorced is not clear.
の問題文ができあがる。

　とにかく、気をつけるべきことは「前置詞＋関係代名詞が一語にまとまって関係副詞にかわる」という思考過程を大切にすること。中3生みたいに、いきなり「理由だからwhy！楽勝!!」で終わらないようにすることである。

例題

A 次の各文の( )内に、最も適切な関係詞を補え。
(1) We went to the park ( ) was famous for its cherry blossoms.
(2) This is the house ( ) my family used to live.

B 次の各文の( )内に、最も適切なものを①〜④の中から1つ選べ。
(3) The firemen had trouble getting to the street ( ) the houses were on fire.
　　① how　　② on that　　③ where　　④ which
(4) There are many cases ( ) Japanese modesty causes misunderstanding.
　　① which　　② what　　③ where　　④ when
(5) This is the way ( ) we can become acquainted with one another.
　　① how　　② that　　③ to which　　④ which

例題解説

A (1) 答 **which**
訳 私たちは桜の花で有名な公園に行きました。

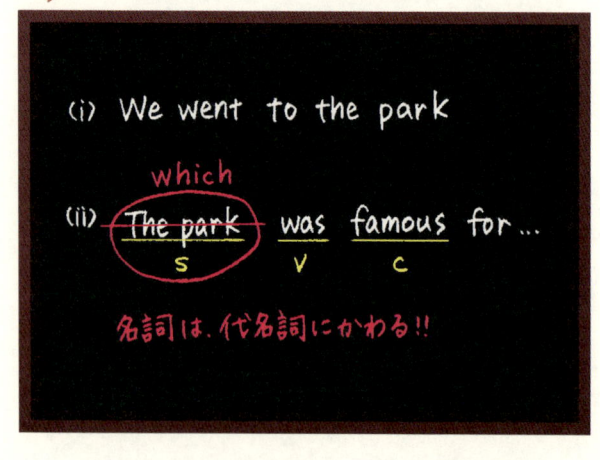

(i) We went to the park
(ii) The park was famous for ...
　　which
　　S　　V　C
名詞は、代名詞にかわる!!

この問題でwhereを入れた人は、いとも簡単にワナにひっかかったことになる。というか「場所だからwhere！楽勝‼」と言っている中学生と同じ。基本文で説明したことさえ、ロクに読んでいない点で、中学生以下である。そろそろ心を入れ替えないと、撃沈どころか奈落のそこに落ちますぜ、ダンナ。

あくまでも基本に沿って、2文に分けて考える。

ⅰ) We went to the park.
ⅱ) The park was famous for its cherry blossoms.

　この2文で共通なのは park だから、ⅱ)の文の the park が関係詞にかわる。the park は名詞だから、関係代名詞 which にかわる。よいかな、「名詞は代名詞にかわる」、これは最重要事項である。where は、副詞である。「名詞が、副詞にかわる」などということは、決してありえない。「魚を焼いたら、焼き魚」になる。名詞を副詞にかえてしまうのは「魚を焼いたら、スイカになった」というぐらい、バカげた話なのである。

(2) **答** where

訳 これは私の家族がかつて住んでいた家です。

問題文は、もともと以下の2文を1文にまとめたものである。
ⅰ) This is the house.
ⅱ) My family used to live in the house.

　2文で共通なのは house だから、ⅱ)の文の the house が関係代名詞 which になって前に出てくれば2文が1文につながる。そのとき、その前にある前置詞 in も一緒に前に行けるから in the house 全体が in which になって前に出る。

　This is the house *in which* my family used to live.

だから、もし問題文に（　　）が2つあれば in which が答えになる。しかしここでは（　　）は1つだから、in which を1語にまとめることを考えなければならない。そこで、前置詞＋関係代名詞 ＝ 関係副詞。先行詞は the house で、これは「場所」であるから、where が正解になる。

B (3) **答** ③

訳 消防士たちは家々が燃えている通りにたどり着くのに苦労した。

have trouble (in) …ing ＝ have difficulty (in) …ing「…に苦労する」。どちらの場合も in は省略できる。たとえ正解を選んでいても「場所だから where !! 楽勝 !!!」で終わった人は注意が必要。
ⅰ) The firemen had trouble getting to the street.
　　（消防士たちはその通りにたどり着くのに苦労した。）

ⅱ) The houses were on fire on the street.
　　（その通りに面して、家々が燃えていた。）
　この2文で共通なのはthe streetであるから、この名詞が関係代名詞whichになって前に出れば2文が1文にまとまる。そのとき、前置詞on「…に面して」もいっしょに前に行くことができるから、on the street全体が前に出てon whichになり、

　　The firemen had trouble getting to the street *on which* the houses were on fire.

　ここまでで、②と④が×であることがわかる。②が×なのは「前置詞＋関係代名詞の形ではthatは使えない」の原則からである。
　あとは、on whichを一語の関係副詞にかえればいいから、「先行詞が場所のときはwhere」のルールから正解は③に決まる。

(4)　答　③
　訳　**日本人の控えめさが誤解の原因になるような多くの場面がある。**
　問題文は、もともと以下の2文を1文にまとめたものである。
　ⅰ) There are many cases.（多くの場面がある。）
　ⅱ) Japanese modesty causes misunderstanding in the cases.
　　（そういう場面では、日本人の控えめさが誤解の原因になる。）
　この2文で共通しているのはcasesだから、ⅱ)の文のcasesが関係代名詞whichになって前に出れば、2文が1文にまとまる。その時、前置詞inもいっしょに前に行けるから、in the casesがin whichになって前に出てくる。

　　There are many cases *in which* Japanese modesty causes misunderstanding.

　ここまでで、①whichと②whatが×であることがわかる。あとはin whichを一語の関係副詞にまとめるだけであるが、先行詞casesに対して③whereを使うか④whenを使うか、大いに迷うかもしれない。迷ったらcasesの「場面」「場合」という和訳に気をつけてみよう。どちらにしても「場」なのだから、③whereが正解。「場面」とは、演劇の舞台や映画のスクリーンに示されるものである。舞台でもスクリーンでも、そこには広がりと奥行きがあり、面積がある。面積があるものは「場所」と考えていいだろう。

(5) **答** ②

訳 これが、私たちがお互いに知り合うことができる方法だ。

　この問題は非常に複雑なので、以下の4段階［Ⅰ］～［Ⅳ］を追ってしっかり考えなければならない。

［Ⅰ］問題文は、以下の2文が関係詞によって1文にまとめられたものである。
　ⅰ）This is the way.（これが方法である。）
　ⅱ）We can become acquainted with one another in the way.
　　（私たちはその方法でお互いに知り合うことができる。）

　この2文で共通するのは the way だから、この名詞が関係代名詞 which になって前に出る。その際、前置詞 in もいっしょに前に行けるから、in the way が in which に姿をかえて前に出て行くことになる。

　This is the way *in which* we can become acquainted with one another.
この段階で③ to which と④ which が×だとわかる。

［Ⅱ］次に、「前置詞＋関係代名詞は一語の関係副詞にまとめられる」。先行詞が the way「方法」のとき、関係副詞は how が原則だから、in which を how にかえる。

［Ⅲ］では①が正解か、と思うのだが、次に「先行詞 the way と関係副詞 how のうち、どちらか一方を必ず省略する」という原則がある。他の関係副詞（where／when／why）の場合は「先行詞と関係副詞のうち、どちらかを省略しても OK」というルールなのだが、how のときだけは「the way か how か、どちらかを必ず省略」というタイトなルールになるのだ。したがって、the way がすでに印刷されている以上、ここで（　　）に how を入れるわけにはいかなくなる。この段階で① how も×。

［Ⅳ］で、残った② that が正解になる。この that は関係副詞。たいへん便利な関係副詞で、ほかのすべての関係副詞 where／when／why／how の代用ができる。この問題文では how の代用として関係副詞 that を使うことになる。

第37講 関係詞 as／than／but／what

基本文 次の英文を日本語に訳せ。

(1) I want such a car as is economical and easy to drive.
(2) Children should not have more money than is necessary.
(3) There is nobody but commits errors.
(4) There is some truth in what he says.
(5) Don't put off till tomorrow what you can do today.

● 基本文解説

ESSENTIALS ㊸ 関係詞 as・than・but・what のルール

[1] 先行詞に、修飾語として such または the same がついていたら、関係詞は as を使う。
[2] 先行詞に比較級の修飾語がついていたら、関係詞は than を使う。
[3] which や who とそのうしろの not が結びつくと、関係詞 but になる。
[4] 関係代名詞 what は、先行詞＋関係代名詞を1語にまとめたものである。「the thing which …」や「the things which …」＝「what …」と考えてもいい。what 自体の中に先行詞を含んでいるから、先行詞なしで使い「…であるもの」「…であること」の意味になる。

(1) **答** 経済的で運転しやすいクルマがほしいな。

　この文の中の as が関係代名詞である。「as が関係代名詞」と言われると、なかなか納得できないのだが、この as は、もともとは which で

　　a car which is economical and easy to drive
　　（経済的で運転しやすいクルマ）

だったのである。しかし、先行詞をよく見ると、such がついている。「先行詞に such や the same がくっついたら、関係詞は as にかえる」というルールに従って、which を as にかえると、問題文になる。

(2) **答** 子供たちは、必要以上のおカネを持つべきではありません。

　この文の中の than が関係代名詞である。「than が関係代名詞」と言われると、これもなかなか納得できないが、この than ももともとは which で

　　money which is necessary（必要なおカネ）

だった。しかしよく見ると、先行詞には more という比較級の修飾語がついている。そこで「先行詞に比較級の修飾語がついたら、関係詞は than にする」というルールに従って、which を than に代えると、問題文になる。

(3) **答** 間違いを犯さない人は、だれもいない。

　先行詞 nobody にかかる関係詞節は、もともと

　　who does not commit errors（間違いを犯さないような）

このうち、who と not が結びつくと、関係詞 but になる。そこで関係詞 but で1語にまとめてしまうと、もう否定文ではなくなるから、does … commit も1語にまとまって、三人称単数現在の commits に変形する。

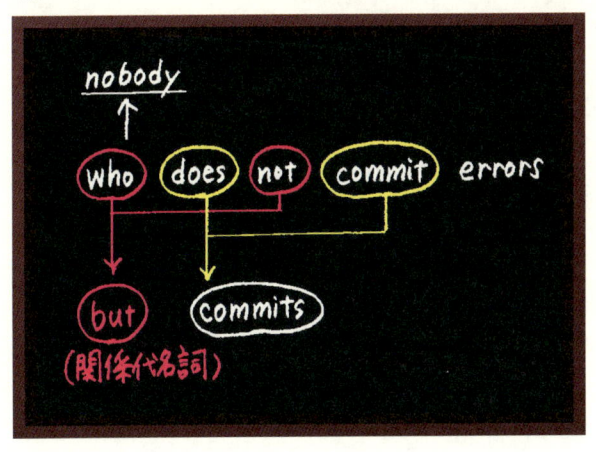

(4) **答** 彼が言うことの中には、いくらかの真実がある。

　　what he says ＝ the thing which he says 「彼が言うこと」

(5) **答** キミが今日できることを、明日に延期してはならない。

　　what you can do today ＝ the thing which you can do today
　　「キミが今日できること」

例題

A 次の各文の（ ）内に、最も適切な関係詞を補え。

(1) Who ( ) has read *Hamlet* can forget its story?
(2) Good manners are ( ) make men different from animals.
(3) He is not ( ) he was ten years ago.
(4) You ought to know ( ) that girl really is.
(5) His parents have made him ( ) he is today.

B 次の各文の（ ）内に、最も適切なものを①〜④の中から1つ選べ。

(6) Do not trust such friends ( ) praise you to your face.
　① but　　② than　　③ as　　④ who
(7) Even if you are ill, don't take more medicine ( ).
　① than is necessary　　② than necessary is
　③ than necessary it is　　④ than is it necessary
(8) There is not one of us ( ) wishes to help you, for you are loved by everybody.
　① that　　② who　　③ but　　④ as
(9) You didn't get the whole point. That wasn't ( ).
　① my means　　② what I meant
　③ what you mean　　④ your meaning
(10) Mr. Spencer is ( ) is called a self-made man.
　① that　　② which　　③ what　　④ who
(11) Reading is to the mind ( ) food is to the body.
　① so　　② that　　③ which　　④ what

例題解説

A (1) **答 that**

訳 ハムレットを読んだことのある人で、いったいだれがそのストーリーを忘れることができるだろうか？

先行詞が Who、( ) から *Hamlet* までが関係詞節になっている。先行詞 Who「だれが」は人であるから、関係詞は who になるべきであり、Who who has read *Hamlet*「ハムレットを読んだことのあるだれが」となるのが正しいはずだが、疑問詞 who が先行詞のときには関係代名詞

はwhoではなくてthatを使うルールがある。なぜか？ Who who … というふうに同じ単語が続くと発音しにくいし聞きにくいからだ、と考えてよい。

(2) **答** what

訳 よいマナーが、人間を動物とは違うものにする。

関係詞whatについて、what … = the thing(s) which … という基本を確認する問題である。

  what Amanda drinks = the thing which Amanda drinks
  （アマンダが飲むもの）
  what Meg must do tonight = the thing which Meg must do tonight
  （メグが今夜しなければならないコト）
だから、what make men different from animals
 = the things which make men different from animals
  （人間を動物とは違ったものにするもの）

(3) **答** what

訳 彼は10年前の彼ではない。

「what S be」は「Sの状況／Sの姿」の意味の特殊な表現である。

  what I am   「いまの私（の状況）」
  what Kyoto is   「いまの京都（の姿）」
  what I was   「過去の私（の状況）」
  what Kyoto was   「昔の京都（の姿）」
  what Kyoto used to be 「昔の京都（の姿）」
  what the world will be 「未来の世界の姿／状況」
  what Japan ought to be 「日本のあるべき姿」

(4) **答** what

訳 キミはあの女の子の本当の姿を知るべきだ。

what that girl really is「あの女の子の本当の姿」。前問と同じテーマである。

(5) **答** what

訳 彼の両親が、彼を今日の彼にしたのだ。

まず、以下のSVOC構文に注意。

His parents have made him what he is today.
　　S　　　　　V　　　　O　　　　　C

あとは前問と同じテーマでwhat he is today「今日の彼」が理解できればOK。

B (6) 答 ③

訳 **面と向かってキミをほめたたえるような友人を信用するな。**

先行詞は friends なのだから、本来（　）には who を入れたいところ。

　friends *who* praise you to your face　（面と向かって褒める友達）

しかし、先行詞をよく見ると修飾語 such がくっついている。すると「such または the same がついていたら、関係詞は as を使う」というルールから、who を as にかえて

　such friends *as* praise you to your face

となり、正解は③。

(7) 答 ①

訳 **たとえ具合が悪くても、必要以上のクスリをのんではならない。**

先行詞は medicine だから、本来（　）には which を入れたい。

　medicine *which* is necessary　（必要なクスリ）

しかし、先行詞をよく見ると、比較級の修飾語 more がついている。すると、「比較級の修飾語がついていたら、関係詞は than」というルールにより、

　more medicine *than* is necessary　（必要以上のクスリ）

となり、正解は①。

(8) 答 ③

訳 **我々の中に、キミを助けたくないヤツなんかいない。なぜなら、キミは皆に愛されているからだ。**

コンマの後ろの for は「なぜなら」で、「キミは皆に愛されているからだ」とある。すると、文脈上「キミを助けたくないヤツはいない」にしなければおかしい。①と②は、文法上は成り立つが、訳してみると「キミを助けたいヤツなんかいない」になり、「愛されているからだ」という発言にあわなくなる。

第4章　●　関係詞

④ as は文法的にも不的確だから、消去法で③ but に決まる。もともとは、
　　There is not one of us *who* does *not* wish to help you…
この文のうち、who と not が合体して1語の関係代名詞 but になり、その結果 does … wish も合体して、三人称現在単数の wishes に変形する。
　　There is not one of us *but wishes* to help you…

(9) 答 ②
　訳　**キミはよくわかってくれていない。それは私の言いたかったことではない。**
　文の後半は、もともと
　　That wasn't the thing which I meant.
このうち、the thing which … を1語にまとめれば正解の②が出てくる。③は、文全体が過去形の文なのだから、動詞 mean が現在形なのがおかしい。

(10) 答 ③
　訳　**スペンサー氏は、いわゆる「たたきあげの人」である。**
　what is called … は what が関係代名詞で「もの・こと」だから、「…と呼ばれるもの」の意味から「いわゆる…」と訳して熟語のように用いる。what we call …「我々が…と呼ぶもの」、what you call …「キミたちが…と呼ぶもの」、what they call …「彼らが…と呼ぶもの」なども同じで、すべて「いわゆる…」。なお so-called「いわゆる…」は「本当かどうかわからないが」というちょっと皮肉な感情が入り込むので、上の4つとは区別すること。

(11) 答 ④
　訳　**読書と精神の関係は、食べ物と肉体の関係と同じことである。**
　頻出の熟語表現で、
　　　A is to B what C is to D「AとBの関係は、CとDの関係と同じだ」
関係詞 what がイコールの役割を果たし「A：B ＝ C：D」の数式を読むのとほぼ同じ意味になる。what C is to D の部分が先に出ることもあるので注意。
　　　= What C is to D, A is to B
どちらの場合でも「AとBの関係」がイイタイコトであり、「CとDの関係」はそれを理解させるためのわかりやすい具体例になる。

第38講 関係形容詞／関係詞の省略／二重限定／…everなど

基本文 次の英文を日本語に訳せ。

(1) Al has paid all his debt, which shows that he is honest.
(2) She is from Germany, as I know from her accent.
(3) The letter was written in Japanese, which language I did not understand.
(4) I may have to work, in which case I'll call you.
(5) Eric called his wife by the wrong name, for which mistake he apologized to her soon.
(6) I will give Heather what money I have.

● 基本文解説

(1) **答** **アルは借金を全部払った。そのことは、彼が誠実だと示している。**

主節の内容を先行詞として「そしてそのこと」の意味をもつ関係代名詞 which を使った文。主節に含まれる that 節を先行詞とすることもある。この用法については、第35講「制限用法と非制限用法」P225 でも既にふれた。

(2) **答** **彼女はドイツ出身だ。そのことは、彼女のナマリでわかるんだ。**

この as も関係代名詞であり、(1)の which と同じ用法である。ただし、as の場合は、コンマの前後をひっくり返して、関係詞節を先に言い、主節を後から言うこともできる。which にはこの用法はないので、注意が必要。

　As I know from her accent, she is from Germany. (OK)
　Which I know from her accent, she is from Germany. (NG)

(3) **答** **手紙は日本語で書かれていた。その言葉を私は理解できなかった。**

関係詞 which の後に名詞が置かれ、which がその名詞を修飾していることがある。この場合 which は関係詞でもあり、形容詞でもある（だって、名詞を修飾しているのだ）から、「関係形容詞」と呼ばれる。問題文では、which language の2語がまとまって関係詞として機能し、先行詞 Japanese を修飾していることになる。

240

(4) **答 私は仕事をしなければならないかもしれない。そしてその場合には、あなたに電話します。**

　この which も関係形容詞である。関係詞 which がそのうしろの名詞 case を修飾し、形容詞の働きをしているからである。問題文では、in which case の3語がまとまって関係詞として機能し、基本文(1)の which と同様、直前にある主節の内容（仕事をしなければならないかもしれないこと）を先行詞として「そしてその場合」という意味になる。

(5) **答 エリックは妻を間違った名前で呼び、そしてその間違いについて、すぐに妻に謝った。**

　この which も関係形容詞。関係詞 which がうしろの名詞 mistake を修飾し、形容詞の働きもしているからである。この問題文では、for which mistake の3語がまとまって関係詞として機能し、基本文(1)の which と同じように、直前にある主節の内容（妻を間違った名前で呼んだこと）を先行詞として「そしてその間違いについて」という意味になる。ただし、妻を間違った名前で呼んで、それでただ謝っただけで済まされるかどうかは、私は知らない。おそらく、済まされないだろうと思う。こりゃ、たいへんなことになると思いますよ、エリックさん。

(6) **答 私は、いまもっているわずかだがすべてのお金を、ヘザーにあげるつもりだ。**

　what が関係形容詞として使われ、「わずかだがすべての…」という意味になることがある。「わずかである」ということを強調したい場合には、what の後ろに、不可算名詞なら little を、可算名詞なら few をつけることがある。

　　what (little) courage he had
　　「彼がもっていたわずかだがすべての勇気」
　　what (few) books she has read
　　「彼女が読んだことのある、わずかだがすべての書物」

例題

A 次の英文を日本語に訳せ。

(1) There is a woman wants to see you.

(2) Can you mention anyone that we know who is as talented as Zack?

B 次の各文の（　　）内に、最も適切なものを①〜④の中から1つ選べ。

(3) (　　) is often the case with him, he told a lie.
　　① What　　② Who　　③ Which　　④ As

(4) (　　) was usual with him, Grandpa took the dog out for a walk.
　　① What　　② Who　　③ Which　　④ As

(5) Give this dictionary to (　　) wants it.
　　① whoever　　② whomever　　③ but　　④ than

(6) We will employ (　　) works hard.
　　① whoever　　② whomever　　③ but　　④ than

(7) Alvin spoke to (　　) came into the room.
　　① whoever　　② whomever　　③ but　　④ than

(8) Give this dictionary to (　　) you like.
　　① whoever　　② whomever　　③ but　　④ than

(9) We will elect (　　) we believe is worthy.
　　① whoever　　② whomever　　③ those who　　④ of whom

(10) I'll deeply appreciate (　　) help you can give me.
　　① however　　② whatever　　③ whose　　④ which

(11) We met a group of hikers, (　　) were university students.
　　① some of them　　　　② many of them
　　③ some of whom　　　　④ some of who

(12) The teacher said that he would give those books to (　　) among us wanted to read them.
　　① who　　② whoever　　③ whom　　④ whomever

例題解説

A (1) 答 キミに会いたがっている女性がいます。

先行詞 woman にかかっていく関係詞節が wants to see you である。この

節のもともとの文を考えると

The woman　wants　to see you.
　　S　　　　V　　　　O

この文 S = The woman が先行詞と等しいので、関係詞 who になり、

There is a woman *who* wants to see you.

ところが、この who が省略されてしまう。「There is … や There are … で始まる文では、主格の関係詞でも省略するのが普通」というルールである。

(2) **答** 我々の知っている人で、しかもザックに負けないほど才能のある人の名前をあげることができるかい？

先行詞をまず1つ目の関係詞節で修飾し、その「先行詞＋関係詞節」の全体を、接続詞なしで、別の関係詞節によってさらにもう1回修飾する用法がある。これを「二重限定」と呼ぶ。問題文では、

[1]まず anyone が関係詞節 that we know で修飾されて「我々の知っているだれか」の意味になり、

[2]次に anyone that we know の全体が、2つ目の関係詞節 who is as talented as Zack に修飾されて「我々の知っている人で、しかもザックに負けないほど才能のあるだれか」の意味になる。

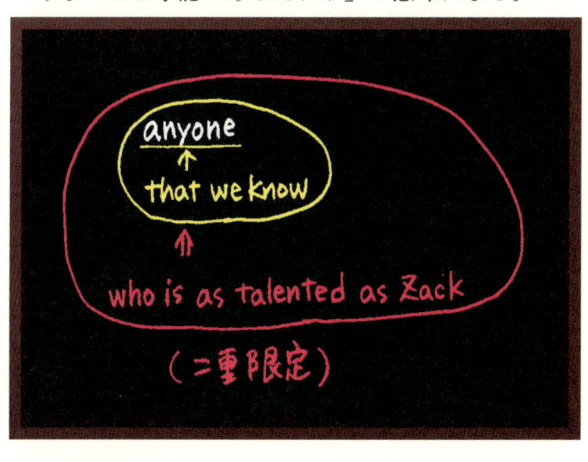

2つの関係詞節の間に接続詞を入れないことがポイント。また、普通2つの関係詞は別々のものを使う。一番目の関係詞は省略されることが多いが、2つ目の関係詞は省略することができない。

B (3) **答** ④

訳 彼にはよくあることだが、彼はウソをついた。

He told a lie, as is often the case with him.

関係代名詞 as は「主節を先行詞とする」もので、「そしてそのことは」の意味になる。問題文は、関係詞節を先に言い、主節を後回しにしたもの。which にも同じ用法があるが、which の場合は「関係詞節を先に言い、主節を後回しにする」ことができないから、③は×である。なお、the case with … 「…にはよくあること」である。

(4) 答 ④

訳 いつものことだが、おじいちゃんが犬を散歩に連れ出した。

関係代名詞 as の用法に関する問題で、③が×であるのも、前問に同じ。

(5) 答 ①

訳 ほしい人なら誰にでも、この辞書をあげてください。

②を選んでしまう人がターゲットの問題。②にひっかかってしまうのは、前にある前置詞 to を見て「前置詞のうしろは目的格。目的格なら whom …」と判断してしまうせいである。または「だれにでも」という日本語訳に引きずられて「『…に』なら目的格だろう」と考えているフシもある。

この問題は超頻出だから、正しい考え方に修正しておかなければならない。正しい考え方は「関係詞の問題は必ずうしろを見て、うしろに不足しているのは何か、を考える」である。この問題では

　　… (　) <u>wants</u> <u>it</u>
　　　　　　V　　O

の部分だけ見て、「おお、後ろは VO しかない。S が足りない。ならば (　) 内は S。S ということは、主格の関係代名詞 → whoever !!」と判断すれば、決して間違うことはない。

(6) 答 ①

訳 懸命に働く人なら、誰でも採用するつもりだ。

前問と同じように、②を選んだ人がターゲット。②にひっかかったのは、前にある他動詞 employ を見て「よし、他動詞の目的語だから、目的格。目的格なら、whom …」と考えたから。

　　… (　) <u>works</u> <u>hard</u>
　　　　　　V　　 M

の部分だけ見て、「おお、うしろは VM。S が足りない。ならば (　) 内

第4章　関係詞

はS。Sということは、主格の関係代名詞 → whoever」と考える。

(7) 答 ①

訳　**アルヴィンは部屋の中に入ってくるだれにでも話しかけた。**

「関係詞の問題はうしろを見て、うしろに不足しているのは何かを考える」。

　　…（　）　came　into the room
　　　　　　　 V　　　　M

の部分を見て、「おお、シツコイおじさんだねえ。後ろはVM。Sが足りない。ならば（　）内はS。Sということは、主格の関係代名詞 → whoever」。

(8) 答 ②

訳　**この辞書を、あなたが好きな誰にでもあげてください。**

　①を選んだ人。やーい、やーい、引っかかった。おじさんを「シツコイ」とか言ってるからだヨン。ちょっとでも気を抜くと、おじさんは、こわいヨン。で、考え方は「関係詞の問題は必ずうしろを見て、うしろに不足しているのは何か、を考える」。

　　…（　）　you　like
　　　　　　　S　　V

で、「うしろはSV。Vのlikeは他動詞。他動詞なのに目的語がないから（　）には目的格の関係代名詞が入る → whomever」。

(9) 答 ①

訳　**価値があると私たちが信じるどんな人でも選ぶつもりです。**

　大切なことなので、何度でも繰り返すが「関係詞の問題は必ずうしろを見て、うしろに不足しているのは何か、を考える」。

　　…（　）　we　believe　is　worthy
　　　　　　　S　　V　　　V'　C'

「おお、これは第34講 P216 でやったVV'タイプだ」と思ったかどうかが勝負の問題。「VとV'が連続して出てくるのはおかしいから、VとV'の間にS'が足りない。よし、（　）にはS'が入る。主格の関係代名詞だから、①のwhoeverが正解」と考える。③は非常に惜しいが、thoseが先行詞なのに関係詞節の動詞がisになることはないはずである。

(10) **答** ②

訳 キミが与えてくれるどんな援助をも、深く感謝するだろう。

whatever がうしろの名詞を修飾する関係形容詞として機能し、「どんな…でも」「どんな…であろうと」の意味になることがある。問題文では whatever help「どんな援助だろうと」となる。

(11) **答** ③

訳 私たちはハイカーのグループに出会ったが、その中には大学生もいた。

問題文は、以下の2文を1文にまとめたものである。
ⅰ) We met a group of hikers.
ⅱ) Some of the hikers were university students.

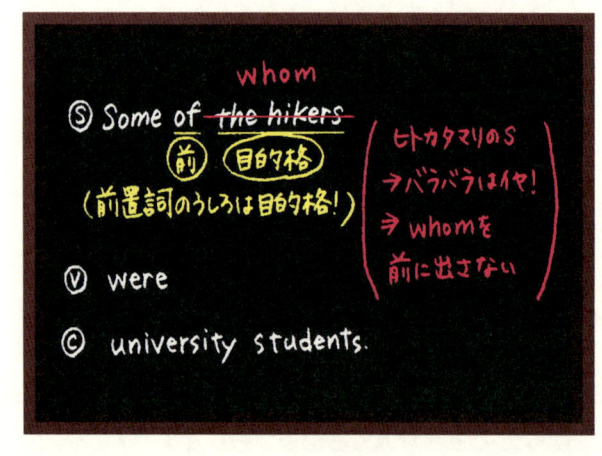

この2文に共通するのは hikers だから、ⅱ)の the hikers を関係代名詞 whom にかえれば正解の文が完成する。

④の some of who を選んでしまう誤答が目立つ。ⅱ)の文で Some of the hikers が主語になっているせいで、「もとの文の主語なんだから、関係代名詞も主格になる」と考えてしまうのが、誤答の原因である。

(12) **答** ②

訳 私たちの中でその本を読みたい人なら誰にでもあげようと、先生は言った。

「誰にでも」という日本語で引っかかって④を選ばないように注意。「関係詞は、後ろとの関係で決まる」が鉄則である。(　　) … wanted to read them を分析すれば、wanted「望んだ」がV'で、to read them「それらを読むこと」がO'。足りないのはS'なのだから、主格である②が入る。

ESSENTIALS 一覧

章	講	講タイトル		ESSENTIALS	頁
第1章	1	現在形と進行形	①	進行形にしない動詞	16
	2	現在完了形	②	現在完了形と現在形	23
	5	未来完了形／時や条件を表す副詞節	③	関係副詞節は、すべて形容詞節である	41
	6	基本動詞の判別1（自動詞と他動詞／活用形など）	④	自動詞とまちがえやすい他動詞	44
			⑤	活用形を確認しておくべき動詞	47
	7	基本動詞の判別2（話す／行く／来るなど）	⑥	「話す」：say／tell／speak／talkの判別	48
			⑦	「行く」：come と go の判別	52
	8	基本動詞の判別3（着る／貸し借り／似合うなど）	⑧	「着る」「身につけている」の判別	54
			⑨	「貸す」「借りる」の判別	55
			⑩	「似合う」「ふさわしい」の判別	58
	9	いろいろな助動詞	⑪	used to と would often の識別	64
	10	助動詞+have p.p.など	⑫	助動詞+have p.p.の形式6種	66
			⑬	may as well A as B と may as well A	69
第2章	11	不定詞の名詞的用法	⑭	It ～ for ○○ to … か, It ～ of ○○ to … か	77
	14	独立不定詞句／be to 不定詞／too … to 構文など	⑮	be to 不定詞	92
			⑯	記憶すべき独立不定詞句	93
			⑰	so ～ that … 構文 ⇔ too ～ to … 構文の書き換え	95
	15	代不定詞／完了不定詞（to have p.p.）など	⑱	「…しようと思ったが、ダメだった」の表現	102
	16	分詞構文1	⑲	分詞構文の作り方	104
			⑳	分詞構文についてのもう1つの考え方	109
	17	分詞構文2	㉑	慣用的に使う「独立分詞構文」について	115
	18	現在分詞と過去分詞	㉒	「前から修飾」か「後ろから修飾」か	117
			㉓	混乱しがちな分詞の意味	118
	19	SVOC構文と分詞の問題1	㉔	SVOC構文の読み方と解き方	122
	20	SVOC構文と分詞の問題2	㉕	使役動詞 let／make／have の区別	128
	21	付帯状況 with X+Y	㉖	付帯状況 with X+Y について	134
	22	動名詞と慣用表現	㉗	動名詞を使った慣用表現(1)	141
			㉘	動名詞を使った慣用表現(2)	144
	24	目的語になる準動詞	㉙	動名詞を目的語としてとる動詞	152
			㉚	不定詞を目的語としてとる動詞	153
			㉛	動名詞も不定詞も目的語にとる動詞	156
第3章	25	仮定法「もしいま」「もしあのとき」	㉜	仮定法「もしいま」「もしあのとき」	160
	26	仮定法の倒置／もしなかったら	㉝	「もし…がなかったら」の表現	167
	27	混合タイプ／仮定法未来	㉞	もしあのとき→いまごろは（混合タイプ）	172
			㉟	「もし将来」の2つの形	173
	28	I wish … と as if …	㊱	I wish … と as if …	178
	29	仮定法現在など	㊲	もういまは…していていいころだ	184
			㊳	仮定法現在	184
			㊴	仮定法現在を導く形容詞	188
			㊵	動詞 suggest の用法について	189
第4章	34	VV'タイプ（連鎖関係代名詞）	㊶	VV'タイプ（連鎖関係代名詞）	216
	35	制限用法と非制限用法	㊷	コンマの有無について → コンマは発音されるのだ!!	226
	37	関係詞 as／than／but／what	㊸	関係詞 as／than／but／what のルール	234

今井の英文法教室 上

さくいん

English

A
- a book for Amanda to read ··· 80
- a book to read ······ 80
- a friend to help me ······ 80
- accompany 名詞 ······ 44
- accustom oneself to …ing ·· 14,145
- admit ················ 152
- advisable ············ 188
- advise ··············· 184
- ago ·················· 18
- alone ················ 205
- always ··············· 13
- amaze ················ 119
- amazed ··············· 119
- amazing ·············· 119
- amuse ················ 119
- amused ··············· 119
- amusing ·············· 119
- answer 名詞 ·········· 44
- apologize to ········· 46
- approach 名詞 ······ 44,45
- approve of ··········· 149
- arrive at ············ 46
- as ··················· 234
- as I do ·············· 111
- as if ················ 178
- as long as ··········· 72
- as soon as possible ··· 189
- As soon as S+V ······· 151
- as soon as… ········ 37,38
- ask ·················· 184
- as が関係代名詞 ······ 234
- at that time ········· 183
- attend ··············· 43
- attend to ············ 43
- avoid ················ 152

B
- be …ing ············· 12
- be accustomed to …ing ·· 14,145
- be annoyed ··········· 150
- be apt to ············ 14
- be ashamed of ········ 147
- be badly off ········· 177
- be busy (in) …ing ··· 141
- be inclined to ······· 143
- be opposed to …ing ··· 145
- be proud of …ing ·· 151,158
- be sure of ······· 146,149
- be to 不定詞 ········ 92,94
- be to+be p.p. ········ 94
- be used to …ing ·· 14,72,145
- be used (またはaccustomed) to …ing ···· 145
- be well off ·········· 177
- be worth …ing ···· 141,143
- become ··············· 58
- believe ·············· 16
- belong to ············ 16
- beside oneself with ··· 93
- bind-bound-bound ····· 47
- bore ················· 119
- bored ················ 119
- boring ··············· 119
- borrow ··············· 55
- bound-bounded-bounded ··· 47
- break down ··········· 113
- but ··············· 67,234
- but for ·············· 167
- but not … any more ··· 64
- but now ·············· 64
- by oneself ··········· 205
- by the time ·········· 37

C
- can ·················· 60
- cannot(またはnever)
- ～ without …ing ····· 141
- cannot ··············· 65
- cannot but 原形 ······ 141
- cannot have p.p. ····· 66
- cannot help …ing ···· 141
- cannot help but 原形 ··· 141
- can't ················ 60
- chance to ············ 85
- come ················· 52
- come close to …ing ··· 144
- come near (to) …ing ··· 144
- come to ·············· 155
- come up with ········· 59
- complain of ·········· 149
- confuse ·········· 119,120
- confused ········· 119,120
- confusing ········ 119,120
- consider ········· 152,158
- considering (that) ··· 115
- constantly ··········· 13
- contain ·············· 16
- contemplate ·········· 152
- could ················ 160
- cut with ············· 81

D
- dare ············· 64,71
- decide ··········· 153,184
- delay ················ 152
- demand ··············· 184
- deny ················· 152
- desirable ············ 188
- desire ··············· 184
- determine ········ 153,184
- devote oneself to …ing ··· 145
- Directly S+V ········· 151
- disappoint ······· 119,120
- disappointed ····· 119,120
- disappointing ···· 119,120
- discourage ··········· 119
- discouraged ·········· 119
- discouraging ········· 119
- discuss 名詞 ······ 44,45
- do ················ 61,63
- do-does-did ·········· 61
- don't have to ········ 72
- dress ················ 54

E
- effort to ············ 85
- Either will do. ······ 72
- enjoy ················ 152
- ～ enough for ○○ to ··· 96
- enter ················ 43
- escape ··············· 152
- essential ············ 188
- excite ··············· 119
- excited ·············· 119
- exciting ············· 119
- excuse ··············· 152
- exhaust ·············· 119
- exhausted ············ 119
- exhausting ··········· 119
- expect ··········· 102,153
- expect O to ·········· 70

F
- fancy ················ 152
- feel like …ing ······ 141
- find-found-found ····· 47
- finish ··············· 152
- fit ·················· 58
- for ·················· 77
- for ○○ to ········ 74,89
- for ～ to ············ 103
- for ·················· 80
- for oneself ·········· 205
- for which ············ 229
- foresee ·············· 163
- forever ·············· 13
- forget …ing ········· 156
- forget to ············ 156
- found-founded-founded ··· 47
- frankly speaking ····· 115
- friend to talk with ··· 80

G
- generally speaking ··· 115
- get (または grow/become)
  accustomed to …ing ··· 145
- get (または grow/become)
  used to …ing ········ 145
- give up ·············· 152
- given (that) ········· 115
- go ··················· 52
- grow up ·············· 90

H
- had been …ing ······· 28
- had better ··········· 60
- had better not ······· 60
- had it not been for ··· 167
- had p.p. ············· 24
- hang-hanged-hanged ··· 47
- hang-hung-hung ······· 47
- have ············· 16,128
- have an objection to …ing ··· 145
- have difficulty (in) …ing ··· 76
- have every reason to ··· 65
- have good reason to ··· 65
- have on ·············· 54
- having p.p. ·········· 147
- hinder O from …ing ··· 97
- hire ················· 55
- his efforts to ······· 85
- hope ············· 102,153
- how ·················· 233
- How about …ing? ····· 144
- hurt ············· 119,120
- hurt (p.p.) ·········· 119
- hurting ·············· 119

I
- I have no intention ··· 85
- I wish …ing ········· 178
- if ··················· 37
- if it had not been for ··· 167
- if it were not for ··· 167
- if it will snow ······ 39
- If S had p.p. …, … would
  + have p.p. …, ······ 160
- If S should 原形 …, … would (might
  /could/should) + 原形 ··· 173
- If S were to 原形 …, … would (might/
  could/should) + 原形 ··· 173
- If S 過去形 …, … would
  + 動詞の原形 …, ······ 160
- If S 現在形 …, ······· 177
- if のない仮定法 ······ 190
- imagine …ing ········ 157
- Immediately S+V ······ 151
- important ············ 188
- in …ing ············· 141

見出し	ページ
in an hour	39
in in	84
in order not to	89,103
in order to	89,103
in the job	209
inform A of B	189
…ing形	116,140
injure	119,121
injured	119
injuring	119
insist	184
insist on	147,150
Instantly S+V	151
intend	102,153
intended (または expected／meant)+to have p.p.	102
interest	119
interested	119
interesting	119
into the night	51
It'~ for ○○ to	75,76
It ~ for ○○ to … か，It ~ of ○○ to … か	77
it goes without saying that	141
It happened that	59
It is about time	184,188
It is high time	184
it is no use (または good) …ing	141
It is time … 過去形	184

J
見出し	ページ
judging from	115
just now	18,22,23

K
見出し	ページ
keep O from …ing	97
know	16

L
見出し	ページ
last year	18
lay-laid-laid	47
leave 名詞	44,46
lend	55
let	55,128
Let's	144
lie down on	39
lie-lay-lain	47
lie-lied-lied	47
like	16
live	16
loan	55
look forward to …ing	144
love	16

M
見出し	ページ
make	128
make one's mind	184
marry 名詞	44,46
match	58
may	60,63
may as well A as B と may as well A	69
may have p.p.	66
may well	65
may (または might) as well A	70
may (または might) as	

見出し	ページ
well A as B	69
mean	102,153
mention 名詞	44,45
might	160
mind	152
miss	152
must	60
must have p.p.	66,68

N
見出し	ページ
necessary	188
~ need …ing	143
needless to say	93
needn't have p.p.	67
never fail to	51
never to	88
not to mention	93,97
not to say	93,97
not to	89,103

O
見出し	ページ
obey 名詞	44,46
object to …ing	145
occur to	59
of	77
on …ing	141,151
on one's own	205
○○ of one's own …ing	141
on which	228
only to	88,90
open	135
open ○○ with	84
opportunity to	85
order	184
otherwise	191
ought not to	61,62
ought not to have p.p.	67
ought to	61,62
ought to have p.p.	66,69
owe	55
own	16

P
見出し	ページ
p.p.	116
people	118
persuade X into Y	70
possess	16
postpone	152
practice	152
prevent O from …ing	97
pride oneself on	158
pride oneself on …ing	151
promise	153
promised to have p.p.	102
proper	188
propose	184
put on	54

R
見出し	ページ
radical measures	188
raise-raised-raised	47
reach 名詞	44,45
read in	83
recollect	152
recommend	184
refuse	153
regret …ing	156
regret to	156
remember …ing	155,156

見出し	ページ
remember to	155,156
rent	55
request	184
require	184
resemble 名詞	44,45
resist	152
result from	209
result in	209
right to	85
rise-rose-risen	47
run out	136
run short	136

S
見出し	ページ
satisfied	119
satisfy	119
satisfying	119
say	48
search for	57
seeing (that)	115
set out on	88
Shall we …?	144
shine-shined-shined	47
shine-shone-shone	47
should	61,67,160
should have p.p.	66
should 原形	175,176
shouldn't have p.p.	67
so ~ that	95
so ~ that 構文 ⇔ too ~ to 構文の書き換え	95
so ~ as to ~	96
so as not to	89,103
so as to	89,103
so long as	72
so to speak	93
so-called	239
speak	48
spend ~ (in) …ing	141
step aside	103
stir up	188
stop	152
stop …ing	156
stop O from …ing	97
stop to	156
strictly speaking	115
strike	59
such	234
suggest	152,184,189
suggest …ing	189
suggest that	189
suggest to 人 that	189
suggest 人 …ing	189
suit	58

T
見出し	ページ
take pride in	158
take pride in …ing	151
take to …ing	145
taking O into consideration	115
talk	49
talk of	67
talking of	115
tell	48
than	234,238
than が関係代名詞	235
that	200,201,233,237
the air for the astronauts to breathe	80

見出し	ページ
the air to breathe	80
the bed to sleep in	80
the desk to write on	80
The instant (that) S+V	151
The minute (that) S+V	151
The moment (that) S+V	151
the other day	18
the pen to write with	81
the room to study in	81
the same	234
the thing which	234
the things which	234
the water for them to drink	80
the water to drink	80
the way	233
then	25
there is no …ing	141
there is no use (in) …ing	141
those difficulties	163
tire	119,120
tired	119,120
tiring	119,120
to	99
to be	90
to be frank with you	93
to be sure	93
to begin with	93
to do O justice	93
to have been	98,101
to have p.p.	98,102
to make matters worse	93
to say nothing of	93
to spare	169
to tell the truth	93
to the purpose	51
too	65
too ~ for ○○ to	95
too ~ to 構文	95
to 不定詞	144
try …ing	156
try to	156

U
見出し	ページ
undertake	163
unless	37
up	163
urge	184
urgent	188
use	55
used to	61,63,64,202
used to 原形	72
used to と would often の識別	64

W
見出し	ページ
want	102,153
~ want …ing	143
want/need/require + …ing	157
wanted (または wished/ hoped) + to have p.p.	102
was (were)+to have p.p.	102
wear	54
were it not for	167
were to 原形	175,176
what	234,241
What do you say to …ing?	144,145
what is called	239
what S be	237

249

| what to eat ········· 75
| whatever ············ 246
| when ················ 228
| when … ············· 37
| when it comes to …ing 145
| where ······· 228,230,231
| where to get water ··· 75
| which ··· 198,200,201,204,
| 206,207,208,210,213,240
| which book to choose ··· 75
| who ················· 216
| whom ··· 199,201,207,208,212,216
| whomever ········ 244,245
| whose ··············· 199
| why ············· 228,229
| Why don't we …? ··· 144
| will ················· 71
| will do ··············· 72
| will have p.p. ········ 36
| will not ·············· 71
| wind-wound-wound ·· 47
| wish ············ 102,153
| wishes ·············· 239
| with ·············· 84,85
| with a view to …ing ··· 145
| with X+Y ············ 135
| without ············· 167
| would like ·········· 153
| would often ······ 51,64
| wound ·········· 119,121
| wound-wounded-wounded ·· 47
| wounded ············ 119
| wounding ··········· 119

Y

| yesterday ············ 18

その他

| A is to B what C is to D ··· 239
| ASAP ··············· 189
| AさんにBについての情報を与える ··· 189
| Aするほうがいい ······· 70
| Aするのをジャマする ···· 97
| AとBの関係は、CとDの関係と同じで ···
| Bするぐらいなら Aするほうがマシだ ··· 69
| C = …ingのとき ··· 122,123
| C = p.p.のとき ··· 122,123
| C = 不定詞のとき ··· 122,123
| C → 過去分詞 ··· 126,130,131,132,133
| C → 原形不定詞 ·······
| 126,130,131,132,133
| C → 現在分詞 ··· 126,130,131,132,133
| MEGAFEPS ··· 152,155,156,157
| MVSの倒置 ·········· 215
| NEXUS (ネクサス) ··· 74,75,122
| Oが…するのを期待する ··· 70
| Oが…するのをジャマする ··· 97
| OがCされる ····· 122,123
| OがCしている ···· 122,123
| OがCする ······· 122,123
| Oがだ (主語 → 述語) ···· 122
| Oを考慮に入れると ···· 115
| SVOC構文 ··· 122,124,128
| SVOC構文と分詞の問題1 ··· 122
| SVOC構文と分詞の問題2 ··· 128
| Sの状況 ············· 237
| Sの姿 ··············· 237
| Wタイプ (疑似関係代名詞) ··· 216,220
| YするようにXを説明する ··· 70

Japanese

あ

| 開いている ··········· 135
| 相手といっしょに行く ··· 52
| 相手のいないところへ行く ··· 52
| 相手のいるほうへ行く ··· 52
| あえて…する ······ 64,71
| あのとき ············ 183
| あのとき…だっただろう ··· 160
| アマンダが読むための本 ··· 80
| 危うく…しそうになる ··· 144
| ありえない ··········· 65
| 言い訳する ·········· 152
| 言う ················· 48
| 言うまでもなく ········ 93
| 意外 ················· 67
| 怒り ················· 67
| いくら…しても、しすぎということはない ··· 65
| いくら…しても足りないくらいだ ··· 65
| いざ…するというときになると ··· 145
| 意志を表すwill ········ 71
| 1語で単独に修飾するなら名詞の前から ······ 117
| 1時間後 ············· 39
| 一時的・短期的に、有料で借りる ············· 55
| 一時的な状態 ········ 117
| いつでも言えること ··· 15
| 一般的な真理 ····· 15,23
| 一般的に言って ······ 115
| 意図 ················· 92
| 意図を表すもの ······ 153
| 今…だろう ·········· 160
| 今ではそんなことはしない ··· 64
| (今と違って) むかしは…だった ············· 23
| 意味上の主語 ··· 80,85,146
| 意味上の述部←主語 ··· 77
| 嫌だと思う ·········· 152
| いらだたしさの進行形 ·· 13
| 苛立っている ········ 119
| いろいろな助動詞 ····· 60
| いわば ·············· 93
| いわゆる… ·········· 239
| 受身 ················ 116
| ウソではなくて ········ 61
| ウソをつく ··········· 47
| 宇宙飛行士が呼吸するための空気 ············ 80
| 運命 ················· 92
| 延期する ············ 152
| 遅らせる ············ 152
| OKだ ················ 72
| 驚き ················· 67
| 同じ方向でも相手とは別々に行く ············· 53
| 思い出す ············ 152

か

| 輝く ················· 47
| …が完了したから、今…だ
| ··················· 18
| かきたてる ·········· 188
| 書くためのデスク ······ 80
| 書くためのペン ········ 81
| 過激な対策 ·········· 188
| 過去から現在までずっと〜
| ··················· 98
| 過去完了形 ········ 24,30
| 過去完了進行形 ···· 28,29
| 過去形 ············ 18,30
| 過去に…だった ······· 98
| 過去の習慣 ········ 61,63
| 過去分詞 ········ 116,118
| 過去を表す副詞 ······· 25
| 可算名詞ならfew ······ 241
| 「貸す」「借りる」の判別
| ··················· 55
| ○○が…すること ······ 74
| ○○が…するには〜すぎる
| ··················· 95
| 語りあうための友人 ···· 80
| ガッカリさせられた ··· 119
| ガッカリさせる ······· 119
| ガッカリさせるような ·119
| 活性化させる ········ 188
| 仮定法 ········ 160,166
| 仮定法「もしいま」「もしあのとき」············· 160
| 仮定法現在 ··· 184,185,187
| 仮定法現在を導く形容詞
| ··················· 188
| 仮定法の倒置／もしなかったら ··············· 166
| 仮定法未来 ········· 172
| 〜が…できるように ··· 103
| 必ず…する ··········· 51
| 可能 ·········· 92,94,95
| 可能のcan ··········· 153
| …かもしれない ···· 60,160
| かもしれなかった ···· 160
| …から判断して ······ 115
| 借りてその場で使う ··· 55
| 借りる ··············· 55
| 彼らが飲むための水 ··· 80
| 関係形容詞 ········· 240
| 関係形容詞／関係詞の省略／二重限定／…ever など ··· 240
| 関係詞 as／than／but／what ··············· 234
| 関係詞 as／than／but／whatのルール ······ 234
| 関係詞 but ·········· 235
| 関係詞 what ········ 237
| 関係詞の前にコンマがない用法 ·············· 222
| 関係詞の前にコンマがある「非制限用法」····· 223
| 関係代名詞 ··· 198,200,201,
| ··········204,210,228,240
| 関係代名詞 as ······· 244
| 関係代名詞 what ···· 234
| 関係代名詞と関係副詞 ·228
| 関係代名詞の基本 ··· 198
| 関係副詞節 ··········· 41
| 関係副詞節は、すべて形容詞節である ········· 41
| 関係副詞 ······· 228,231
| 感情の原因 ··········· 86
| 感情を表す should ···· 67

| 完全になくなる ········ 136
| 感嘆文 ············ 79
| 願望を表すもの ······ 153
| 慣用的に使う「独立分詞構文」············· 115
| 慣用表現 ············ 140
| 完了 ········ 18,24,116
| 完了形の動名詞 ··· 146,147
| 完了不定詞
| ··········· 98,101,102,147
| 祈願文 ··············· 63
| 傷つける ············· 47
| 規則的な習慣 ········· 64
| 着ている ············· 54
| 基本動詞の判別1 (自動詞と他動詞／活用形など) ··· 42
| 基本動詞の判別2 (話す／行く／来るなど) ····· 48
| 基本動詞の判別3 (着る／貸し借り／似合うなど) ··· 54
| 義務 ················· 92
| 疑問詞+to不定詞 ··· 75,77
| 疑問詞 whoが先行詞のとき ················ 236
| 強調の do ············ 61
| 興味をもたされた ···· 119
| 興味をもたせる ······ 119
| 興味をもたせるような ·119
| 拒絶の意志 ··········· 71
| 拒絶を表すもの ······ 153
| 着る ················· 54
| 「着る」「身につけている」の判別 ············ 54
| (緊急に) 必要だ ····· 188
| 暮らしが苦しい ······ 177
| 暮らしが楽だ ········ 177
| 経験 ·········· 18,19,24
| 傾向がある ··········· 14
| 形式主語 ··· 75,97,120,142
| 形式目的語 ·········· 133
| 継続 ········ 18,19,21,24
| 形容詞節 ············· 41
| 形容詞を修飾する用法 · 87
| ケガさせられた ······ 119
| ケガさせる ·········· 119
| ケガさせるような ···· 119
| 結果
| ···· 18,19,87,88,90,91,134
| 結果として…になった · 90
| 結果として…になる ·· 209
| 結局…いただけだった
| ·················88,90
| 決定 ················ 184
| 決定を表すもの ······ 153
| 原形不定詞 ······ 122,128
| 現在完了形 ··········· 18
| 現在完了形と現在形との違い ·················· 23
| 現在完了進行形 ······· 22
| 現在形 ············ 12,30
| 現在形と進行形 ······· 12
| 現在どうなのかはわからない ·················· 64
| 現在の習慣 ··········· 23
| 現在分詞 ········ 116,118
| 現実離れした願望 ···· 178
| 厳密に言って ········ 115
| 賢明だ ·············· 188

絞首刑にする ……… 47
興奮させられた ……119
興奮させる ………… 119
興奮させるような … 119
呼吸するための空気 … 80
ごく一時的なこと … 17
心にいだいている強い意志 71
固執 …………………… 71
故障する …………… 113
こらえる …………… 152
これからすること … 156
これでMEGAFEPS
　…………… 152,157,158
混合タイプ … 172,175
根本的な方法 ……… 188
コンマの有無について→コンマは発音されるのだ!! … 226
混乱させられた … 119,120
混乱させる …… 119,120
混乱させるような … 119,120
混乱しがちな分詞の意味 … 118

さ

最後の前置詞 … 80,83,87
避ける ……………… 152
さもないと ………… 191
さらに悪いことに …… 93
…された ……………… 116
…された状態で ……… 117
…されている ……… 116
…されながら ……… 117
…される必要がある … 157
残念ながら…しなければならない ………………… 156
使役動詞 … 122,126,128
使役動詞 let／make／haveの区別 ……… 128
…し終える ………… 152
時制の考え方とその例外 … 30
時制の考え方の例外 … 33
…しそこなう ……… 152
…したい気がする … 141
…したい気がだ ……… 143
…したいと思う …… 92
…したいと思ったのに、ダメだった ………… 102
…した結果、今…だ … 18
…したことを覚えている … 156
…したことを後悔する … 156
…したことを忘れる … 156
…したにちがいない … 68
…したはずがない …… 66
…したほうがいい …… 60
…したらすぐ …… 37,38
実現可能性がかなり高い仮定 ………………… 177
実際に ……………… 61
…しつつある ……… 116
失望させられた … 119,120
失望させる …… 119,120
失望させるような … 119,120
…して、こんな気持ちになった ………………… 86
…していて当然だ …… 67
…している ………… 116
…しているところを想像する ………………… 157
…してしまった …… 116
…してすぐに ……… 141

…しても当然だ ……… 65
…してもムダだ …… 141
…して～を費やす … 141
自動詞 ………………… 42
自動詞とまちがえやすい他動詞 ………………… 44
自動詞の用法 ……… 43
…しないかぎり ……… 37
…しないように … 89,103
…しながら …… 116,134
…しなくてかまわない … 37
…しなければならない … 92
…しなければならないのを忘れ ………………… 156
自分で…した○○ … 141
…しますように ……… 63
…しましょう ……… 145
修辞疑問文 ………… 67
自由に使える ……… 169
十分に～だから○○は…できる ………………… 96
重要だ ……………… 188
主語の中に仮定が隠れているケース ………… 190
主張 ………………… 184
…しよう …………… 144
状況や条件によって変化しないこと ……………… 15
「消極的行動」を示す場合が多い ………………… 153
条件する …… 87,134,191
上昇する ……………… 47
…しようと思う …… 152
…しようと考える … 152
…しようとしていたが、ダメだった ………… 102
…しようとする彼の努力 … 85
…しようと努力する … 156
譲歩 ………………… 134
助動詞＋have p.p. … 66
進行形にしない動詞 … 16,21,22
人物についての評価 … 78
推量のmay ………… 60
～すぎて○○は…できない
　………………………… 95
…すぎる ……………… 65
…すぎるということはありえない … 65
ずっと…し続けていた … 28
ずっと…し続けてきたから、今…だ ……………… 18
すでに計画中・準備中の未来 ……………………… 12
すでに身につけている … 54
…すべき○○ ……… 80
…すべきか ………… 75
…すべきだ ……… 61,92
…すべきだった …… 66
…すべきでない ……… 62
…すべきではなかった … 67
…する意志がある …… 71
～するぐらいに ……… 96
…する傾向がある … 143
…する権利 ………… 85
…すること ………… 140
…することが習慣になる
　……………………… 145
…することに専念する … 145
…することに慣れている
　……………………… 145

…することに慣れる … 145
…することに反対する … 145
…することを提案する ・189
…することを目的にして
　……………………… 145
…するだけの価値がある
　……………………… 141
…するだなんて ……… 86
…するために ……… 86
…するための○○ …… 80
…するチャンス …… 85
…するつもりだ …… 92
…するつもりだったのに、ダメだった ………… 102
…するつもりでいる … 71
～すると必ず～する … 141
…するときに ……… 37
…するときに ……… 141
…するときまでには … 37
…するとすぐに …… 151
…するとは ………… 86
…すると約束したのに、ダメだった ………… 102
…するので忙しい …… 141
…するのに苦労する … 76
…するのに慣れている
　……………………… 14,72
…するのも当然だ …… 65
…するのを避けられない
　……………………… 141
…するのを楽しみに待つ
　……………………… 144
…するのをやめる … 156
…する必要がない …… 72
…する必要はなかった … 67
～するほどに… …… 96
…するような ……… 116
…するように ……… 92
…するようになる … 155
…する予定でいる …… 92
…せずには～できない … 141
制限用法 …… 222,224
制限用法と非制限用法 … 222
盛装する …………… 54
成長する …………… 90
静的イメージ ……… 134
接続詞的に使える副詞 … 191
設立する …………… 47
ゼロになる ………… 136
前置詞＋関係代名詞
　… 204,209,219,228,229,231
前置詞のto ……… 144
そうした困難 ……… 163
想像する …………… 152
そしてその結果… …… 87
率直に言って … 93,115
その仕事において … 209
その時点で終了していないこと … 13,15
それなのに ………… 67
それなのにしなかった … 66
それなのにまだだ …… 67
存在する …………… 47

た

第5文型 …………… 122
第一に ……………… 93
大過去 ……………… 26
退屈させられた …… 119

退屈させる ………… 119
退屈させるような … 119
大丈夫だ …………… 72
代不定詞 …… 98,99,103
立ち止まって…する … 156
…だったかもしれない … 66
…だったにちがいない … 66
…だったはずがない … 66
…だったらいいのに … 178
他動詞 ……………… 42
他動詞の用法 ……… 43
楽しませられた …… 119
楽しませる ………… 119
楽しませるような … 119
楽しむ ……………… 152
試しに…してみる … 156
足りなくなる ……… 136
短時間の継続 … 12,13,15
単なる過去 …… 20,21
知覚動詞
　… 122,123,125,126,127
ちなみに… ………… 134
長時間続くこと …… 17
賃借する …………… 55
賃貸する …………… 55
ついでに言えば …… 55
疲れさせられた … 119,120
疲れさせる …… 119,120
疲れさせるような 119,120
使わせてもらう …… 55
付け加えると… …… 134
伝える／命令する … 48
つもりはない ……… 85
吊るす ……………… 47
…でありうる ……… 60
…である可能性が高い … 65
…であるから ……… 115
…であること ……… 234
…であるという条件で … 72
…であるもの ……… 234
提案 ………………… 184
抵抗する …………… 152
的確に ……………… 51
適切だ ……………… 188
できただろう ……… 160
…できる …………… 92
できるかぎり早く … 189
できるだろう ……… 160
…できるように … 89,103
…ではありえない …… 60
…と一緒にいる …… 44
道具を表す前置詞 … 84,85
動作の継続性 ……… 22
動詞＋ing形 ……… 136
動詞 suggestの用法について ………………… 189
動詞＋過去分詞 …… 117
同時進行 … 134,135,137
どうしても…してあげない
　………………………… 71
どうしても…しようと思う
　………………………… 71
動詞の…ing形 …… 140
当然だったろう …… 160
当然だろう ………… 160
倒置形 ……………… 167
倒置構文 …………… 215
動的イメージ ……… 134
動的なイメージを示す ・153

動名詞 ………… 140,146
動名詞が「過去志向」で「もうしてしまったこと」を示すことが多い ……… 153
動名詞の意味上の主語 …146
動名詞は過去志向 ……… 156
動名詞も不定詞も目的語にとる動詞 …………… 156
動名詞を使った慣用表現
　………………… 141,144
動名詞を目的語としてとる動詞 ………… 148,152
時 ………………………228
時や条件を表す副詞節
　………………… 37,38,40
独力で ………………… 205
独立不定詞句 ………… 93
…と結婚する ……… 44,45
どこで水を手に入れるべきか …………………… 75
土地／家屋などを、賃貸する ……………………… 55
どちらの本を選ぶべきか
　………………………… 75
どっちでもOKだ ……… 72
…とは言わないまでも
　…………………… 93,97
…と要求して、人の言うことをどうしても聞かない … 150

な

何を食べるべきか ……… 75
…ならいいのに ……… 178
「似合う」「ふさわしい」の判別 ………………… 58
…に謝る ………………… 46
2語以上のグループになって修飾するなら名詞のうしろから ……………… 117
…に答える ……………… 44
…に賛成する ………… 149
…に従う ……………44,46
二重限定 ……………… 243
…に出席する …………… 43
…に出発する …………… 88
…にちがいない ………… 60
…に近づく ………… 44,45
…について言及する … 44,45
…について公平に言えば … 93
…については言うまでもなく ……………………… 93
…について話し合う …44,45
…について文句をつける
　………………………… 149
…に到着する ……… 44,46
二度と…することはない
　………………………… 88
人間の性質 ……………… 77
…に似ている ……… 44,45
…にふける …………… 145
…にプライドを感じている
　………………………… 158
…に誇りをもっている … 158
眠るためのベッド ……… 80
…の頭に浮かぶ ………… 59
…の噂をする …………… 67
…の結果として起こる … 209
…のせいで我を忘れている
　………………………… 93

…の世話をする ………… 43
望ましい …………… 188
…の中で読書する ……… 83
…の中に入る …………… 43
…のはずがない ………… 60
…の話ならば ………… 115
…の話のついでだが … 115
飲むための水 …………… 80
…のわりには ………… 115

は

…は言うまでもない …141
…は言わなくても通る …141
～は…される必要がある
　………………………… 143
俳優が演じることができない動詞 ………………… 16
漠然とした過去 ………… 61
場所 …………………… 228
はずむ …………………… 47
ハッキリ過去のことを表すコトバ ………………… 18
ハッキリ決まった未来の予定 ……………………… 12
発見する ……………… 47
発言する ……………… 48
話しあう／おしゃべりする … 49
話す …………………… 48
「話す」：say／tell／speak／talkの判別 … 48
話す／講演する ……… 48
反語表現 ……………… 67
判断の理由 ……………… 86
引き受ける …………… 163
非制限用法
　…………… 222,224,225
ビックリさせられた … 119
ビックリさせる ……… 119
ビックリさせるような … 119
必要だ ………………… 188
否定語＋to不定詞 …… 89
否定語は分詞の前 …… 110
否定する ……………… 152
人が…することを提案する
　………………………… 189
人に…を提案する …… 189
一人で ………………… 205
一人ぼっちで ………… 205
非難を表す進行形
　…………………… 13,14,15
不可欠だ ……………… 188
不可算名詞なら little ‥241
不規則な習慣 …………… 64
副詞節 ………………… 41
服を着こなす …………… 54
不足する ……………… 136
付帯状況 ……………… 134
付帯状況 with X＋Y
　………………………… 134
不定詞 …………… 74,80
不定詞の形容詞的用法
　…………………… 80,83,90
不定詞の副詞的用法 …… 86
不定詞の名詞的用法 …74,140
不定詞は未来志向 …… 156
不定詞を目的語としてとる動詞 ………………… 153
不変の真理 ……………… 33
分詞構文 …………104,110

分詞構文1 …………… 104
分詞構文2 …………… 110
分詞構文についてのもう1つの考え方 ………… 109
分詞構文の強調 … 111,115
分詞構文の作り方 …104,110
文の主語 ……………… 140
勉強するための部屋 …81
方法 …………………… 233
補語 …………………… 140
本当に …………………… 61
本当のことを言えば …93
本来あるべき、好ましい状態になる ………………… 53
本来の状態から離れた、好ましくない状態になる … 53

ま

「前から修飾」か「後ろから修飾」か …………… 117
巻く ……………………… 47
まちがいなく …………… 61
的を射て ……………… 51
免れる ………………… 152
満足させられた ……… 119
満足させる …………… 119
満足させるような …… 119
認める ………………… 152
身につけている ……… 61
未来進行形 ……………… 13
未来完了形 ……………… 36
未来完了形／時や条件を表す副詞節 ……………… 36
未来志向 ……………… 153
未来の希望や意図を表す動詞 ……………………… 102
未来のことは未来形 … 37,39
未来のことは現在形で
　………………… 37,38,39,40
むかしはよく…したものだ
　………………… 15,61,63,72
無償で物を貸す ……… 55
結ぶ ……………………… 47
名詞＋前置詞＋関係代名詞など ‥210
名詞的の用法 …………… 74
命令 …………………… 184
もう…していてもいいころだ … 69
もういまは…していていいころだ ………………… 184
もうそろそろ …… 184,188
もうしてしまったこと … 156
もうとっくに ………… 184
目的 ……………86,88,89,90
目的格の関係代名詞
　………………… 198,218
目的格の関係代名詞は省略可能 ………………… 199
目的語 ………………… 140
目的語になる準動詞 … 152
もし…がなかったら … 167
もし…したら …… 37,87
「もし将来」の2つの形 … 173
もし…だったら ……… 160
もし…なら …………… 115
もし…ならば ………… 160
もしあのとき
　………… 161,167,169,171,194
もしあのとき…していたら、いまごろは… ………… 172

もしあのとき…だったら
　………………………… 160
もしあのとき→いまごろは（混合タイプ） ……… 172
もしいま … 161,167,170,171
もしいま…なら ……… 160
もしそうでなかったら・191
もしなかったら ……… 166
もとの文でCだったものを関係代名詞にするときは、人でも物でも that …… 202

や

役に立つ ………………… 72
やめる ………………… 152
勇気をもって…する …… 64
要求 …………………… 184
…ような ……………… 118
よく…したものだ …… 51
予測する ……………… 163
予定 …………………… 92
余分の …………………… 169
読むための本 …………… 80
夜遅くなるまで ……… 51

ら

…られた ……………… 118
利息つきで金銭を貸す・55
理由 ………… 78,134,135,
　　　　　136,137,139,228
歴史的事実 ……………… 27
練習する ……………… 152

わ

脇に寄る ……………… 103
忘れずに…する ……… 156
私を手伝ってくれる友人 … 80
…を置く ……………… 47
…を思いつく、提案する … 59
…を開始する …………… 43
…を確信している … 146,149
…を考えれば ………… 115
…を考慮すると ……… 115
…を捜す ……………… 57
…をさぼる ……………… 39
…を主張する ………… 147
…を出発する ……… 44,46
…を前提にすれば …… 115
…を使って切る ……… 83
…を使って○○を空ける
　………………………… 84
…を提案する ……152,189
…を除いて ……………… 67
…を恥ずかしいと思う ・147
…を磨く ………………… 47
…をもち上げる ………… 47
…をやめる …………… 152

名人の授業
今井の英文法教室 　㊤

2009年 9 月17日　初版発行
2021年 4 月20日　第17版発行

著　者　　今井　宏
発行者　　永瀬　昭幸
編集担当　柏木　恵未

発行所　　株式会社ナガセ
　　　　　〒180-0003　東京都武蔵野市吉祥寺南町1-29-2
　　　　　出版事業部（東進ブックス）
　　　　　TEL：0422-70-7456／FAX：0422-70-7457
　　　　　URL：www.toshin.com/books（東進WEB書店）
　　　　　本書を含む東進ブックスの最新情報は、東進WEB書店をご覧ください。

編集協力　　　　株式会社エディット
カバーイラスト：新谷　圭子
カバーデザイン：山口　勉
本文デザイン・DTP：株式会社明昌堂
印刷・製本　　　大日本法令印刷株式会社

©IMAI Hiroshi 2009 Printed in Japan
ISBN 978-4-89085-450-9　C7382

※本書を無断で複写・複製・転載することを禁じます。
※落丁・乱丁本は東進WEB書店<books@toshin.com>にお問い合わせください。新本におとりかえいたします。
　但し、古書店等で本書を入手されている場合は、おとりかえできません。なお、赤シート・しおり等のおとりかえはご容赦ください。

東進ブックス

編集部より

この本を読み終えた君にオススメの3冊！

正しい音読を理解し、グローバル社会で活躍できる「ホンモノ」「一生もの」の英語力を身につけよう。さあ、音読だ！

今度こそ挫折しない英単語・熟語集。「読む」「書く」「聴く」の連続で2100語を完全マスター！

今度こそ挫折しない英単語・熟語集。『上巻』と共に2100語を連続トレーニング＆完全マスター！

体験授業

この本を書いた講師の授業を受けてみませんか？

東進では有名実力講師陣の授業を無料で体験できる『体験授業』を行っています。「わかる」授業、「完璧に」理解できるシステム、そして最後まで「頑張れる」雰囲気を実際に体験してください。

※1講座(90分×1回)を受講できます。
※お電話でご予約ください。
　連絡先は付録9ページをご覧ください。
※お友達同士でも受講できます。

今井先生の主な担当講座　※2021年度
「今井宏の英語C組・基礎力完成教室」など

東進の合格の秘訣が次ページに

合格の秘訣1 全国屈指の実力講師陣

東進の実力講師陣
数多くのベストセラー参考書を執筆!!

東進ハイスクール・東進衛星予備校では、そうそうたる講師陣が君を熱く指導する！

本気で実力をつけたいと思うなら、やはり根本から理解させてくれる一流講師の授業を受けることが大切です。東進の講師は、日本全国から選りすぐられた大学受験のプロフェッショナル。何万人もの受験生を志望校合格へ導いてきたエキスパート達です。

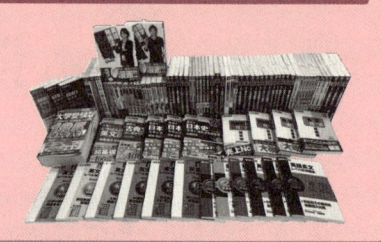

英語

安河内 哲也 先生 [英語]
日本を代表する英語の伝道師。ベストセラーも多数。

今井 宏 先生 [英語] 
予備校界のカリスマ。抱腹絶倒の名講義を見逃すな。

渡辺 勝彦 先生 [英語]
「スーパー速読法」で難解な長文問題の速読即解を可能にする「予備校界の達人」！

宮崎 尊 先生 [英語] 
雑誌『TIME』やベストセラーの翻訳も手掛け、英語界でその名を馳せる実力講師。

大岩 秀樹 先生 [英語] 
情熱あふれる授業で、知らず知らずのうちに英語が得意教科に！

数学

志田 晶 先生 [数学] 
数学を本質から理解できる本格派講義の完成度は群を抜く。

松田 聡平 先生 [数学] 
「ワカル」を「デキル」に変える新しい数学は、君の思考力を刺激し、数学のイメージを覆す！

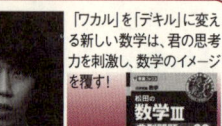

付録 1

WEBで体験

東進ドットコムで授業を体験できます！
実力講師陣の詳しい紹介や、各教科の学習アドバイスも読めます。
www.toshin.com/teacher/

国語

栗原 隆 先生 [古文]
東大・難関大志望者から絶大なる信頼を得る本質の指導を追究。

富井 健二 先生 [古文]
ビジュアル解説で古文を簡単明快に解き明かす実力講師。  

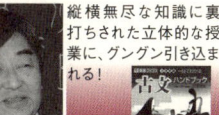

三羽 邦美 先生 [古文・漢文]
縦横無尽な知識に裏打ちされた立体的な授業に、グングン引き込まれる！ 

寺師 貴憲 先生 [漢文]
幅広い教養と明解な具体例を駆使した緩急自在の講義。漢文が身近になる！ 

樋口 裕一 先生 [小論文]
小論文指導の第一人者。著書『頭がいい人、悪い人の話し方』は250万部突破！ 

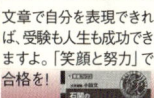

石関 直子 先生 [小論文]
文章で自分を表現できれば、受験も人生も成功できますよ。「笑顔と努力」で合格を！ 

理科

宮内 舞子 先生 [物理]
丁寧で色彩豊かな板書と詳しい講義で生徒を惹きつける。

鎌田 真彰 先生 [化学]
化学現象の基本を疑い化学全体を見通すその授業は、わかりや"伝説の講義"

田部 眞哉 先生 [生物]
全国の受験生が絶賛するその授業は、わかりやすさそのもの！

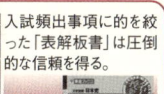

地歴公民

金谷 俊一郎 先生 [日本史]
入試頻出事項に的を絞った「表解板書」は圧倒的な信頼を得る。

井之上 勇 先生 [日本史]
つねに生徒と同じ目線に立って、入試問題に対する的確な思考法を教えてくれる。 

荒巻 豊志 先生 [世界史]
"受験世界史に荒巻あり"といわれる超実力人気講師。

加藤 和樹 先生 [世界史]
世界史を「暗記」科目だなんて言わせない。正しく理解すれば必ず伸びることを一緒に体感しよう。 

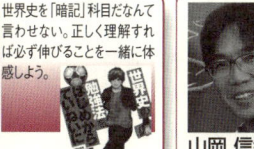

山岡 信幸 先生 [地理]
わかりやすい図解と統計の説明に定評。

清水 雅博 先生 [公民]
政治と経済のメカニズムを論理的に解明しながら、入試頻出ポイントを明確に示す。

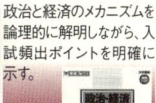

合格の秘訣 2　革新的な学習システム

東進には、第一志望合格に必要なすべての要素を満たし、抜群の合格実績を生み出す学習システムがあります。

映像による授業を駆使した最先端の勉強法
高速学習

一人ひとりの レベル・目標にぴったりの授業

東進はすべての授業を映像化しています。その数およそ1万種類。これらの授業を個別に受講できるので、一人ひとりのレベル・目標に合った学習が可能です。1.5倍速受講ができるほか自宅のパソコンからも受講できるので、今までにない効率的な学習が実現します。

現役合格者の声
東京大学 理科一類
大竹 隆翔くん
東京都 私立 海城高校卒

東進の授業は映像なので、自分で必要と感じた科目を選んで、自分のスケジュールに合わせて授業が受けられます。部活や学校のない時に集中的に授業を進めることができ、主体的に勉強に向き合うことができました。

1年分の授業を 最短2週間から1カ月で受講

従来の予備校は、毎週1回の授業。一方、東進の高速学習なら毎日受講することができます。だから、1年分の授業も最短2週間から1カ月程度で修了可能。先取り学習や苦手科目の克服、勉強と部活との両立も実現できます。

先取りカリキュラム（数学の例）

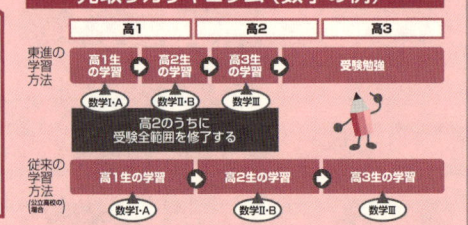

	高1	高2	高3
東進の学習方法	高1生の学習（数学I・A）	高2生の学習（数学II・B）	高3生の学習（数学III） → 受験勉強
	高2のうちに受験全範囲を修了する		
従来の学習方法（公立高校の場合）	高1生の学習（数学I・A）	高2生の学習（数学II・B）	高3生の学習（数学III）

目標まで一歩ずつ確実に
スモールステップ・パーフェクトマスター

自分にぴったりのレベルから学べる 習ったことを確実に身につける

高校入門から超東大までの12段階から自分に合ったレベルを選ぶことが可能です。「簡単すぎる」「難しすぎる」といったことがなく、志望校へ最短距離で進みます。授業後すぐに確認テストを行い内容が身についたかを確認し、合格したら次の授業に進むので、わからない部分を残すことはありません。短期集中で徹底理解をくり返し、学力を高めます。

現役合格者の声
早稲田大学 文化構想学部
加畑 恵さん
石川県立 金沢二水高校卒

高1の春休みに、東進に入学しました。東進の授業の後には必ず「確認テスト」があります。その場ですぐに授業の理解を確認することができました。憧れの大学に入ることができて本当に嬉しいです。

パーフェクトマスターのしくみ

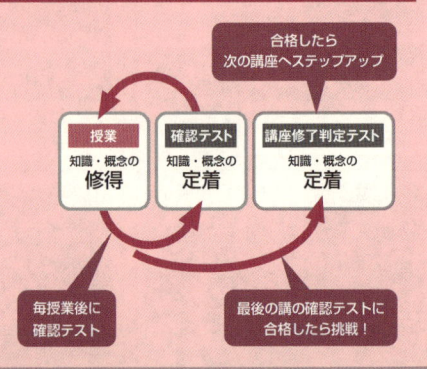

- 授業：知識・概念の **修得**
- 確認テスト：知識・概念の **定着**（毎授業後に確認テスト）
- 講座修了判定テスト：知識・概念の **定着**（最後の講の確認テストに合格したら挑戦！）
- 合格したら次の講座へステップアップ

個別説明会

全国の東進ハイスクール・東進衛星予備校の各校舎にて実施しています。
※お問い合わせ先は、付録9ページをご覧ください。

徹底的に学力の土台を固める
高速マスター基礎力養成講座

高速マスター基礎力養成講座は「知識」と「トレーニング」の両面から、効率的に短期間で基礎学力を徹底的に身につけるための講座です。文法事項や重要事項を単元別・分野別にひとつずつ完成させていくことができます。インターネットを介してオンラインで利用できるため、校舎だけでなく、自宅のパソコンやスマートフォンアプリで学習することも可能です。

現役合格者の声

慶應義塾大学 理工学部
畔上 亮真くん
神奈川県立 横浜翠嵐高校卒

おススメは「高速マスター基礎力養成講座」です。通学やちょっとした移動時間でもスマホで英単語などを勉強でき、スキマ時間を活用する習慣をつけられました。大学では自分の夢の基盤となることを学びたいです。

東進公式スマートフォンアプリ
■ 東進式マスター登場!
（英単語／英熟語／英文法／基本例文）

スマートフォンアプリでスキ間時間も徹底活用!

1) スモールステップ・パーフェクトマスター!
頻出度（重要度）の高い英単語から始め、1つのSTEP（計100語）を完全修得すると次のSTAGEに進めるようになります。

2) 自分の英単語力が一目でわかる!
トップ画面に「修得語数・修得率」をメーター表示。自分が今何語修得しているのか、どこを優先的に学習すべきなのか一目でわかります。

3) 「覚えていない単語」だけを集中攻略できる!
未修得の単語、または「My単語（自分でチェック登録した単語）」だけをテストする出題設定が可能です。
すでに覚えている単語を何度も学習するような無駄を省き、効率良く単語力を高めることができます。

「共通テスト対応英単語1800」2018年共通テスト試行調査カバー率99.4%

君の合格力を徹底的に高める
志望校対策

第一志望校突破のために、志望校対策にどこよりもこだわり、合格力を徹底的に極める質・量ともに抜群の学習システムを提供します。従来からの「過去問演習講座」に加え、AIを活用した「志望校別単元ジャンル演習講座」が開講。東進が持つ大学受験に関するビッグデータをもとに、個別対応の演習プログラムを実現しました。限られた時間の中で、君の得点力を最大化します。

現役合格者の声

山形大学 医学部医学科
平間 三結さん
宮城県仙台二華高校卒

受験前の「過去問演習講座」では10年分の過去問演習の結果が記録でき、また「志望校別単元ジャンル演習講座」ではAIが分析した自分の弱点を重点的に学習できるので、とても役立ちました。

大学受験に必須の演習
■ 過去問演習講座
1. 最大10年分の徹底演習
2. 厳正な採点、添削指導
3. 5日以内のスピード返却
4. 再添削指導で着実に得点力強化
5. 実力講師陣による解説授業

東進×AIでかつてない志望校対策
■ 志望校別単元ジャンル演習講座

過去問演習講座の実施状況や、東進模試の結果など、東進で活用したすべての学習履歴をAIが総合的に分析。学習の優先順位をつけ、志望校別に「必勝必達演習セット」として十分な演習問題を提供します。問題は東進が分析した、大学入試問題の膨大なデータベースから提供されます。苦手を克服し、一人ひとりに適切な志望校対策を実現する日本初の学習システムです。

志望校合格に向けた最後の切り札
■ 第一志望校対策演習講座

第一志望校の総合演習に特化し、大学が求める解答力を身につけていきます。対応大学は校舎にお問い合わせください。

付録 4

東進ドットコム

合格の秘訣 3

ここでしか見られない受験と教育の情報が満載!
大学受験のポータルサイト

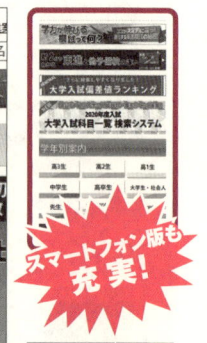

www.toshin.com

スマートフォン版も充実!

東進WEB書店

東進ブックスのインターネット書店

ベストセラー参考書から夢ふくらむ人生の参考書まで

学習参考書から語学・一般書までベストセラー＆ロングセラーの書籍情報がもりだくさん! あなたの「学び」をバックアップするインターネット書店です。検索機能もグンと充実。さらに、一部書籍では立ち読みも可能。探し求める1冊に、きっと出会えます。

付録 5

最新の入試に対応!!
大学案内

Web　Book

**偏差値でも検索できる。
検索機能充実！**

東進ドットコムの「大学案内」では最新の入試に対応した情報を様々な角度から検索できます。学生の声、入試問題分析、大学校歌など、他では見られない情報が満載！登録は無料です。
　また、東進ブックスの『新大学受験案内』では、厳選した185大学を詳しく解説。大学案内とあわせて活用してください。

大学入試偏差値ランキング

185大学・最大25年分超の過去問を無料で閲覧
大学入試過去問
データベース

**君が目指す大学の過去問を
すばやく検索、じっくり研究！**

東進ドットコムの「大学入試問題　過去問データベース」は、志望校の過去問をすばやく検索し、じっくり研究することが可能。185大学の過去問を閲覧することができます。センター試験の過去問も最大25年分超掲載しています。登録・利用は無料です。志望校対策の「最強の教材」である過去問をフル活用することができます。

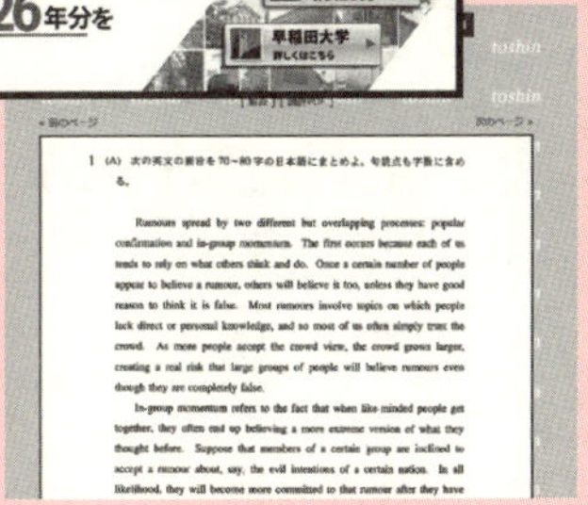

大学・学部選びの情報サイト
東進TV

▶東進実力講師陣が贈るメッセージ

▶憧れの大学の有名サークルに密着

▶行きたくても行けなかったあの大学のオープンキャンパスをチェック

**最新の大学情報や
入試情報を毎週アップ！**

東進TVでは、憧れの大学や大学入試に関する耳寄り情報を学生リポーターが徹底取材！名物教授やキャンパス、サークル紹介など気になる動画をチェック！受験勉強に関する東進の実力講師からのアドバイスも必見です。

東進で勉強したいが、
近くに校舎がない君は…
東進ハイスクール
在宅受講コースへ

「遠くて東進の校舎に通えない……」。そんな君も大丈夫！　在宅受講コースなら自宅のパソコンを使って勉強できます。ご希望の方には、在宅受講コースのパンフレットをお送りいたします。お電話にてご連絡ください。学習・進路相談も随時可能です。

0120-531-104

合格の秘訣 4 東進模試

申込受付中
※お問い合わせ先は付録9ページをご覧ください。

学力を伸ばす模試

「自分の学力を知ること」が受験勉強の第一歩

「絶対評価」×「相対評価」のハイブリッド分析
志望校合格までの距離に加え、「受験者集団における順位」および「志望校合否判定」を知ることができます。

単元・ジャンル別の学力分析
対策すべき単元・ジャンルを一覧で明示。学習の優先順位がつけられます。

中5日で成績表返却
WEBでは最短中3日で成績を確認できます。
※マーク型の模試のみ

合格指導解説授業
模試受験後に合格指導解説授業を実施。重要ポイントが手に取るようにわかります。

東進模試 ラインアップ 2020年度

模試名	対象	回数
共通テスト本番レベル模試	受験生 / 高2生 / 高1生 ※高1は難関大志望者	年4回
高校レベル記述模試	高2生 / 高1生	年2回
全国統一高校生テスト ●問題は学年別	高3生 / 高2生 / 高1生	年2回
全国統一中学生テスト ●問題は学年別	中3生 / 中2生 / 中1生	年2回
東大本番レベル模試	受験生	年4回
京大本番レベル模試	受験生	年4回
北大本番レベル模試	受験生	年2回
東北大本番レベル模試	受験生	年2回
名大本番レベル模試	受験生	年3回
阪大本番レベル模試	受験生	年3回
九大本番レベル模試	受験生	年3回
東工大本番レベル模試	受験生	年2回
一橋大本番レベル模試	受験生	年2回
千葉大本番レベル模試	受験生	年1回
神戸大本番レベル模試	受験生	年1回
広島大本番レベル模試	受験生	年1回
早慶上理・難関国公立大模試	受験生	年4回
全国有名国公私大模試	受験生	年4回
大学合格基礎力判定テスト	受験生 / 高2生 / 高1生	年4回
共通テスト同日体験受験	高2生 / 高1生	年1回
東大入試同日体験受験	高2生 / 高1生 ※高1は意欲ある東大志望者	年1回
東北大入試同日体験受験	高2生 / 高1生 ※高1は意欲ある東北大志望者	年1回
名大入試同日体験受験	高2生 / 高1生 ※高1は意欲ある名大志望者	年1回
全国統一医学部テスト	受験生	年2回

※東大本番レベル模試～広島大本番レベル模試：共通テスト本番レベル模試との総合評価
※早慶上理・難関国公立大模試、全国有名国公私大模試：共通テスト本番レベル模試との総合評価

※最終回が共通テスト後の受験となる模試は、共通テスト自己採点との総合評価となります。
※2020年度に実施予定の模試は、今後の状況により変更する場合があります。最新の情報はホームページでご確認ください。

付録 7

東大・京大現役合格史上最高！

東大現役合格実績日本一※を更新！

現役のみ！講習生含まず！

※2019年東大現役合格実績をホームページ・パンフレット・チラシ等で公表している予備校の中で最大。東進調べ。

東大現役合格者の2.7人に1人が東進生！

東大現役合格者 802名
昨対 +1名
東進生現役占有率 **38.2%**

- 文一……162名
- 文二…… 96名
- 文三…… 91名
- 理一……283名
- 理二……121名
- 理三…… 34名
- 推薦…… 15名

今年の東大合格者は現浪合わせて3,083名。そのうち、現役合格者は2,094名。東進の現役合格者は、802名。東進生の占有率は38.2%。現役合格者の2.7人に1人が東進生です。

現役合格	旧七帝大	東進史上最高 昨対+280名 3,278名

- 東京大……802名
- 東北大……295名
- 大阪大……540名
- 京都大……451名
- 名古屋大……381名
- 九州大……442名
- 北海道大……367名

現役合格	医学部医学科	東進史上最高 昨対+85名 1,375名

- 国公立 777名
- 私立※防衛医科大学校を含む 598名

現役合格	国公立大	東進史上最高 昨対+858名 15,836名

- 旭川医科大……26名
- 小樽商科大……59名
- 帯広畜産大……25名
- 北見工業大……67名
- 北海道教育大……367名
- 室蘭工業大……48名
- 札幌医科大……31名
- 弘前大……121名
- 岩手大……51名
- 岩手県立大……12名
- 東北大……295名
- 宮城大……32名
- 宮城教育大……18名
- 秋田大……61名
- 国際教養大……26名
- 山形大……132名
- 福島大……57名
- 会津大……16名
- 福島県立医科大……24名
- 茨城大……171名
- 筑波大……317名
- 宇都宮大……56名
- 群馬大……83名
- 高崎経済大……74名
- 埼玉大……157名
- 埼玉県立大……26名
- 千葉大……411名
- お茶の水女子大……56名
- 電気通信大……84名
- 東京大……802名
- 東京医科歯科大……34名
- 東京外国語大……119名
- 東京海洋大……49名
- 東京学芸大……104名
- 東京藝術大……17名
- 東京工業大……177名
- 東京農工大……120名
- 一橋大……153名
- 東京都立大……244名
- 横浜国立大……328名
- 横浜市立大……134名
- 上越教育大……6名
- 新潟大……254名
- 富山大……167名
- 金沢大……219名
- 福井大……86名
- 福井県立大……35名
- 山梨大……66名
- 都留文科大……65名
- 信州大……208名
- 岐阜大……144名
- 静岡大……233名
- 浜松医科大……16名
- 愛知教育大……109名
- 名古屋大……381名
- 名古屋工業大……185名
- 愛知県立大……90名
- 名古屋市立大……155名
- 三重大……240名
- 滋賀大……76名
- 滋賀医科大……17名
- 滋賀県立大……68名
- 京都大……451名
- 京都工芸繊維大……78名
- 京都教育大……25名
- 京都府立大……48名
- 京都府立医科大……16名
- 大阪大……540名
- 大阪市立大……129名
- 大阪府立大……278名
- 大阪府立大……256名
- 神戸大……510名
- 兵庫教育大……29名
- 神戸市外国語大……60名
- 兵庫県立大……277名
- 奈良教育大……29名
- 奈良女子大……45名
- 奈良県立医科大……24名
- 和歌山大……67名
- 和歌山県立医科大……15名
- 鳥取大……96名
- 島根大……88名
- 岡山大……316名
- 岡山県立大……43名
- 広島大……306名
- 県立広島大……62名
- 広島市立大……39名
- 山口大……260名
- 下関市立大……60名
- 徳島大……184名
- 鳴門教育大……14名
- 香川大……126名
- 愛媛大……222名
- 高知大……75名
- 九州大……442名
- 九州工業大……136名
- 福岡教育大……59名
- 北九州市立大……123名
- 福岡女子大……32名
- 佐賀大……133名
- 長崎大……181名
- 長崎県立大……42名
- 熊本大……240名
- 熊本県立大……51名
- 大分大……102名
- 宮崎大……101名
- 鹿児島大……147名
- 琉球大……120名
- その他公立大学……929名

京大現役合格者の4.0人に1人が東進生！

京大現役合格者 451名
昨対 +71名
東進生現役占有率 **25.3%**

昨対比118.6%の大幅増！

今年の京大全体の前期試験合格者は2,725名。そのうち、現役合格者は1,713名。東進の前期試験現役合格者は434名。東進生の占有率は25.3%。現役合格者の4.0人に1人が東進生です。

現役合格	早慶	昨対+105名 4,636名

- 早稲田大 2,881名
- 慶應義塾大 1,755名

現役合格	上理明青立法中	昨対+1,056名 15,871名

- 上智大 1,007名
- 青山学院大 1,587名
- 法政大 2,925名
- 東京理科大 2,154名
- 立教大 2,018名
- 中央大 2,412名
- 明治大 3,768名

現役合格	関関同立	昨対+898名 10,867名

- 関西学院大 1,823名
- 同志社大 2,512名
- 立命館大 4,059名
- 関西大 2,473名

現役合格	Ⅰ学成成明	昨対+386名 2,698名

- 国際基督教大(ICU) 103名
- 成蹊大 654名
- 明治学院大 815名
- 学習院大 475名
- 成城大 651名

現役合格	日東駒専	昨対+1,220名 8,000名

- 日本大 3,540名
- 駒澤大 986名
- 専修大 1,024名
- 東洋大 2,450名

現役合格	産近甲龍	昨対+975名 5,275名

- 京都産業大 721名
- 甲南大 555名
- 龍谷大 1,033名
- 近畿大 2,966名

※東進調べ

ウェブサイトでもっと詳しく
東進 🔍検索

2020年3月31日締切

付録 8

各大学の合格実績は、東進ネットワーク（東進ハイスクール、東進衛星予備校、早稲田塾）の現役生のみ、高3時在籍者のみの合同実績です。

東進へのお問い合わせ・資料請求は
東進ドットコム www.toshin.com もしくは下記のフリーコールへ!

東進ハイスクール
ハッキリ言って合格実績が自慢です! 大学受験なら、

0120-104-555 (トーシン ゴーゴーゴー)

●東京都

[中央地区]
校舎	電話番号
市ヶ谷校	0120-104-205
新宿エルタワー校	0120-104-121
★新宿校大学受験本科	0120-104-020
高田馬場校	0120-104-770
人形町校	0120-104-075

[城北地区]
赤羽校	0120-104-293
本郷三丁目校	0120-104-068
茗荷谷校	0120-738-104

[城東地区]
綾瀬校	0120-104-762
金町校	0120-452-104
亀戸校	0120-104-889
★北千住校	0120-693-104
錦糸町校	0120-104-249
豊洲校	0120-104-282
西新井校	0120-266-104
西葛西校	0120-289-104
船堀校	0120-104-201
門前仲町校	0120-104-016

[城西地区]
池袋校	0120-104-062
大泉学園校	0120-104-862
荻窪校	0120-687-104
高円寺校	0120-104-627
石神井校	0120-104-159
巣鴨校	0120-104-780
成増校	0120-028-104
練馬校	0120-104-643

[城南地区]
大井町校	0120-575-104
蒲田校	0120-265-104
五反田校	0120-672-104
三軒茶屋校	0120-104-739
渋谷駅西口校	0120-389-104
下北沢校	0120-104-157
自由が丘校	0120-964-104
成城学園前駅北口校	0120-104-616
千歳烏山校	0120-104-331
千歳船橋校	0120-104-825
都立大学駅前校	0120-275-104
中目黒校	0120-104-261
二子玉川校	0120-104-959

[東京都下]
吉祥寺校	0120-104-775
国立校	0120-104-599
国分寺校	0120-622-104
立川駅北口校	0120-104-662
田無校	0120-104-272
調布校	0120-104-305
八王子校	0120-896-104
東久留米校	0120-565-104
府中校	0120-104-676
★町田校	0120-104-507
三鷹校	0120-104-149
武蔵小金井校	0120-480-104
武蔵境校	0120-104-769

●神奈川県
青葉台校	0120-104-947
厚木校	0120-104-716
川崎校	0120-226-104
湘南台東口校	0120-104-706
新百合ヶ丘校	0120-104-182
センター南駅前校	0120-104-722
たまプラーザ校	0120-104-445
鶴見校	0120-876-104
登戸校	0120-104-157
平塚校	0120-104-742
藤沢校	0120-104-549
武蔵小杉校	0120-165-104
★横浜校	0120-104-473

●埼玉県
浦和校	0120-104-561
大宮校	0120-104-858
春日部校	0120-104-508
川口校	0120-917-104
川越校	0120-104-538
小手指校	0120-104-759
志木校	0120-104-202
せんげん台校	0120-104-388
草加校	0120-104-690
所沢校	0120-104-594
★南浦和校	0120-104-573
与野校	0120-104-755

●千葉県
我孫子校	0120-104-253
市川駅前校	0120-104-381
稲毛海岸校	0120-104-575
海浜幕張校	0120-104-926
★柏校	0120-104-353
北習志野校	0120-344-104
新浦安校	0120-556-104
新松戸校	0120-104-354
千葉校	0120-104-564
★津田沼校	0120-104-724
成田駅前校	0120-104-346
船橋校	0120-104-514
松戸校	0120-104-257
南柏校	0120-104-439
八千代台校	0120-104-863

●茨城県
つくば校	0120-403-104
取手校	0120-104-328

●静岡県
★静岡校	0120-104-585

●長野県
校舎	電話番号
★長野校	0120-104-586

●奈良県
JR奈良駅前校	0120-104-746
★奈良校	0120-104-597

★は高卒本科(高卒生)設置校
☆は高卒生専用校舎

※変更の可能性があります。
最新情報はウェブサイトで確認いただけます。

東進衛星予備校
全国約1,000校、10万人の高校生が通う、

0120-104-531 (トーシン ゴーサイン)

東進ドットコムでお近くの校舎を検索!

「東進衛星予備校」の「校舎案内」をクリック → エリア・都道府県を選択 → 校舎一覧が確認できます

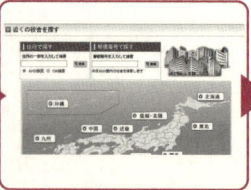

資料請求もできます

東進ハイスクール 在宅受講コース
近くに東進の校舎がない高校生のための

0120-531-104 (ゴーサイン トーシン)

付録 9

※2021年2月現在